A ECONOMIA DA PAIXÃO

ADAM DAVIDSON

A ECONOMIA DA PAIXÃO

As novas regras para prosperar no século XXI

Tradução
Bruno Casotti

ROCCO

Título original
THE PASSION ECONOMY
The New Rules for Thriving in the Twenty-First Century

Copyright © 2020 *by* Adam Davidson

Todos os direitos reservados.

Proibida a venda em Portugal.

Direitos para a língua portuguesa reservados
com exclusividade para o Brasil à
EDITORA ROCCO LTDA.
Rua Evaristo da Veiga, 65 – 11º andar
Passeio Corporate – Torre 1
20031-040 – Rio de Janeiro – RJ
Tel.: (21) 3525-2000 – Fax: (21) 3525-2001
rocco@rocco.com.br
www.rocco.com.br

Printed in Brazil/Impresso no Brasil

Preparação de originais
SOFIA SOTER

CIP-Brasil. Catalogação na Publicação.
Sindicato Nacional dos Editores de Livros, RJ.

D28e   Davidson, Adam
        A economia da paixão: as novas regras para prosperar no século XXI / Adam Davidson; tradução Bruno Casotti. – 1ª ed. – Rio de Janeiro: Rocco, 2020.
        (Pitchdeck)

        Tradução de: The passion economy: the new rules for thriving in the twenty-first century
        ISBN 978-65-5532-011-4
        ISBN 978-65-5595-011-3 (e-book)

        1. Economia. 2. História econômica – Séc. XXI. 3. Empresários – Estudo de casos. 4. Previsão econômica. I. Casotti, Bruno. II. Título. III. Série.

                          CDD: 330.9
20-64507   CDU: 330(091)

Meri Gleice Rodrigues de Souza - Bibliotecária CRB-7/6439

Para Jen, sem a qual não haveria nada

Lembre-se sempre de que você é absolutamente único.
Assim como todo mundo.
— Atribuído com frequência a MARGARET MEAD

Aprenda com os erros dos outros.
Você não viverá o bastante
para cometê-los todos.
— *Human Engineering*,
DE HARRY MYERS E MASON M. ROBERTS, 1932

SUMÁRIO

Prefácio 11

CAPÍTULO 1 O filho de um vendedor de calçados no MIT 25
CAPÍTULO 2 As regras da Economia da Paixão 57
CAPÍTULO 3 Eis a escova de limpar garrafas 75

ESTUDO DE CASO: KIRRIN FINCH
CAPÍTULO 4 Contabilidade corajosa 99
CAPÍTULO 5 *In vino veritas* 122
CAPÍTULO 6 Conheça sua história 143

ESTUDO DE CASO: CONBODY
CAPÍTULO 7 A lição Amish 156
CAPÍTULO 8 A fábrica da Carolina do Norte que deixa a China fazer
a parte barata 177

ESTUDO DE CASO: MORGENSTERN'S FINEST ICE CREAM
CAPÍTULO 9 Não seja uma *commodity* 199
CAPÍTULO 10 O mundo numa barra de chocolate 214

ESTUDO DE CASO: BREAKTHROUGH ADR
CAPÍTULO 11 O empurrão 254
CAPÍTULO 12 Basta um rápido lembrete 282

Epílogo 295
Agradecimentos 299

PREFÁCIO

Quando penso na mudança da economia, a que trocou o tipo de sistema econômico dos Estados Unidos e da maior parte do resto do mundo por outro completamente diferente, penso em meu pai e meu avô e no quanto foi duro para eles se entenderem.

O pai do meu pai, Stanley, nasceu em 1917 e morreu um século depois, ainda um homem alto, orgulhoso, com um cabelo farto e naturalmente preto até a última década. Stanley me parecia o Super-Homem: queixo forte, peito projetado para a frente, postura ereta. Não tinha tempo para frivolidades. Era um homem sério que fazia um trabalho sério. Com seus netos pequenos, ele tinha uma rotina: um firme aperto de mão seguido de uma nota de vinte dólares de presente e um vago sermão sobre fazer um bom trabalho, após o qual éramos dispensados. Não consigo me lembrar de algum dia ter falado com ele quando eu era pequeno; apenas de sorrir, apertar a mão e sair correndo. Quando me tornei adulto e, para espanto seu e meu, um repórter que cobria economia, pude falar com ele sobre o tópico que ele adorava de verdade: negócios.

Meu pai (também chamado Stanley, embora sempre tenha usado o nome do meio, Jack) não poderia ser mais diferente. Ele é um ator que, até onde consigo lembrar, dizia-me que a parte mais maravilhosa da profissão é permanecer infantil a vida inteira. Enquanto escrevo isso, meu pai está com 83 anos e mantém uma visão do mundo criativa e exuberante. Ele é louco por crianças e adora ouvir cada palavra que meu filho pequeno diz, para em seguida gritar: "Você ouviu isso? Ele inventou uma história incrível!" Meu pai sempre foi fascinado por praticamente tudo — ciência, notícias, arte, história, esportes. Só há um assunto que ele sempre achou insuportavelmente chato, talvez um pouco maligno e inteiramente indigno de discussão: negócios.

De certa forma, este livro é uma reconciliação do conflito entre esses dois Stanleys, esses dois homens que viveram no mesmo país, na mesma época, mas que podiam estar em planetas completamente diferentes. Durante a maior parte do século XX, a esmagadora maioria dos homens e mulheres era forçada a fazer uma escolha na hora de trabalhar: seguir o dinheiro ou seguir a paixão; tornar-se alguém como meu avô ou como meu pai. Agora, no entanto, mais do que nunca, negócios e arte, lucro e paixão, estão ligados. Uniram-se de uma maneira que não teria feito o menor sentido para nenhum dos dois Stanleys no passado.

Para esclarecer a transição que descrevo e comemoro neste livro, vou contar mais sobre meu avô, já que ele é um exemplo bem representativo de toda a economia do século XX. Stanley Jacob Davidson, pai, nasceu na Nova Inglaterra, filho de dois jovens afastados da família. Seu pai era um imigrante judeu cujos pais o haviam renegado — chegaram a fazer rituais de luto, como se tivesse morrido — quando ele engravidou e em seguida se casou com uma garota cristã dançarina de salão. A dançarina vivia, também, distante de sua família — um clã rude que ganhava a vida com dificuldade num canto remoto do Maine. A nova família de Worcester, Massachusetts, sem estrutura nem grana, enfrentou crises intermináveis que culminaram com a morte do pai de Stanley, de tuberculose, quando meu avô tinha apenas cinco anos. Sua mãe, sem saber o que fazer, deixou Stanley e o irmão num orfanato por quase um ano antes de tirá-los de volta com a condição de que, mesmo sendo estudantes primários, eles precisariam trabalhar e trazer dinheiro para a família. Décadas depois, Stanley ainda tinha mais orgulho de seu negócio na infância (ele comprou galinhas, construiu uma incubadora e vendia ovos para os vizinhos) do que de qualquer outra coisa que conquistaria na vida.

Antes dos vinte anos, enquanto a Grande Depressão devastava a economia do país, Stanley estava casado, com um filho pequeno (meu pai), logo seguido de mais três crianças. Ele teve a sorte de conseguir um emprego numa fábrica que lhe pagava dezesseis dólares por semana. A fábrica fazia esmeris externos: grandes máquinas que giravam dois cilindros de metal paralelos, cobertos por uma superfície abrasiva semelhante a uma lixa. Os cilindros podiam triturar um cubo de metal, transformando-o em segundos numa esfera perfeitamente lisa. É assim que são feitos os rolamentos. Era um trabalho brutal, perigoso. Essa era a época dos homenzarrões de macacão azul trabalhando em fábricas quentes, desviando-se de faíscas, seus corpos cobertos de uma mistura de suor e graxa. Para aqueles que trabalhavam ao lado de Stanley, as minúsculas partículas de pó de metal faziam de tossir e espirrar uma agonia aguda, com frequência sangrenta.

Mesmo assim, de um modo geral, o negócio de rolamentos fez bem para Stanley, em especial com o início da Segunda Guerra Mundial. "Não se luta uma guerra sem rolamentos", Stanley costumava dizer. É verdade. Cada peça móvel de cada máquina de guerra — os pneus, as armas, as torres de canhão, os fuzis de tanque — move-se porque tem rolamentos nas junções. Stanley trabalhava dois turnos por dia, com frequência seis dias da semana.

O boom econômico pós-guerra foi ainda melhor para o negócio de rolamentos e para Stanley. Os Estados Unidos tinham muita construção pela frente — o sistema de rodovias interestaduais; subúrbios repletos de casas, estradas e redes de esgoto; cidades que cresciam muito mais; fábricas que se tornavam maiores e mais eficientes —, e cada parte da construção exigia rolamentos. Estes estavam nas rodas e engrenagens de tratores e guindastes, na maquinaria dentro das fábricas e nos elevadores e escadas rolantes daqueles prédios altos.

Stanley trabalhava duro e foi promovido, repetidamente, acabando por dirigir a fábrica. Ele era inteligente e tinha um bom raciocínio estratégico. Sua principal habilidade gerencial, entretanto, era a firmeza. Ele via a fábrica como uma máquina e cada homem (eram quase todos homens) como um dente da engrenagem daquela maquinaria. Podiam ser dentes de engrenagem importunos, sempre reclamando disso ou daquilo, mas um gerente forte sabia como calar suas reclamações e fazê-los voltar ao trabalho.

Stanley adorava rolamentos? Tinha uma paixão particular por eles? Não, certamente não. Conseguiu o emprego porque o sogro conhecia um cara e permaneceu por lá porque era isso que se fazia num emprego: ficava e tentava ser promovido. Ele se aposentou aos 54 anos, tendo trabalhado na mesma empresa durante toda a vida adulta.

Cada momento de sua vida reforçou a mesma lição: é trabalhando duro que as pessoas cuidam da família, que os países permanecem livres, que a vida melhora para todos. Pare de trabalhar, ainda que por um momento, e tudo desaba. Ele trabalhava. A esposa cuidava das crianças. Aquelas crianças mal conheciam o homem que raramente estava em casa, e quando ficava, com frequência estava zangado e impaciente. Meu pai diz que não tinha a menor ideia do que Stanley fazia para ganhar a vida, apenas que, o que quer que fosse, parecia horrível.

Desde muito novo, meu pai tinha paixões. Ele adorava contar histórias; adorava fazer as pessoas rirem; adorava sonhar com uma vida muito mais divertida e efusiva do que a vida austera e penosa do pai. Na Worcester dos anos 1940, um menino como Jack — um aluno inteligente mas indiferente, que fazia piadas e saía com os amigos em vez de estudar — só podia ser avaliado de uma maneira: era problemático. Ou seria domado ou seria um fracassado a vida inteira: sem grana, bêbado, talvez preso. Meu pai internalizou essa visão. Ele bebia, fumava, metia-se em brigas e foi suspenso uma dúzia de vezes antes do diretor expulsá-lo. Quando Stanley soube disso, disse a meu pai que ele já não podia morar ali. Lavou as mãos em relação a ele.

Meu pai estava por conta própria, trabalhando numa fábrica de sapatos, aos dezesseis anos. Era um trabalho miseravelmente chato, pregando saltos em sapatos, um após o outro, o dia inteiro. Ele se lembra de ter dito a si mesmo: "Minha vida acabou. Já." Seu pai, ao que parecia, estava certo. Homens que seguem suas paixões não vão a lugar nenhum. Meu pai certamente não conseguia pensar em nenhum homem adulto que conhecera que tivesse construído com êxito uma vida de diversão e expressão pessoal. Isso era para ricos e bêbados.

Ao longo dos anos seguintes, meu pai viveu uma série de experiências improváveis que o levaram exatamente à vida que queria. Ele ingressou no Corpo de Fuzileiros Navais, pensando que isso o transformaria no homem que seu pai queria que ele fosse. Depois de ser dispensado, conseguiu entrar na Universidade de Massachusetts, em Amherst. Não se saiu bem e estava prestes a ser jubilado quando um amigo lhe pediu um favor. O amigo estava montando uma peça no departamento de teatro da faculdade, e um dos atores desistira no último minuto. Será que Jack, por favor, poderia substituí-lo? Era um papel fácil: meu pai só precisava agir como bêbado e cambalear pelo palco. Seu primeiro passo em frente à cortina provocou gargalhadas na plateia, e foi isso. Meu pai encontrara o trabalho de sua vida. Seria ator. Nunca conhecera um ator profissional. Nunca vira uma peça. Mesmo assim, se transferiu para a Universidade de Boston e entrou na faculdade de teatro.

Para Stanley, a proclamação daquela carreira foi absurda e desesperadora. *Por que não ser um caçador de borboletas ou um cavaleiro de unicórnio? Ator? Você vai ganhar a vida fingindo que é outra pessoa? Vai trabalhar brincando de se fantasiar? Não é isso que um homem faz. Um homem trabalha por dinheiro e depois usa esse dinheiro para pagar uma casa para sua mulher e seus filhos. Quem foi que lhe disse que trabalho deve ser divertido? Quem vai lhe pagar? Atores não ganham dinheiro. Não recebem pagamentos regulares. Não são homens.*

Meu pai, todavia, correu atrás do sonho e trabalhou como ator durante quase sessenta anos. Nunca fomos ricos, e houve alguns meses preocupantes aqui e ali, mas durante a maior parte do tempo ele ganhou o suficiente para criar dois filhos em Nova York. Nós entendíamos — porque nos dizia o tempo todo — que ele fizera uma escolha consciente de ir atrás da paixão, do sonho, em vez do dinheiro. Dizia ter feito isso para ser um bom pai, para ser um modelo para seus filhos, para mostrar que eles também podiam perseguir suas paixões e sonhos, mesmo que nunca ficassem ricos ou, de vez em quando, nem mantivessem estabilidade financeira.

Morávamos no Westbeth Artists Housing, um prédio no bairro de Greenwich Village, em Nova York. Foi criado em 1970, o ano do meu nascimento, por um grupo de filantropos e pelo governo federal, para oferecer moradia subsidiada a artistas. Ainda está ali — meu pai ainda mora no apartamento onde eu cresci — e abriga cerca de mil pessoas: pintores, dançarinos, poetas, músicos, atores e outros artistas e suas famílias, que pagam aluguéis bem abaixo do preço de mercado. É um lugar especial, uma comunidade de pessoas fazendo, grosso modo, o exato oposto do que Stanley acreditava que era certo.

Quando iniciei minha vida adulta, nos anos 1990, acreditava nas histórias que os dois Stanleys contavam. Acreditava que tinha uma escolha a fazer: dinheiro ou paixão, conforto financeiro ou realização. Fazia sentido. Essa era a realidade econômica dos cem anos anteriores e uma mensagem que eu recebera repetidamente. Eu queria ser dramaturgo, mas também queria mais estabilidade financeira do que essa vida poderia oferecer. Portanto, aceitei o que me pareceu um bom meio-termo: tornei-me jornalista. Podia escrever e aprender, viajar e explorar, mas também receber um salário, poupar para a aposentadoria e todas essas coisas sensatas. Crescendo numa moradia de artistas nos anos 1970, eu ouvira de adultos que vale a pena explorar tudo: sexo, drogas e expressão pessoal. Só havia uma área de investigação a ser evitada: dinheiro. Dinheiro era o oposto de arte, o oposto de paixão. Eu me rebelei da única maneira, talvez, que podia: tornei-me repórter de economia, cobrindo negócios, finanças, mercados e outros tópicos proibidos.

À medida que aprendia como a economia funciona, passei a entender o mundo de meus Stanleys com rigor ainda maior. Há uma lógica econômica clara para o triunfo dos rolamentos sobre a arte dramática no século XX. Os rolamentos são um produto fundamental, necessário a quase todas as outras atividades econômicas. Não requerem paixão ou invenção. Um rolamento em 1999 tinha a mesma função essencial que um rolamento em 1919. A diferença é que as empresas haviam se aprimorado, fazendo mais rolamentos de maneira mais rápida, barata e confiável. Esse era o cerne da carreira de meu avô: remover ineficiências para que a mesma coisa pudesse ser feita de maneira mais barata e supervisionar pesquisas e desenvolvimentos para que os produtos se tornassem um pouco melhores a cada ano. Esse, na verdade, era o coração da economia no século XX. Os economistas chamam isso de crescimento pelo lado da produção, o que significa que a maioria das empresas, na maior parte do tempo, criava seu lucro reduzindo o custo da produção.

Essa eficiência ampliou as formas como nossos bens econômicos se espalharam pelo país e pelo mundo. No início do século XX, a maioria dos mercados era local; a maioria das pessoas comprava coisas produzidas por perto. Com a expansão das ferrovias, do sistema de rodovias e das viagens aéreas comerciais e com a hipereficiência dos despachos em contêineres, os mercados se tornaram nacionais e, com o tempo, globais. O aumento do comércio entre estados e depois entre países significou que um fabricante de rolamentos podia vendê-los no mundo todo e teria que concorrer com outros produtores de rolamentos do mundo inteiro, portanto todos trabalharam ainda mais duro para se tornarem ainda mais eficientes na fabricação da mesma coisa de maneira mais rápida e barata. Se um trabalhador provava ser capaz de fazer esse trabalho rotineiro, identificar ineficiências e se livrar delas, ele ganhava a vida melhor. Era o que meu avô fazia. A economia de ferramenta excluía pessoas como meu pai. Uma fábrica não pode ser eficiente se cada trabalhador está dedicado a uma visão apaixonada distinta de como trabalhar. A lógica econômica alimentava nossa cultura e nosso sistema educacional. Pessoas que seguiam as regras e acomodavam as necessidades de uma grande organização prosperavam; aquelas que não faziam isso fracassavam.

É claro que sempre houve aquelas pessoas apaixonadas como meu pai, fora do padrão. Algumas se saíram extraordinariamente bem. Bob Dylan, Nina Simone, Marlon Brando e Joan Rivers, por exemplo, foram capazes de perseguir suas paixões, ser o tempo todo elas próprias e, ainda assim, prosperar economicamente. De forma reveladora, no entanto, elas tiveram êxito por meio de um sistema de distribuição bastante semelhante ao das ferramentas. As indústrias de música e televisão tinham muito em comum com rolamentos. Transformavam o trabalho criativo em produção em massa, distribuindo o trabalho para tantas pessoas quanto possível ao mais baixo custo de produção.

Em sua maioria, as pessoas criativas, movidas pela paixão, viviam vidas mais ou menos equivalentes à de meu pai. Ele passou a maior parte da carreira no palco de teatros off-Broadway relativamente pequenos ou de diversas companhias teatrais regionais pelo país. É uma maneira difícil de ganhar a vida, viajando de trabalho em trabalho, indo a testes, sendo rejeitado, esperando que o diretor de elenco diga sim. Mesmo para quem consegue um trabalho, este não paga muito. O teatro ao vivo não é escalável da forma como um programa de televisão é. Representar sobre um palco, diante de pessoas reais, é íntimo, pessoal e, no que tem de melhor, incrivelmente apaixonado. Por outro lado, só pode alcançar aqueles que estão fisicamente presentes. (A renda do meu pai era esporádica, embora houvesse pagamentos grandes o bastante por filmes, comerciais e ocasionais espetáculos na Broadway ou participações como convidado em programas de televisão para que, como eu já disse, nunca passássemos dificuldade. Ainda assim, ele era uma exceção. Poucos atores com os quais ele começou atuam até hoje. Quando foi à reunião de cinquenta anos da turma de 1963 da Faculdade de Teatro da Universidade de Boston, ele soube que era o único formado que ainda ganhava a vida atuando.)

Meu pai e o pai dele tiveram uma relação desconfortável durante a maior parte de minha vida. Cada um olhava o outro com pena e decepção, e eles raramente se falavam ou se viam juntos. Eu me tornei uma espécie de tradutor. Eu entendia os dois mundos — negócios e arte, responsabilidade e paixão — bem o bastante para poder falar com os dois e sentir orgulho de ambos, mesmo que tivessem tido êxito de maneiras tão radicalmente diferentes. Mas eles nunca se entenderam realmente. Como poderiam?

Agora, a era dos Stanleys em guerra acabou. É disso que este livro trata. Nossa economia já não pode ser descrita com o binário simples do século XX, em que um lado é dinheiro, estabilidade e rotinização, e o outro é paixão, expressão pessoal e incerteza financeira. Os dois Stanleys agora são um. Para termos êxito financeiro, devemos adotar nossas paixões únicas. Temos que prestar bastante atenção aos interesses e habilidades que tornam cada um de nós diferente. Procurar fazer a mesma coisa da mesma maneira que os outros é o caminho mais certo para a mediocridade financeira, ou mesmo a ruína. Isso não significa que agora é a era de meu pai, em que a autoexpressão é suficiente para uma carreira bem-sucedida. Precisamos também de uma parcela razoável do senso para negócios de meu avô.

Simplesmente perseguir uma paixão não é suficiente. Devemos prestar bastante atenção ao mercado, procurando novas maneiras de combinar nosso conjunto particular de paixões com as pessoas que mais as valorizam. No cerne deste livro estão histórias de pessoas que descobriram isso e conseguiram formar um modo de vida inteiramente novo, que combina o objetivo financeiro do trabalho de meu avô com a paixão pessoal e a alegria do trabalho de meu pai.

A economia de ferramenta que deu tanto a meu avô se tornou ferramentizada demais — aumentou tanto de escala que deixou a maioria dos trabalhadores para trás. Entre numa fábrica, qualquer fábrica, e não verá um monte de homens como Stanley, de macacão azul, cobertos de graxa, indo para casa exaustos, mas orgulhosos de um dia de trabalho. Em vez disso, verá máquinas — grandes, limpas e brancas. Há apenas algumas pessoas. Essas pessoas não erguem coisas ou envergam metais. Elas usam jalecos brancos e limpos e são especialmente treinadas para programar os computadores que dizem às máquinas o que fazer. A indústria manufatureira dos Estados Unidos nunca morreu. Os Estados Unidos cada vez produzem mais coisas que valem mais dinheiro. O que desapareceu, quase completamente, foram os *empregos* americanos na indústria manufatureira, e os trabalhos do mesmo tipo que os substituíram são piores. São trabalhos de baixa remuneração no varejo que oferecem poucas chances de avanço. O Stanley de hoje, um jovem com uma família crescente e sem diploma de faculdade, teria pouca esperança de se aposentar — como fez o Stanley real, com três belas casas, alguns milhões de dólares no banco e o orgulho de uma carreira bem-sucedida. O mundo que deu tantas oportunidades a meu avô Stanley foi destruído por duas forças: tecnologia e comércio. Os computadores e máquinas que essas duas forças comandam desempenham as tarefas de rotina muito melhor do que os humanos. Hoje, robôs produzem os robôs que produzem rolamentos. Ao mesmo tempo, o crescente comércio global significa que as tarefas que exigem trabalho humano são cada vez mais realizadas em países com baixos salários. Isto não é uma transição que acontece uma só vez. Incontáveis centenas de milhares de consultores, engenheiros e estrategistas de negócios estão constantemente estudando tecnologia e mercados globais para descobrir como produzir mais coisas com menos pessoas.

Nem tudo é notícia ruim. Essas mesmas forças — tecnologia e comércio — que destruíram a economia de ferramenta deram origem ao que eu chamo de Economia da Paixão. A internet permite a pessoas que querem vender um produto ou serviço único encontrar clientes no mundo inteiro. A automação torna possível que as pessoas fabriquem seus produtos únicos sem precisar começar pela construção de uma fábrica. Os avanços no comércio significam que esses produtos únicos podem ser entregues às pessoas que mais os valorizam, onde quer que estejam.

Este livro apresenta a economia de como essa mudança aconteceu e de como você pode tirar proveito disso. Sempre achei difícil acompanhar abstrações e aplicá-las à minha vida, então este livro é feito principalmente de histórias de pessoas comuns que não são gênios e não nasceram em famílias ricas e bem relacionadas. Acho mais útil aprender com pessoas cujas histórias são próximas das nossas; pessoas que superaram dificuldades comuns aplicando lições simples e acessíveis. Muitas pessoas deste livro cumpriram uma longa e dura jornada para alcançar o sucesso, e cada uma delas espera tornar a sua menos desafiadora com a própria história. Elas querem que você também destrave sua paixão secreta e a transforme num negócio próspero e numa vida boa.

Então lá vamos nós para a Economia da Paixão. Para mim, este livro é o ápice de anos de pesquisa, durante os quais acompanhei empreendedores. Passei muitas horas debatendo teorias com professores, lendo artigos acadêmicos, procurando céticos, discutindo detalhes.

Muita gente na mídia, na política e no público em geral parece convencida de que o Sonho Americano acabou, de que nossa economia só funcionará para muitos poucos e o resto está ferrado.

Bem, eu discordo. Você não está ferrado. Há novos desafios, certamente, mas praticamente todo mundo pode ter uma vida mais rica, em todos os sentidos da palavra. Talvez ainda mais radicalmente, acredito que não seja tão difícil assim chegar a essa vida melhor. Ela está ao alcance de dezenas de milhões de pessoas que, neste momento, estão muito nervosas com seu futuro econômico. Prosperar não exigirá um diploma de faculdade de elite, nem genialidade inerente. Pelo contrário, com algumas regras fáceis de aprender, uma mudança de perspectiva e um pouco de trabalho duro, pode-se forjar um casamento significativo de paixão e negócio, e muito mais gente pode se sair muito melhor.

A ECONOMIA DA PAIXÃO

CAPÍTULO 1

O filho de um vendedor de calçados no MIT

O filho de um brilhante empreendedor fracassado aprende que qualquer um que segue algumas regras simples pode prosperar em nossa nova economia

O prédio central da Faculdade de Administração Sloan do MIT é projetado para transmitir a mensagem de que se trata de um lugar onde as pessoas olham para o futuro. É todo curvo, com aço e vidro, um átrio imenso de vários andares, paredes de mármore e uma aparência *clean*, moderna, que sugere ser um templo para a exploração eficiente de novas tecnologias. Eu havia ido ao MIT para me encontrar com Scott Stern, cujo título oficial é "professor de inovação tecnológica, empreendedorismo e gestão estratégica".

Eu topara com Scott quando estava pesquisando sobre uma intuição. No *Planet Money*, da NPR, e depois na *The New York Times Magazine*, eu trabalhava como repórter de economia. Durante a crise financeira e os anos imediatamente posteriores, grande parte de meu trabalho era, francamente, um tanto deprimente. Eu vivia entrevistando pessoas que tinham perdido a casa, o crédito e a qualidade de vida. Escrevia sobre indústrias inteiras que haviam ruído. De vez em quando, porém, eu me deparava com alguém que estava prosperando. Consideradas em conjunto, eram pessoas que não se destacavam como brilhantes, credenciadas ou bem relacionadas. Era gente como a gente — um contador na Carolina do Sul, uns caras Amish em Ohio, um casal de lésbicas no Brooklyn, um camarada que fabricava escovas e pincéis em Long Island —, que, de algum modo, havia descoberto que as forças causando destruição em torno delas também traziam oportunidades. Cada uma delas havia olhado para uma indústria tradicional em dificuldade e inventado uma nova maneira de ter êxito nela. Não eram bilionários, não figuravam em capas de revistas, nem haviam se tornado nomes conhecidos, mas todos estavam ganhando bem a vida, construindo riqueza e oferecendo às famílias uma vida melhor do que antes pensavam ser possível.

Leio praticamente todos os livros de negócios que se tornam conhecidos, e uma coisa sempre me chamou a atenção neles. Inúmeros livros explicam como ser o CEO de uma grande corporação ou como criar uma startup no Vale do Silício para ficar incrivelmente rico. Há muitos livros que contam como gênios únicos ganharam uma fortuna, mas muito poucos sobre o tipo de gente que eu estava descobrindo, que olhou para uma economia assustadora e encontrou um caminho claro para a estabilidade e a riqueza quando, à sua volta, seus colegas estavam ansiosos. Eu juntei essas pessoas; publiquei reportagens sobre algumas e guardei detalhes sobre outras num arquivo em meu computador. Com o tempo, encontrara tanta gente assim que me convenci de que essa era uma tendência amplamente conhecida e eu era o último a saber disso. No entanto, quando procurei professores de escolas de administração e associações de pequenos negócios, folheei cada livro e pesquisei cada site na internet que pensei que poderia ser útil, constatei que parecia não haver ninguém olhando para elas.

Quer dizer, até eu descobrir Scott Stern. Eu estava dando o centésimo (ou seria milésimo?) telefonema para um professor de escola de administração numa tentativa fracassada de encontrar alguém, qualquer um, que pudesse explicar como pessoas comuns podem ter êxito nessa economia. Eu continuava redescobrindo a mesma coisa. Professores de administração e economia geralmente não pensam sobre isso. Eles têm muitas pesquisas e conselhos para quem quiser abrir startups de um bilhão de dólares ou se tornar chefe de banco. Sabem analisar dados do mercado de trabalho para identificar tendências. Como grupo, porém, não têm uma resposta para a pergunta que a maioria de nós quer que enfrentem: Como uma pessoa comum pode se sair bem numa economia que muda rapidamente? Até que, um dia, eu estava falando com um desses professores, repetindo essa pergunta, quando ele disse: "Ah, eu acho que o Scott sabe dessas coisas. Você deveria falar com ele."

Eu me pergunto quantas pessoas conheceram Scott e rapidamente o descartaram. Ele dá a impressão de que poderia ser escalado para um filme no papel do "cara de administração genérico". Usa a mesma roupa todo dia: uma camisa branca de botão, calça escura e sapatos escuros, com um telefone celular preso ao cinto. Tem um cabelo castanho bem penteado (embora fique desgrenhado quando ele se empolga, o que é frequente). Poderia ser um contador, um programador de computador, um dentista.

Scott também tem um tique vocal particular que, no início, achei um pouco enlouquecedor. No meio de uma frase, ele repete a mesma expressão três, quatro, dez vezes seguidas: "Eu só quero dizer. Eu só quero dizer. Eu só quero dizer." Ou: "Eu achei que podia ajudar. Eu achei que podia ajudar. Eu achei que podia ajudar. Eu achei que podia ajudar." Em nosso primeiro encontro, notei que ele me interrompia quando eu estava no meio da frase, repetindo uma de suas expressões: "Eu só quero dizer. Eu só quero dizer. Eu só quero dizer. Eu só quero dizer. Eu só quero dizer..." *Se você só quer dizer alguma coisa*, pensei, *então diga! Ou me deixe terminar o que eu estava dizendo.*

Durante esse encontro, *eu* quase descartei Scott, mas o instinto me disse para ficar, ser paciente, escutar. Quando superei as primeiras impressões, entendi (assim como muita gente) que Scott é um pensador de negócios empolgante e inspirador. Sua mente combina experimentações ágeis — movendo-se rápido por todos os cantos enquanto explora os contornos de um pensamento — com uma precisão estreitamente focada, permitindo-lhe concentrar-se na questão central e apresentá-la com clareza granular. O tique vocal, vim a perceber, é um sinal de que a maquinaria do cérebro de Stern está funcionando, o equivalente funcional a uma luz piscando para mostrar que o disco rígido de um computador está sendo acessado. Se eu espero um pouco, deixo o tique seguir seu curso (só demora alguns segundos, mesmo que pareça muito mais), ele surge com uma frase brilhante.

Depois de passar muitas horas com ele, percebo agora que nossas conversas mais frutíferas foram aquelas que se desviaram rápido, e aparentemente aleatórias, de um tópico para outro, com finais abertos deixados sem solução. Às vezes eu achava essas conversas estimulantes, mas ficava frustrado com a falta de conclusão, supondo que logo iria embora sem nada para levar. *Sobre o que, exatamente, estávamos falando? Como é que fomos de imaginar a estratégia do McDonald's de oferecer café da manhã o dia inteiro para aquela avaliação sobre as defesas de castelos medievais e aquela história sobre o ex-estudante que agora produz roupas?* O fato, porém, é que Scott não deixa esses fluxos de pensamento sem solução. De repente, ele se levanta, dizendo: "Eu pensei que isso poderia ser útil. Eu pensei que isso poderia ser útil. Eu pensei que isso poderia ser útil. Eu pensei que isso poderia ser útil." Durante a repetição, ele apanha uma caneta e começa a desenhar um diagrama no quadro branco. Logo ele revela que não estávamos divagando no papo furado. Estávamos construindo um argumento cuidadoso, uma visão precisa do mundo cuja lógica Scott apresentará com impressionante clareza.

Alguém certa vez me disse que existem dois tipos de gênio. Um é a pessoa que diz coisas em que nós nunca poderíamos ter pensado e não entendemos completamente depois de ouvir. Esse gênio revela o imenso abismo entre nós e ele ou ela. O exemplo máximo é Albert Einstein, ao descrever a teoria da relatividade. O outro tipo de gênio é aquele que pode pegar um amontoado de pensamentos confusos e reagrupá-los tão claramente, e de maneira tão simples, que faz com que nós mesmos nos sintamos gênios, já que agora entendemos totalmente algo que o tempo todo estava ali no cérebro de forma confusa. Scott Stern é esse segundo tipo de gênio.

Scott fez uma quantidade incrível de coisas em sua carreira, mas sua contribuição mais importante, que o torna uma parte essencial deste livro, é a mais recente. Ele revelou, juntamente com alguns amigos, as regras do empreendedorismo antes desconhecidas, algo que muitos pensavam ser impossível. Isso não é pouca coisa. Historicamente, o empreendedorismo tem sido território de um pequeno grupo de pessoas atípicas, uma minoria brilhante e privilegiada que pode construir novos negócios com força de vontade, ousadia e acesso a capital. Não mais. Scott mostrou que o empreendedorismo — assim como nadar ou falar francês — pode ser ensinado a quase qualquer pessoa disposta a dedicar algum tempo e despender algum esforço. Se suas conclusões forem aceitas amplamente, podem ser capazes de transformar o mundo. Quantas pessoas continuam em empregos que não adoram, trabalhando por salários insuficientes, por não acreditarem que possuem os talentos inerentes necessários para seguir seus sonhos e assumir o controle de sua vida econômica?

Eu me pergunto — assim como Scott — se ele algum dia teria destravado o segredo do empreendedorismo se não fossem aqueles malditos tênis Striker que seu pai o fazia usar. Quando Scott estava iniciando o ensino médio, nos anos 1980, seu pai, em um de seus planos malsucedidos, comprou uma carga de contêiner de cerca de dez mil pares de tênis de uma fábrica na Coreia pelo preço ridiculamente barato de três dólares cada e os importou para Long Island. Seu pai estava certo de que os venderia rapidamente. Afinal de contas, esses tênis, dizia ele, vinham da mesma fábrica da Nike, vendidos por dez vezes mais. No entanto, ninguém queria tênis superbaratos de marca desconhecida, então estes permaneceram na garagem da família, em pilhas enormes, classificadas por tamanho. Sempre que Scott ou um de seus irmãos precisava de um novo par de calçados, eles imploravam ao pai para deixá-los comprar um Nike ou Adidas, qualquer calçado do qual seus amigos não zombariam. Calçados genéricos, com um S estúpido estampado, eram humilhantes. Todo mundo tinha o símbolo da Nike ou as listras da Adidas, sinalizando que seus pais podiam comprar tênis de estilo. Já o pai deles, é claro, apontava para a garagem e lhes dizia para encontrar o tamanho que queriam. Quando visitei o sr. Stern, trinta anos depois, ele me perguntou o tamanho que eu calçava e me ofereceu um par vindo da pilha que ainda estava naquela garagem. (Eu recusei educadamente.)

O pai de Scott, Eitan Stern, nasceu em Israel, filho de pais que haviam fugido da Alemanha pouco antes do Holocausto. Na Alemanha, eles haviam sido ricos, mas perderam tudo na pressa de escapar dos nazistas. Israel, durante a juventude de Eitan, era ainda um país pobre e socialista, lutando para se desenvolver. Cercados por nações que se opunham ferozmente à presença do novo país no Oriente Médio, os israelenses entendiam que a possibilidade de guerra nunca estava muito longe. Como haviam fugido de uma conflagração, os pais de Eitan decidiram partir antes de se verem no meio de outra.

A família se mudou para os Estados Unidos e se estabeleceu em Long Island. Eitan, um adolescente que não falava inglês, sentiu-se perdido. Um professor de biologia se interessou por ele e lhe ofereceu orientação. Para Eitan, o professor (que fazia os alunos o chamarem pelo primeiro nome, Hank) era o perfeito homem americano. Era atlético, caçador e passava os fins de semana dirigindo um barco pesqueiro fretado Atlântico afora. Logo, Eitan estava passando o fim de semana inteiro ali, servindo de imediato de Hank na embarcação. Hank ficava na ponte de comando, conduzindo o barco, e Eitan ficava no convés ajudando os clientes — seis, dez ou vinte empresários, quando o barco estava lotado. Eitan rapidamente se tornou um especialista em pesca e, sem esforço, ia de um cliente a outro, pondo iscas em anzóis e ajudando-os a recolher o peixe. "Eu berrava com aqueles caras", relembra Eitan. "Eu tinha 17 anos, ou 18, ou 19, e estava gritando com o diretor executivo da E. F. Hutton: 'Você não está fazendo isso direito. Levante a ponta da vara!'"

Hank e Eitan desenvolveram uma ótima rotina. Naqueles tempos, nos anos 1960, ainda havia enormes cardumes a cerca de trinta quilômetros da costa. Hank pilotava o barco diretamente para o centro de um grande cardume. Eitan atirava iscas pela lateral do barco, inspirando um frenesi de alimentação. "Você podia pegar dezenas de peixes em questão de minutos", recorda ele. Os clientes adoravam; sentiam-se profissionais. Eficiente, Eitan fatiava os peixes em filés. Geralmente os clientes queriam, no máximo, umas seis porções no jantar. O resto — centenas de quilos de peixe fresco — era de Eitan para ele fazer o que quisesse, então vendia para restaurantes próximos ao porto. Acrescente as generosas gorjetas que os clientes lhe davam, e Eitan estava embolsando mais de mil dólares por semana. "Eu estava ganhando tanto dinheiro que não sabia o que fazer com aquilo", disse ele.

No fim das contas, aqueles verões foram o ponto alto da carreira de negócios de Eitan Stern. Nunca mais ele ganhou tanto dinheiro a ponto de não saber o que fazer, embora tenha tentado. Eitan passou toda a sua carreira na indústria de pesca, vendendo equipamentos de pesca e varas de pescar. De início, foi vendedor, trabalhando para uma empresa local que importava equipamentos de pesca da Coreia do Sul e de Taiwan. Viajou por grande parte dos Estados Unidos, desenvolvendo relações com pequenas lojas de pesca e grandes casas de artigos esportivos. Também viajava com frequência para a Ásia, a fim de visitar as fábricas dos produtos. Depois de algum tempo, ficou cansado de trabalhar para os outros, em especial quando seu empregador, o dono do negócio de importação, aposentou-se e seu filho indiferente assumiu. Então, quando Scott tinha sete anos, Eitan se demitiu.

Durante a maior parte da infância de Scott, Eitan foi um empreendedor que abriu e dirigiu uma série de negócios, todos com a mesma premissa básica: ele comprava produtos de qualidade decente com desconto na Ásia e os trazia para os Estados Unidos, onde os vendia por aproximadamente metade do preço dos produtos concorrentes feitos por marcas famosas. Ele podia vender mais barato que Berkley, Wright & McGill, Penn Fishing e todas as marcas de prestígio e atestava que seus produtos eram igualmente bons. Depois de começar com coisas pequenas, mais baratas — iscas e chumbadas —, ele acabou passando para as próprias varas e molinetes, as peças mais caras da indústria, com maior margem de lucro. Eitan comprou uma marca, Striker — adorava o nome —, e visitava as fábricas asiáticas que contratara para produzir as mercadorias Striker de modo a poder orientá-las a fazer sob medida os equipamentos de pesca perfeitos, planejados para terem bom desempenho, durabilidade e custo. Chegou a visitar salões de automóveis todos os anos para ver quais eram as cores novas de carros que estavam em alta e depois usá-las em suas varas.

Hoje, embora Eitan seja um homem corpulento com uma barba branca de Papai Noel e que caminha com dificuldade, seu aspecto ainda guarda vestígios do atleta jovem e bonito que ele foi. Mesmo quando descreve os fracassos em sua carreira, ele fala com uma voz confiante e estrondosa. Ao se ouvir Eitan descrever um negócio, mesmo agora, décadas depois de fracassado, é fácil ser seduzido por seu entusiasmo. Como pode não ter dado certo?

Seus clientes mais confiáveis eram pequenas lojas de pesca — em particular na Flórida —, onde ele desenvolveu boas relações com os donos. Falavam aos seus clientes mais econômicos sobre a boa oferta disponível de varas, molinetes e equipamentos Striker. Esses clientes leais deram a Eitan negócios suficientes para ele se sair bem durante algum tempo. Ele comprou uma casa pequena, mas confortável, e podia oferecer férias ocasionais à família. No entanto, nunca ganhou o bastante para progredir.

Eitan nunca conseguiu juntar recursos para uma campanha de marketing, e os únicos um ou dois vendedores adicionais que pôde contratar tinham trabalho suficiente para conservar os clientes da empresa na época, de modo que não houve nenhuma chance de ampliar a base de clientes para além daquelas lojinhas na Flórida e de seus outros compradores. Ele fazia empréstimos e poupava para pagar por mais uma carga de contêiner de varas e molinetes e depois passava meses se esforçando, tentando movê-los numa cadeia de abastecimento controlada por outros. Eitan nunca teve uma celebridade como patrocinador da forma como outras empresas tinham. (Na verdade, algumas celebridades de pesca bastante populares ganham a vida promovendo marcas variadas de equipamentos.)

Depois houve sua breve investida nos tênis. Os tênis puseram à mostra bem claramente (ainda que desastrosamente) os defeitos em seu modelo de negócio. Em sua cabeça, Eitan encontrara um produto que sabia ser tão bom quanto o da concorrência. Ele esteve na fábrica; viu como era feito. Sabia quais eram os materiais usados. Sabia que qualquer um que pagasse mais do que ele estava cobrando era um trouxa. Qualquer um que tivesse tempo para comparar os produtos perceberia que ele estava oferecendo uma pechincha... mas é claro que ninguém tinha tempo. Ninguém mais sabia como seus produtos eram bons. Ninguém os distinguia das imitações baratas e malfeitas.

Há muitos Eitan Sterns nos Estados Unidos. Há mais de 30 milhões de pequenos negócios registrados oficialmente, a maioria dos quais tem um único proprietário — um pintor de casa, um contador, uma esteticista trabalhando por conta própria. Quase 6 milhões deles têm funcionários. Aproximadamente um em cada três novos empregos é em pequenos negócios, não grandes. Se não fossem os pequenos negócios, nossa economia estaria em situação muito pior.

Muitas dessas pequenas empresas, como a de Eitan, lutam para crescer e sobreviver. É complicado. Eitan é bem inteligente. "Meu pai é muito mais inteligente do que eu", disse Scott, uma das pessoas mais inteligentes que conheço. Seu pai deu muito duro — duro demais, provavelmente, passando meses do ano na estrada e voando, visitando fábricas na Ásia e encontrando clientes por todos os Estados Unidos. Ele sabia praticamente tudo o que havia para saber sobre a indústria de pesca. Podia passar horas explicando como diferentes tipos de isca são feitos, quais são as características que atraem mais peixes e quais delas não adiantam nada, mas atraem os clientes a pagar a mais. Seu conhecimento era enciclopédico. Sabia sobre as matérias-primas de varas de pesca, molinetes e outros equipamentos, sobre as fábricas que produziam os itens, a cadeia de abastecimento e os diferentes tipos de varejistas que entregavam os itens ao cliente final. Sabia bastante também sobre esses clientes. Sabia a diferença entre praticantes de hobby, membros de clubes de pesca e aqueles para os quais a pesca era uma parte central da vida. Apesar de tudo isso, nunca conseguiu descobrir como prosperar. Nunca pôde, como disse Scott, dar um salto para além de "algum lugar entre ser classe média e não ser".

Scott nunca gostou muito de pesca, embora aos dez anos fosse um pescador frequente. Poderia ter feito um ótimo trabalho num barco pesqueiro fretado, assim como seu pai, mas isso não era para ele. Era um prodígio em matemática. Quando tinha oito anos, seu professor na terceira série disse a Eitan que ele tinha um gênio nas mãos. Quando tinha dez, em 1979, Scott começou a criar programas de computador, embora a maioria das pessoas na época, incluindo seus pais e professores, não tivessem a menor ideia do que era um programa de computador. Aos 12, Scott estava criando softwares que podiam ajudar Eitan a acompanhar o movimento de seu negócio.

É impressionante que Scott, esse jovem gênio da matemática e da informática, estivesse desenvolvendo seu interesse pelo estudo de administração justo quando o negócio de seu pai estava desmoronando. A acuidade analítica de Scott teria lhe permitido ser um perfeito engenheiro, criador de softwares, matemático ou físico. Em vez disso, quando foi para a Universidade de Nova York, ele decidiu estudar economia, o que combinava com seus interesses: matemática, história e até o desconcertante enigma de por que seu pai fracassara enquanto outros tinham êxito.

Como universitário, Scott não encontrou as respostas para suas perguntas sobre o pai. Suas aulas de economia eram abstratas — muitos gráficos sobre oferta e procura e algo chamado "fronteira eficiente". Nenhum ser humano específico era mencionado em nenhuma de suas aulas de economia. Os cursos eram inteiramente sobre "agentes" puramente teóricos que reagiam a preços à maneira como robôs reagiriam ao comando de um software. Não havia nada que explicasse por que algumas pessoas prosperavam e outras não, ou por que pessoas verdadeiramente brilhantes e trabalhadoras podiam fracassar enquanto gente muito mais estúpida e preguiçosa tinha êxito. Como fora admitido no prestigioso programa de pós-graduação em economia da Universidade de Stanford, Scott esperava obter respostas ali.

Ele chegou a Palo Alto apenas algumas semanas depois de se formar na faculdade e viu, imediatamente, que era um dos mais jovens estudantes de pós-graduação. A maioria de seus colegas de classe havia passado alguns anos no mundo dos negócios e já tinha diploma de mestre em economia. Exigia-se de todos os estudantes de pós-graduação iniciantes que fizessem o mesmo curso de matemática avançada, e Scott rapidamente percebeu que estava bem atrás dos outros. Uma expressão aparecia em quase todas as aulas: "estática comparativa". Trata-se de um termo técnico do qual a maioria das pessoas nunca ouviu falar, mas que é essencial para qualquer análise econômica. Scott não tinha a menor ideia do que essas palavras significavam e estava constrangido demais para perguntar. Decidiu que deixaria a pós-graduação, voltaria para a casa dos pais em Long Island e descobriria outra coisa para fazer na vida.

Sentindo um medo profundo, Scott foi ao porão do alojamento onde estava morando para lavar roupas na máquina. Outro aluno de pós-graduação, Joshua Gans, estava ali. Joshua é um australiano genial e intenso que publicara alguns artigos econômicos sérios enquanto ainda estava na faculdade. Ele estava confortável com a matemática e outros detalhes técnicos. Era bom em tudo em que Scott se sentia incapaz de se sair bem. Scott disse a Joshua que estava desistindo. Joshua, que se tornaria amigo íntimo e parceiro intelectual de Scott pelo resto da vida, possui uma capacidade incrível de remover a emoção de uma questão e estruturar uma série de critérios objetivos para analisar o problema. Apresentou muitos motivos pelos quais Scott, de fato, deveria sair. Scott era ruim em matemática, pelo menos quando comparado aos outros alunos. Era jovem demais. Era um pouco emotivo e tinha dificuldade de enfrentar desafios. Joshua disse a Scott que o vinha observando, prestando atenção aos comentários que fazia em aula e quando estava no alojamento discutindo assuntos econômicos. Ele disse que Scott podia não perceber, mas possuía uma impressionante capacidade de associar teorias econômicas ao mundo real. Scott estava sempre perguntando como todos aqueles gráficos e fórmulas matemáticas refletiam o comportamento real de seres humanos. Joshua lhe disse que ser bom em matemática ajudava em economia, é claro, mas ter a capacidade de Scott era muito mais importante. Ele poderia ter um pouco de dificuldade na pós-graduação, mas, se insistisse em suas perguntas grandes e importantes, poderia fazer uma diferença verdadeira na vida das pessoas.

Graças a essa decisiva conversa na lavanderia, Scott decidiu não abandonar a pós-graduação. Logo ele conheceu seu primeiro mentor, Nathan Rosenberg, que reforçou as opiniões de Joshua. O escritório de Rosenberg era um santuário silencioso, um descanso para o programa altamente competitivo da pós-graduação e para o clima geral de forte ambição no campus de Stanford. Rosenberg, com quase setenta anos, propiciou um modelo quase perfeito do tipo de carreira que Scott queria. Ele crescera em Nova Jersey, numa família de classe operária, e, assim como Scott, saíra-se bem na escola, mas nunca fora um astro. Formou-se em Rutgers, recebeu Ph.D. em economia na Universidade de Wisconsin e seguiu sua carreira escrevendo análises cuidadosas sobre a Revolução Industrial. Embora ninguém pudesse sugerir que os livros de Rosenberg eram suspenses cativantes, estes estavam muito mais próximos da história popular do que os tradicionais tomos de economia. Seus livros não tinham nenhuma fórmula matemática e ofereciam poucas abstrações. Em vez disso, ele estudou atentamente a história de campos específicos — metalurgia, eletricidade, motores de avião — e analisou seus contextos políticos.

Escreveu sobre pessoas reais e explorou os motivos pelos quais algumas inovações e empresários prosperavam e outros não.

Finalmente, pensou Scott, ele encontrara alguém que compartilhava sua paixão por aplicar a economia a situações do mundo real. Scott e Rosenberg trabalharam juntos num grande estudo sobre uma ideia aparentemente óbvia: a de que os empresários enfrentam muita incerteza. Especificamente, quando alguém tem uma nova ideia que gostaria de levar para o mercado, não sabe se esta funcionará e não pode predizer se alguém estará disposto a pagar por ela. Era uma ideia tão básica e óbvia que poucos economistas haviam se dedicado a pensar nela. Certamente não era considerada em seus vários modelos de como a economia funciona.

Scott e Rosenberg mergulharam fundo nas histórias complicadas do desenvolvimento do laser, do rádio, do computador. Observaram que os primeiros inventores não tinham como saber se suas invenções algum dia se tornariam produtos populares. Por exemplo, o laser, uma das invenções mais importantes dos anos 1950, foi concebido pelos cunhados Charles Townes e Arthur Schawlow como um projeto secundário, um pouco como um hobby divertido que eles podiam praticar quando não estavam envolvidos no trabalho sério do Bell Labs.

De acordo com a economia tradicional, havia pouco incentivo para que esses inovadores passassem longas horas em seus laboratórios, ano após ano, desenvolvendo ideias que tinham uma boa chance de não ter valor. De fato, por que essas pessoas gastariam tanto tempo e esforço tentando inventar algo que pensavam valer tão pouco?

Era difícil responder a essas perguntas por meio de relatos históricos sobre empresários e inventores mortos há muito tempo. Scott queria encontrar pessoas vivas que estivessem tomando esses mesmos tipos de decisão. Soube de alguns inventores que haviam trabalhado para sintetizar uma forma artificial de insulina. A insulina, é claro, é um remédio essencial para pessoas com diabete. Antes de sua descoberta, nos anos 1920, pessoas com diabete morriam rápida e dolorosamente. Médicos haviam criado maneiras de extrair insulina do pâncreas de cachorros, vacas e porcos. Isso era caro e não produzia substância suficiente para manter vivos todos aqueles que tinham diabete. No fim dos anos 1970, vários grupos de pesquisadores médicos e empresas de biotecnologia estavam numa corrida para inventar uma insulina sintética barata e confiável. Era um estudo de caso perfeito. Scott conseguiu saber por que os cientistas haviam feito escolhas específicas. Por que alguns permaneceram numa empresa que lhes pagava menos e tinha uma chance menor de sucesso? Por que um grupo se concentrou obsessivamente em áreas de pesquisa restritas enquanto outros buscaram uma ampla gama de diferentes caminhos possíveis? Esse trabalho acabou se tornando um componente crucial da dissertação de Ph.D. de Scott, que, ao se tornar pública, causou pouca sensação no campo da economia.

O estudo de Scott mostrou que cientistas e empreendedores levam em conta muitas considerações que não são explicitamente econômicas antes de lançarem uma nova empresa ou um novo projeto de pesquisa. Alguns valorizam muito a capacidade de trabalhar com as pessoas mais inteligentes do campo, outros prezam a liberdade criativa para seguir suas intuições aonde quer que estas possam ir, e outros ainda querem ganhar tanto dinheiro quanto possível. Scott também constatou uma fascinante relação entre novas startups, empresas empreendedoras criadas para encontrar insulina sintética e as grandes empresas farmacêuticas — as firmas da chamada Big Pharma —, que provavelmente pagariam uma nota a qualquer pequeno empreendedor que decifrasse primeiro o segredo. Para a pesquisa de dissertação, Scott seguiu o exemplo de seu mentor, Nathan Rosenberg, usando técnicas jornalísticas para escrever sobre pessoas específicas em empresas específicas — o que os economistas raramente fazem. Também usou modelos matemáticos e dados empíricos sistemáticos para dar mais rigor à história.

Para quem não é economista, o trabalho de Scott pode parecer óbvio. É claro que seres humanos diferentes querem coisas diferentes. No entanto, por muito tempo, os economistas acreditaram que as diferenças individuais não importam. Sim, talvez uma pessoa goste de descobertas científicas, não se preocupe muito com dinheiro e prefira sorvete de chocolate a morango; e outra pessoa adore dinheiro acima de todas as coisas e odeie chocolate. Mesmo assim, ao olhar para uma população de milhões ou bilhões de pessoas, é possível tirar a média de todas essas diferenças individuais e supor que elas não importam para o total.

Desde pelo menos a Segunda Guerra Mundial, os economistas haviam se tornado obcecados por modelos matemáticos. Construíram modelos que calculavam a relação entre inflação, emprego, taxas de juros, crescimento econômico e outras considerações. Os economistas que prosperaram — aqueles que conseguiram empregos estáveis prestigiosos em grandes universidades e que receberam o Prêmio Nobel — foram os matemáticos geniais que propuseram modelos teóricos de economia cada vez mais complexos. Não há dúvida de que, como grupo, eles fizeram um trabalho valioso. Quando, porém, Scott apareceu, nos anos 1990, esse velho modelo estava começando a se desgastar. Havia uma nova fome entre os economistas — e, o que é mais importante, no público em geral — por respostas econômicas a perguntas que nada tinham a ver com matemática e "agentes" abstratos numa estrutura teórica. Pessoas no mundo inteiro queriam respostas para a mesma pergunta que Scott fazia: Por que algumas prosperam na economia e outras ficam tão para trás?

Não é nenhuma coincidência que a fase de abstração da economia tenha coincidido com um período que o campo veio a chamar de "Grande Compressão". Durante várias décadas de meados do século XX, a economia americana funcionou extraordinariamente bem para muita gente. Esse foi o único momento da história em que, numa grande população, o pobre se tornou mais rico muito rapidamente do que o rico. Foi um período de ampla prosperidade, estabilidade econômica e, depois da Depressão e da Primeira Guerra Mundial, otimismo geral. É claro que os Estados Unidos tinham muita gente pobre, muita gente com dificuldade. Ainda assim, quase todo mundo em quase toda parte do país estava se saindo muito melhor nos anos 1970 do que em 1950. (É claro, alguns se saíam muito melhor, e havia uma desenfreada discriminação racial e de gênero, mas todos os grupos demográficos eram, em média, mais ricos nos anos 1970 do que haviam sido em 1950.) Quase todos estavam ganhando mais dinheiro do que seus pais haviam recebido e esperavam plenamente que seus filhos ganhassem mais dinheiro do que eles. Com tamanho crescimento econômico generalizado, os detalhes de como algumas pessoas eram diferentes de outras não importavam tanto. Que importa se você adora riscos e eu odeio, se você gosta de pesquisas científicas e eu prefiro um fluxo de dinheiro confiável — se nós dois estamos ganhando consideravelmente mais dinheiro do que ganhávamos uma década atrás, não temos nenhum motivo para dar atenção a esses pequenos detalhes.

Esse período de prosperidade econômica benigna e amplamente compartilhada começou a desmoronar no fim dos anos 1970. Quando Scott estava terminando sua dissertação, em 1996, tornara-se abundantemente óbvio para algumas pessoas nos Estados Unidos (e em outras nações ricas) que, embora uma parte da população estivesse ficando muito rica, um grupo muito significativo de pessoas estava passando por dificuldades. Nesse período de crescente desigualdade, o campo da economia estava lutando para se atualizar. De repente, as pequenas diferenças entre as pessoas importavam muito, porque tornou-se cada vez mais crucial descobrir quais dessas diferenças levavam alguns a ter êxito e outros a fracassar. A obscura pergunta de Scott sobre o negócio de pesca (e calçados) de seu pai se tornara uma das perguntas centrais no campo da economia. Por sorte, ele havia se posicionado entre os poucos que poderiam ser capazes de responder à pergunta essencial sobre por que algumas pessoas prosperam e outras não, porque isso exigia o tipo de conhecimento, tanto na literatura de diferenças quanto na economia matemática, o que Scott tinha de sobra.

É estranho que economistas e professores de escolas de administração passem um tempo impressionantemente pequeno estudando as questões econômicas e administrativas que afetam a maioria dos americanos: os determinantes do sucesso e do fracasso em pequenos negócios. Em qualquer momento considerado, não há mais do que alguns milhares de grandes empresas de capital aberto e talvez outros poucos milhares de startups de tecnologia buscando (na maioria das vezes em vão) se tornarem enormes. Há também aquelas dezenas de milhões de pequenos negócios. Apenas aqueles poucos grandes negócios e aspirantes a grandes recebem, porém, quase toda a atenção acadêmica. Com tanto foco em grandes empresas, sabemos surpreendentemente pouco sobre como os pequenos têm êxito ou fracassam; há poucos estudos rigorosos e baseados em provas sobre eles. As ferramentas que existem tendem a focar em três áreas. A primeira, e de longe a mais dominante, é a ideia de autoajuda de que riqueza e oportunidades estão disponíveis para quem consegue aprender a acreditar em si mesmo (revista *Entrepreneur*, junho de 2015: "6 atitudes que você pode tomar todos os dias para construir sua autoconfiança"; *Forbes*, janeiro de 2014: "Como aumentar a autoestima e o sucesso nos negócios"; revista *Inc.*, março de 2015: "6 dicas para construir autoconfiança para o sucesso nos negócios"). A segunda área de conselhos se concentra em propor um produto ou serviço único que as pessoas desejarão muito. Quem criar o próximo iPhone, digamos, ou apenas uma fatia de pizza melhor, deixará a concorrência na poeira e ganhará uma fortuna. A última área de conselhos comum foca nas rotinas básicas e práticas de um negócio decentemente administrado. É preciso ter um plano de negócio e um orçamento. Deve-se poupar dinheiro ao começar e se certificar de pagar impostos no prazo.

Para Scott Stern, todos esses conselhos são perfeitamente razoáveis. *É claro* que é preciso oferecer um produto ou serviço que as pessoas queiram comprar. *É claro* que se deve acompanhar direito o fluxo de dinheiro que entra e sai. No entanto, depois de duas décadas estudando atentamente quem tem êxito e quem fracassa ao abrir um novo negócio, a diferença crucial entre os novos negócios que têm êxito e aqueles que não têm é a *estratégia*. Todas as outras questões são importantes, mas são táticas, e táticas só importam se a estratégia está certa.

Hoje em dia, é comum ouvir a palavra "estratégia" usada em círculos de negócios. *Qual é a sua estratégia de inovação? O que você acha da estratégia de marketing de celulares da Apple?* Todas as faculdades de administração têm aulas de estratégia. Há dezenas de milhares de livros sobre estratégias de negócio e várias organizações dedicadas a isso, incluindo a Association for Strategic Planning [Associação para Planejamento Estratégico] e a Strategic Management Society [Sociedade de Gestão Estratégica]. Cada grande grupo de consultoria — da McKinsey à Bain e à PricewaterhouseCoopers — tem um braço de estratégia com milhares de consultores estratégicos.

Entretanto, o termo "estratégia corporativa" — essa peça central do raciocínio sobre negócios — é um tanto novo no mundo do comércio.

Apareceu pela primeira vez nos anos 1960, ganhou alguma força nos anos 1970 e só se tornou um componente central de quase todo grande negócio depois de 2000. Nos anos de rápido crescimento depois da Segunda Guerra Mundial, havia pouca necessidade de estratégia. Com frequência, simplesmente ser uma empresa que vendia alguma coisa era o bastante para continuar crescendo. Somente com a ascensão do comércio global e o surgimento da tecnologia de computação e da automação foi que a concorrência ganhou tanta velocidade que as empresas já não podiam apenas fazer a mesma coisa, com pequenos ajustes, ano após ano. Elas tinham que tomar decisões cuidadosas, difíceis, sobre onde inserir recursos e que projetos abandonar.

O Ngram Viewer, do Google, que pode mostrar o uso de uma palavra ou frase em milhões de livros, revela que "estratégia corporativa" só aparece depois de 1960 e se torna bem mais comum depois de 1980. Sem dúvida, isso é por causa do livro transformador *Estratégia competitiva*, de Michael Porter, de Harvard, que ofereceu o primeiro sistema amplamente usado para implementar uma estratégia. O livro se concentrava nas preocupações de grandes negócios, e, durante anos, estratégia foi principalmente feita por grandes empresas ou países inteiros. Pequenos negócios não podiam usar facilmente a maioria das ferramentas de Porter — tal como influenciar a fixação de preço de produtos amplamente comercializados — porque eram, bem, pequenos demais.

Estratégia se aproximava mais de xamanismo místico do que de uma ferramenta de negócio que pode ser aprendida. Isso era deliberado. Pessoas que, de alguma forma, conheciam "estratégia" ganhavam muito dinheiro porque eram vistas como bruxas, praticantes de uma forma de arte secreta. Isso é comum em negócios. Tempos atrás, só a elite usava contabilidade básica (na Idade Média, a contabilidade básica era um segredo profissional cuidadosamente guardado). De maneira semelhante, comprar e vender ações e títulos foi, por muito tempo, jurisdição de uma classe privilegiada bem relacionada.

Depois da crise financeira de 2008, Scott avaliou o conjunto de suas pesquisas e concluiu que estivera — sem perceber inteiramente — traduzindo o trabalho de Porter e outros para as preocupações de negócios e empreendedores menores. Ele estava disposto a transformar estratégia numa ferramenta como tantas outras: um conjunto claro de instruções que qualquer pessoa — incluindo aquelas menos inteligentes que seu pai — poderia aprender a usar. Ele sabia quem queria como parceiro nesse esforço: seu velho amigo Joshua Gans, o genial economista matemático que ele conhecera na lavanderia. Scott telefonou para Gans e sugeriu um projeto audacioso, que ninguém fizera antes. Queria criar uma teoria geral de sucesso para pequenos empresários empreendedores. Scott tinha muitas grandes ideias; Gans poderia ajudá-lo a desenvolver esses pensamentos e fundamentar essa teoria geral em pesquisas e provas matemáticas. Scott pensou que eles poderiam fazer isso rapidamente.

Ao longo de dois anos, os amigos trabalharam juntos intensamente. Durante grande parte desse período, telefonaram um para o outro todos os dias e trocaram uma enxurrada incansável de e-mails. As conversas com frequência se prolongavam até tarde da noite, recheadas tanto de discussões quanto de risadas. Algumas vezes, as discussões se tornavam intensas demais — a pior foi uma explosão irada sobre diferentes interpretações a respeito do impacto do financiamento do governo à pesquisa de insulina — e depois os dois ficavam semanas sem se falar. Eles juravam encerrar a parceria e faziam cara feia, mas então, inevitavelmente, um enviava um e-mail para o outro com alguma teoria nova e as conversas eram retomadas imediatamente.

Esse período foi, intelectualmente, o mais empolgante da vida de Scott. Ele o descreveu a mim em um de nossos muitos encontros em seu escritório no MIT. O escritório de Scott tem imensas janelas com uma vista perfeita para o rio Charles e a cidade de Boston. Com seus tiques verbais acionados, Scott foi ficando cada vez mais animado ao descrever o trabalho que ele e Gans fizeram. Andava pela sala, a voz elevada, enquanto me contava como todos os diversos elementos de sua pesquisa e das pesquisas de outros que ele admirava se encaixavam.

Parte do que torna as ideias de Scott e Joshua tão convincentes é que, quando você os ouve, percebe imediatamente duas coisas: primeiro, que essas ideias são boas e que cada negócio deveria segui-las; e, segundo, que quase ninguém as está seguindo. Você — em seu negócio ou seu emprego — não está seguindo essas regras.

Scott e Joshua desmembraram essas ideias em uma série de quatro passos que forçam você a fazer perguntas difíceis mas cruciais, precisamente as perguntas que o pai de Scott — assim como quase todo empresário — nunca pensou em fazer ou evitou desesperadamente.

Passo um: entender como seu negócio adiciona e captura valor. Vale a pena elaborar esse passo crucial. Pense em qualquer negócio que tem oportunidade de sucesso. Alguém está fazendo alguma coisa para criar valor. A pessoa compra matéria-prima e a transforma — como trigo, sal, leite e ovos transformados em pão, ou plástico, couro e algodão em tênis. Ou realiza um serviço, como contabilidade ou orientação para pescar. Há um processo em que o empresário cria valor. Depois, num passo distinto, o valor é capturado: uma pessoa decide gastar dinheiro nessa coisa. Ela compra um pão, paga por um barco pesqueiro, envia um cheque ao contador. A maioria dos negócios em dificuldade não consegue entender o valor que está (ou deveria estar) criando ou não consegue capturar o valor que criou. Com frequência, um negócio fracassa dos dois modos.

Tome como exemplo Eitan Stern. Ele criou um valor real ao fabricar um tênis de qualidade a preço mais baixo, mas criou um valor que pouca gente queria. Os compradores de tênis — em especial nos anos 1980 — não queriam um calçado funcional ao menor preço possível. Queriam ostentação e empolgação, uma marca que lhes desse uma identidade. Queriam Nikes confiáveis, mesmo que custassem cem dólares, e não calçados brancos da marca Striker, mesmo que custassem doze dólares. Eitan pensou que o valor fosse a coisa física: a borracha, o algodão e o couro que constituem um calçado. Se fosse esse o caso, sua estratégia de vender uma coisa quase idêntica por menos dinheiro teria sido boa. No entanto, a Nike sabia que o valor que estava criando não era físico. O pessoal do marketing da Nike gerou uma sensação de empolgação em torno de seus calçados, independentemente do preço. Apenas uma parte minúscula do valor que eles criaram estava na coisa física; a maior estava em sua ressonância cultural.

Eitan também entendeu mal qual seria o melhor modo de capturar valor. Naqueles tempos pré-internet, com muito menos lojas grandes, pequenas sapatarias vendiam a maioria dos calçados. Os donos dessas lojinhas de bairro não queriam vender calçados superbaratos, porque estes não davam muito lucro. Jamais iriam querer dizer a um garoto desesperado pelos recém-lançados Nikes para gastar menos numa marca de baixo custo e desconhecida. Além do marketing, a Nike desenvolvera uma profunda expertise em distribuição. Entendia quem estava vendendo calçados e o que melhor incentivaria essas pessoas a vender Nikes.

Como Scott me explicou, a Nike mostrou que a criação e a captura de valor são duas partes da mesma estratégia. Ao criar um valor que incluía um grande custo, a Nike também podia capturar mais valor compartilhando parte desse custo. Eitan não percebeu que vender tênis baratos — mesmo que tão bons quanto os da Nike — significava que ele não tinha orçamento para marketing e, além disso, que não poderia ser generoso com os donos de lojas que não viam nenhum incentivo em obter um lucro minúsculo com os Strikers quando podiam ganhar muito mais vendendo os muito mais populares Nikes.

A estratégia é uma linha clara que liga criação de valor à captura de valor. É fácil olhar para empresas muito bem-sucedidas, como a Nike, e ver o que funciona. Também é fácil olhar para esforços de negócios fracassados — como o de Eitan — e ver o que não funcionou. Scott e Joshua observam que pessoas que tomam decisões sobre seus negócios não conseguem olhar para trás. Elas têm que escolher uma estratégia antes de saber se esta funcionará, e isso geralmente significa que precisam tomar decisões difíceis sobre qual dos muitos caminhos devem seguir. O exemplo dos calçados é evidente. Para muitos negócios, uma das primeiras decisões é a mesma que Eitan enfrentou: adotar uma estratégia de alto custo e alta margem de lucro ou de baixo custo e alto volume.

Eitan tentou competir num mercado de alta margem usando uma estratégia de baixo custo. Isso não funciona. Imagine se, em vez disso, ele tivesse reconhecido que não estava no mesmo mercado da Nike — estava no negócio de calçados baratos, no qual o valor provém de criar um produto físico a um baixo custo. Uma estratégia de baixo custo é completamente diferente; tudo é direcionado por reduzir os preços ao máximo. Nesse mercado, ninguém está pensando em Nike; está pensando em espremer para extrair cada centavo da produção, do despacho e do marketing. O valor, ali, provém do volume, de vender mais calçados em mais lojas por menos dinheiro do que qualquer concorrente. O produto de Eitan era caro demais para esse mundo e barato demais para o outro. Por não escolher claramente uma estratégia de mercado, Eitan condenara seu negócio ao fracasso.

Vale notar que a Nike mudou de estratégia ao longo de seus mais de cinquenta anos. Nos primeiros tempos, sua estratégia era convencer atletas de que valia a pena gastar mais num produto de alta qualidade que lhes permitiria ter um desempenho melhor e por mais tempo. Só depois de dominar o campo dos esportes foi que a Nike mudou para uma nova estratégia fundamentada em prestígio cultural. Scott acredita que é permitido mudar de estratégia, embora deva ser feito com muito cuidado e critério. No caso da Nike, isso fazia sentido, porque depois de um certo ponto ela alcançara uma dominação total do mercado de calçados esportivos e precisava mudar para não atletas se quisesse continuar a crescer.

A palavra "estratégia" pode ser intimidante (pelo menos para mim). Sugere uma forma de conhecimento que os professores das melhores escolas de administração e os sócios de empresas de consultoria de elite transmitem a seus seletos subordinados. Felizmente, Scott mostra que a estratégia pode ser objetiva e fundamentada em perguntas básicas: O que você está vendendo? Quais são as pessoas que mais querem isso? Por que elas querem isso? Como pagam por isso? A estratégia é mais importante hoje do que era na economia de ferramenta do século XX porque as respostas para essas perguntas são mais complexas e mudam com mais frequência. Para quem vendia pasta de dente, digamos, em 1950, as respostas eram simples: as pessoas queriam limpar os dentes, portanto compravam uma das menos numerosas marcas de pasta de dente nacionais numa loja local. Hoje, a pasta de dente (assim como a maioria dos produtos) é exponencialmente mais complexa. É possível escolher entre dezenas de marcas, cada uma delas com múltiplas fórmulas e mercados-alvo. Só a Colgate ostenta mais de cinquenta fórmulas de pasta de dente distintas, incluindo produtos especiais para pessoas com um distúrbio conhecido como boca seca, aqueles criados para crianças e uma série de outros para pessoas que anseiam por um dos vários diferentes níveis de poder clareador. Os motivos pelos quais escolhemos nossa pasta de dente são mais complexos agora, e as maneiras como a compramos são mais variadas — loja local, loja de rede, on-line, serviço de assinatura. Qualquer pasta de dente nova precisa explorar as perguntas de estratégia e suas respostas de maneira mais criteriosa. Isso é válido, também, para todos os novos negócios. Quanto mais claras as respostas, melhor posicionado estará para o sucesso.

Scott oferece algumas boas notícias úteis. Existe um caminho claro para um empreendedor, pequeno empresário ou trabalhador que quer desenvolver uma mentalidade empreendedora: olhe dentro de si mesmo e faça uma avaliação criteriosa de suas habilidades, interesses, particularidades e pontos fracos. Você gosta de trabalhar duro, todo dia, e afastar todas as distrações? Ou será que, em vez disso, anseia por uma vida mais tranquila, mais confortável, em que tenha bastante tempo para a família e os amigos? Você é rápido ou lento para tomar decisões? Gosta de combates ferozes e momentos de intensa competição com alta pressão? Quer se relacionar bem com todas as pessoas com as quais trabalha? É ótimo para atenção a detalhes, para uma visão geral ou para formar uma equipe? O que você odeia? Quais são as habilidades que você não tem e para as quais poderia facilmente contratar outros? Quais são as habilidades que nunca será capaz de adquirir? Conhecer a si mesmo é crucial quando se tenta descobrir que caminhos tomar ao prosseguir. Para continuar no exemplo da pasta de dente: Você quer fazer seja lá o que for preciso para produzir a pasta de dente que mais vende no mundo? Ou preferiria focar num nicho de clientes mais restrito que conhece bem como ninguém? Você encontrará alegria e será bem-sucedido otimizando a fórmula de sabor perfeito para uma pasta de dente? Ou seu forte está mais em avaliar a distribuição e identificar novas maneiras de levar produtos a clientes? Com certeza você será capaz de eliminar rapidamente a maioria das opções e focar em apenas algumas potenciais estratégias. Tipicamente, diz Scott, haverá duas ou três opções que parecem igualmente válidas. Isso deve ser uma boa notícia, não um motivo de frustração; significa que você tem opções para maximizar seu negócio.

O segundo passo é escolher seu cliente. Isso pode parecer estranho. Poder-se-ia pensar que ou eles aparecem ou não. Entretanto, Scott observa que os clientes não são uma massa indiferenciada de pessoas idênticas. Possuem diferentes interesses, diferentes níveis de fome por seu produto ou serviço. Um negócio precisa identificar o cliente que quer e descobrir quem quer seu produto o bastante para poder cobrar o que for preciso para tornar o negócio sustentável. Se sua paixão é especialmente restrita e não existe mercado para ela, é bom saber isso antes de lançá-la. Não há nenhuma garantia de que suas paixões encontrarão um mercado. É por isso que se faz testes de mercado.

A pesquisa de mercado, em grande parte assim como a palavra "estratégia", pode parecer difícil a ponto de desanimar, uma ciência secreta conhecida apenas por um grupo seleto. Entretanto, Scott diz que é muito mais fácil do que as pessoas imaginam, em especial quando se está formulando uma ideia de negócio. Comece com um cliente ideal hipotético. Imagine a pessoa ou negócio que mais apreciaria e se beneficiaria de seu produto ou serviço. Em seguida, encontre pessoas reais que combinam com esse perfil e pergunte a elas o que pensam de sua ideia e como avaliam sua concorrência. Isso pode ser feito de maneira informal, consultando amigos e amigos de amigos, ou visitando, pessoalmente ou on-line, lugares onde essas pessoas se reúnem. Você pode abordar grupos industriais e encontrar listas de empresas para as quais telefonar. É possível se surpreender com o quanto as pessoas se dispõem a falar com você quando percebem que pode ajudá-las a melhorar o negócio ou a vida delas. Falando com pelo menos vinte potenciais clientes, é provável que você descubra os grandes defeitos em sua teoria de "cliente ideal", o que o ajudará a refinar mais a hipótese.

Scott também encoraja uma estimativa aproximada de quantas pessoas se encaixam no critério de cliente. Se você planeja vender gravações em vinil de músicas de flauta medievais, pode supor que muito poucas pessoas vão querer sua oferta e que precisará cobrar uma grande quantia e capturar quase todo o mercado para fazer esse negócio funcionar. Se acredita, porém, que descobriu uma forma incrivelmente deliciosa de chocolate, você tem algumas opções. Existe um enorme mercado para amantes de chocolate, e você pode escolher entre uma estratégia de baixo custo e alto volume e uma estratégia de custo mais alto e produto especial, confiante de que o mercado é grande o bastante — e dividido em números suficientes de submercados — para ter uma boa chance de sucesso.

O terceiro passo, aquele que Scott diz que a maioria das pessoas acha confuso, é escolher a concorrência. Como é possível escolher com quem competirá? Scott observa que toda empresa tem uma variedade de opções de maneiras de levar seu produto ou serviço ao mercado. Eitan, mais uma vez, oferece um exemplo. Ele estruturou todo o seu negócio de tênis em torno da Nike. Ele falou sobre a Nike. Criou os calçados de modo a parecerem um pouco com os Nikes. Encomendou-os à mesma fábrica que a Nike usava. Achou que a Nike era sua concorrente. Isso significa que as pessoas viram seus calçados como imitações baratas da Nike, e ninguém quer comprar imitações baratas da Nike. Ele poderia ter escolhido um concorrente diferente — por exemplo, o pior dos tênis baratos. Poderia, então, ter argumentado que seu produto era mais durável e mais bonito e tinha melhor desempenho do que aquele mais ordinário. Escolhendo esse concorrente e estruturando seu negócio em torno da captura dessa fatia do mercado, ele teria visto com mais facilidade suas escolhas subsequentes. Teria precisado de uma estratégia de negócio com baixa margem de lucro e alto volume.

Scott argumentaria que não há uma única resposta correta para todos; o caminho certo é moldado por seu produto ou serviço, bem como por suas paixões e objetivos. Tipicamente, seu negócio terá alguns potenciais caminhos competitivos. Você pode focar em roubar uma parcela do mercado de grandes líderes da indústria ou pode identificar um nicho de mercado mais restrito. Também precisará escolher os canais de distribuição através dos quais quer vender — pessoalmente ou on-line, diretamente ou por meio de intermediários. Em cada caso, você está escolhendo a concorrência; está decidindo como o produto ou serviço será visto pelo potencial cliente e com quais outros produtos e serviços ele comparará o seu. Por definição, negócios baseados em paixão não vendem *commodities* da economia de ferramentas com pouca diferenciação em relação a outros produtos e serviços. Ainda assim, haverá alguma comparação, alguma referência para o cliente, mesmo para produtos novos e únicos. Escolhendo o contexto no qual venderá, você também está escolhendo sua concorrência. Essa é uma decisão crucial — e útil.

Quando concentra a atenção em seus concorrentes, você também está escolhendo com quem irá cooperar. Com frequência, potenciais concorrentes podem se tornar parceiros. Se você está vendendo on-line, seu site concorrerá com a Amazon ou fará uma parceria com a Amazon para vender e distribuir seu produto? Você produzirá e venderá seu refrigerante caseiro diretamente aos consumidores ou dará uma licença de uso de sua receita à Coca-Cola?

Depois que você identifica suas habilidades e pontos fracos, o tipo de valor que irá criar, como irá capturar esse valor, com quem irá competir e a estratégia ampla que planeja empregar, o quarto passo é focar em todos os detalhes específicos de como irá capturar o valor de seu cliente. Se está planejando vender suéteres tricotados na feira, isso não é tão difícil, pois você estará falando diretamente com os compradores. Entretanto, a maioria dos negócios flui através de uma cadeia de valores, e você precisa se tornar um especialista no modo como essa cadeia de valores funciona. Você está vendendo para um atacadista que vende para lojas locais? Está vendendo diretamente para as lojas locais ou para o cliente final? Está vendendo unidades individualmente ou em massa? Quantos tamanhos e formatos diferentes seus produtos físicos têm? Qual é o tipo de contrato para os serviços que fornecerá? Você cobrará por hora ou por projeto? Exigirá compromissos de longo prazo ou trabalhará por encomenda?

Scott encoraja os empresários a passar tanto tempo pensando em como venderão seus produtos e serviços quanto pensando naquilo que venderão e para quem. Você deve experimentar e explorar uma variedade de maneiras de levar ideias a clientes, de fixar um preço, de avaliar e selecionar parceiros e de estudar seus concorrentes. Muita gente supõe que a maneira como outra empresa faz as coisas é a única, então copia esse padrão antes de explorar se existe uma nova forma inesperada de capturar valor.

Depois de elaborar sua abordagem, diz Scott, um empreendedor precisa aceitar que essa abordagem só funcionará se ele aceitar suas restrições. Ele precisa eliminar outros caminhos. Perseguir todas as abordagens é o mesmo que não perseguir nenhuma. Não se pode cooperar de certa forma e competir de certo modo com outra empresa. Você tem que estar inteiramente dentro. Não se pode simultaneamente fixar um preço alto (porque é de qualidade superior) e baixo (para atrair mais clientes).

Quando me tornei mais próximo de Scott e entendi melhor suas ideias, comecei a refletir. Ele queria ajudar pessoas como seu pai, empresários que não tiveram a melhor educação ou aos quais faltavam contatos. No entanto, estava fazendo seu trabalho na escola de administração do MIT, uma das instituições mais elitizadas e mais caras do mundo. Não estaria ajudando os já afortunados a se tornarem ainda mais bem-sucedidos? Por que não estava procurando pessoas como seu pai?

Um dia eu me sentei com Scott e fiz a pergunta.

"Não, eu não estou traindo meu pai", disse ele com suavidade, mas também firmeza e objetividade. "Não estou traindo os empreendedores americanos. Eu vejo como tenho sorte por fazer parte do MIT. Este é um lugar incrível que tem recursos para apoiar minha pesquisa. Tem recursos para apoiar as mais recentes pesquisas sobre doenças, robótica, inteligência artificial e muitas outras coisas que tornarão a vida melhor para pessoas no mundo inteiro. Mas a pesquisa que estou fazendo não é para as pessoas daqui. É para todos. Eu acredito que estou, e muita gente aqui está, construindo uma base sólida sobre a qual mais pessoas poderão prosperar como nunca prosperaram. Essas ideias básicas — adicionar valor, capturá-lo, descobrir sua estratégia — se aplicam a todos os lugares e a todos. Você não precisa se dar bem no vestibular nem estudar numa faculdade de elite. A ideia inteira é simples, direta: saber o que está vendendo, para quem está vendendo e como estruturar uma relação duradoura com seus clientes. É simples, mas também é provado. Baseia-se numa grande quantidade de dados e pesquisas e na capacidade de examinar a fundo esses dados. É isso que consigo num lugar como o MIT."

Minha outra preocupação quando me sentei com Scott naquele dia era de que seu trabalho se aplicava apenas a empreendedores. A maioria das pessoas, é claro, não trabalha para si mesma, não abre a própria empresa. A maioria das pessoas trabalha para outra pessoa. Funcionários geralmente não decidem qual estratégia seus chefes usarão. Não decidem quais produtos ou serviços seus empregadores devem oferecer ou como esses produtos ou serviços devem ter seus preços fixados ou serem vendidos. Funcionários conseguem um emprego, ouvem o que precisam fazer e têm êxito ou fracassam dependendo de como se saem ao executar a estratégia de outra pessoa.

"Não", disse-me Scott pela segunda vez em poucos minutos. Dessa vez, ele foi ainda mais firme, mais enfático. "Essa é a velha maneira de pensar." Toda empresa, em especial as grandes que estão aí há muito tempo, precisa responder a essas perguntas, explicou ele. Qual é o valor que elas estão criando de maneira única? Quem são aqueles que mais querem esse valor e estão se dispondo a pagar por ele? Como você captura esse valor? Quem é o seu concorrente e com quem você está cooperando? Estas perguntas não eram irrelevantes na economia de ferramentas do século XX; toda empresa precisava de uma resposta para cada uma delas. Entretanto, naquela época as respostas raramente mudavam, quando mudavam. Hoje, elas se modificam constantemente por causa do rápido crescimento da tecnologia e do comércio. Justo quando os fabricantes se ajustaram à dominação da China sobre o mercado global de trabalho de baixa remuneração, os salários ali cresceram e o país se tornou um produtor maior de alta tecnologia; as fábricas com baixos salários se mudaram para Bangladesh, Vietnã e outros países. Justo quando as grandes empresas se adaptaram ao mundo das compras pela internet, em computadores de mesa e laptops, elas souberam que os clientes estavam comprando mais pelo telefone. Cada grande mudança transforma cada aspecto da criação e da captura de valor, com frequência de maneiras inesperadas.

Eu estava trabalhando na NPR em 2005 quando o podcast começou a amadurecer. No início, foi assustador para aqueles de nós com prática em rádio tradicional. A tecnologia fundamental pouco mudara desde o surgimento da indústria, nos anos 1920. As estações de rádio e redes de comunicação criavam conteúdo e o transmitiam para receptores de rádio. Todo mundo ouvia a mesma transmissão ao mesmo tempo. Como havia um número limitado de frequências alocadas pelo governo, a concorrência era razoavelmente estável. O podcast, ao contrário, significava que cada pessoa podia escolher sua seleção de programas e que o número de programas e de entidades que produziam podcasts podia crescer rumo ao infinito. Aqueles de nós que éramos antigos profissionais de rádio perderíamos nossos empregos quando os ouvintes migrassem para esse mercado novo e caótico. Isso aconteceu por um instante. A audiência das rádios tradicionais caiu, assim como os empregos. Muitos de nós, porém, acabamos percebendo que algo ainda melhor estava substituindo o antigo sistema. Agora havia muito mais pessoas escutando muito mais produção em áudio de diversas maneiras diferentes. O valor era capturado de maneira diferente também.

O rádio captura quase todo o seu valor por meio de propaganda; as rádios públicas suplementam os anúncios com doações de ouvintes e do governo e subvenções de fundações. Os produtores de podcasts ganham dinheiro de muitas maneiras diferentes: propaganda, assinaturas, uso do podcast para promover alguma outra linha de negócio. Eu queria entender essa nova tecnologia e suas muitas implicações, então criei o *Planet Money* da NPR, seu primeiro grande podcast de notícias. Logo ficou claro que um ouvinte de podcast "vale" muito mais do que um ouvinte de rádio. Os ouvintes de rádio são uma mistura ampla. Alguns estão prestando bastante atenção; outros deixam o rádio em outro cômodo e mal sabem o que está no ar. Por sua natureza, o rádio é planejado para alcançar o maior número de pessoas. Criar conexões apaixonadas com amplas audiências é difícil. Os ouvintes de podcast, em contraste, estão ativamente escolhendo ouvir os programas de que mais gostam, o que significa que estão mais envolvidos do que a audiência média do rádio. Os anunciantes aprenderam isso rapidamente e começaram a pagar um valor enorme para alcançar audiências de podcasts. Isso significava que um podcast podia ser lucrativo com uma audiência muito menor que a de um programa de rádio. Isso fomentou a proliferação de um rico ecossistema de podcasts, cada um deles tendo como alvo um tipo específico de ouvinte. Para repórteres de áudio e contadores de histórias, isso em grande parte foi uma vantagem. Nós podemos ganhar mais dinheiro fazendo um trabalho mais gratificante porque está mais intimamente ligado a nossas paixões. Nossa relação com nosso público — ainda que menor — é mais íntima e compromissada.

O podcast subverteu o rádio tradicional de maneira que lembra a transformação dos jornais impressos, das câmeras de filmagem, das máquinas da Xerox, da televisão e de inúmeras outras indústrias cuja lógica central se mantivera estável durante décadas e então mudou, com frequência mais de uma vez, em poucos anos. Eu notei, em minhas observações pessoais sobre a transição para o podcast, que algumas pessoas estavam mais sintonizadas com essas mudanças do que outras. Algumas — sem conhecerem Scott Stern — fizeram intuitivamente suas perguntas centrais: Qual é o valor que estamos criando? Quem são aqueles que mais querem isso? Como eles pagam por isso? Quem são os nossos concorrentes? Com quem devemos cooperar? As respostas mudaram, bem como a tecnologia. Assim como aconteceu com a pasta de dente, era muito menor a presença de um grande público cujo valor era capturado de uma única maneira. Em vez disso, desenvolveu-se um entendimento crescente, e em constante mudança, de valor e captura de valor. Aqueles que prestaram atenção se saíram bem. Quando eu trabalhava em rádio, ninguém que eu conhecia ficava rico, e poucos de nós — a não ser alguns apresentadores que eram celebridades — podíamos nos expressar como somos. Eu fui treinado não para encontrar minha voz, mas para aprender a criar uma programação que fosse familiar aos nossos ouvintes regulares, e não dissonante. Os programas de rádio ofereciam empregos de classe média sólidos e confortáveis, com pouco risco de demissão e pouca probabilidade de enriquecer. Hoje, conheço mais de uma dúzia de pessoas que começaram em rádio pública, sem jamais imaginar que ficariam ricas, e agora são milionários do podcast. Há também uma enorme quantidade de pessoas que não estão tão ricas assim, mas ganham um dinheiro decente criando conteúdos que adoram e que lhes permitem se expressar muito mais plenamente.

Muitos veteranos de rádio ainda não entenderam, porém, como as perguntas básicas sobre valor mudaram. Eles continuam a fazer os mesmos tipos de programa da mesma maneira. A audiência não está crescendo. Jovens não possuem rádio e têm pouco interesse em programas feitos para um público de massa, porque cresceram com conteúdos de nicho personalizados.

Todo mundo — mesmo pessoas que nunca consideraram empreender e não têm nenhum interesse nesse caminho — deveria pelo menos em algum momento refletir sobre as perguntas básicas de valor para suas indústrias. Você se tornará um funcionário mais valioso ou descobrirá, antes dos outros, que seu empregador está preso a velhos raciocínios e que é hora de encontrar um emprego numa firma mais promissora, orientada por estratégia.

Ao longo deste livro, você continuará a ver o valor das descobertas de Scott Stern — e seus colegas. Significativamente, os empreendedores cujo perfil eu descrevo nestas páginas nunca estudaram com Scott, nem sequer ouviram falar dele. Eles seguiram caminhos de empreendedorismo semelhantes e bem-sucedidos por meio de uma combinação de tentativa e erro e, o que é crucial, de disposição para definir seus papéis dentro da Economia da Paixão. Isso com frequência exige um salto assustador, necessitando tanto de fé em suas habilidades únicas quanto de disposição para refazer seu negócio a fim de posicioná-lo para o sucesso nessa nova economia. Cada uma dessas pessoas tem uma lição para ensinar.

Quando penso na transformação econômica que estamos vivendo agora, imagino um casal de meia-idade morando numa fazenda em algum lugar do Meio-Oeste em, digamos, 1900. Eles têm uma penca de filhos adolescentes e na casa dos vinte anos e estão profundamente preocupados. Esse casal está ganhando a vida da mesma maneira que seus pais, seus avós e seus bisavós, e até da mesma maneira que seus ancestrais milhares de anos antes. Eles são agricultores. O negócio é simples: cultivar um campo e viver do que cresce ali. Houve mudanças graduais na tecnologia, mas a lógica fundamental nunca mudou. Trabalho duro, o dia inteiro, todos os dias (exceto, talvez, em partes do domingo), e esperança de tempo bom. Se seus filhos trabalharem duro, irão se sair bem, assim como você. Do mesmo modo que você, eles viverão junto às famílias deles e a alguns vizinhos que conheceram a vida inteira.

De repente, porém, os filhos estão falando sobre todo tipo de coisa nova. Eles querem se mudar para a cidade, trabalhar numa fábrica, atraídos pela promessa de pagamento de algum empresário que nunca viram. Terão que se mudar para longe de todas as fontes de estabilidade e proteção, distantes da família, da comunidade, da igreja. Como no mundo haverá empregos suficientes para todos? Esses pais com certeza disseram que ir para a cidade era um passo para o terrível desconhecido, com enorme risco.

Era, de fato, um passo perigoso em 1900. Muitas regras, que agora damos como certas, ainda não haviam sido estabelecidas. O trabalho infantil e o roubo salarial eram desenfreados; pessoas eram forçadas a trabalhar doze horas por dia por um pagamento mínimo, e, quando se feriam, não havia nenhuma compensação por isso. A comida disponível na cidade, preparada por fábricas, também era muito mais perigosa do que aquela que a mãe fazia na fazenda.

As novas regras, as regras do século XX, vieram aos poucos. Desenvolveu-se um sistema de educação pública e, então, sindicatos pressionaram por melhores condições de trabalho. O trabalho infantil se tornou ilegal (embora nacionalmente, nos EUA, só no fim de 1938) e algumas proteções mínimas foram implementadas para as famílias daqueles que se feriam ou eram mortos no trabalho. Com o tempo, essas novas regras proporcionaram algo que o mundo nunca vira antes: uma classe média grande, estável, e uma economia que trouxe crescimento econômico e segurança para um percentual maior da população do que qualquer sistema econômico inventado antes.

Nós estamos num momento de virada semelhante. Mudamos de um tipo de economia para outro, novo, que funciona de acordo com regras completamente diferentes. Ainda não temos todas as instituições, proteções e expectativas comuns que nos permitem ver como prosperar nesse novo sistema, mas o que temos são alguns visionários, algumas pessoas que descobriram a lógica desse novo sistema e encontraram um caminho adiante. Podemos estudá-las, aprender com elas e aplicar essas lições às nossas vidas.

Havia pessoas assim em 1900 — talvez até um ou dois filhos daquele casal de agricultores — que, de maneira semelhante, intuíram as novas oportunidades disponíveis na transição da agricultura para a indústria. Muitas pessoas nas quais pensamos hoje como criadores do mundo moderno cresceram num país principalmente agrário, mas foram capazes de prever as oportunidades inteiramente novas trazidas pela indústria. Estas incluem Milton Hershey e seu grande concorrente, Forrest Mars, que desenvolveram a moderna indústria de doces; John Jakob Raskob, que ajudou Pierre S. du Pont a inventar a corporação moderna; e inúmeros outros.

Neste livro, conheceremos e aprenderemos com as pessoas que veem o futuro hoje. Busquei deliberadamente pessoas cujas histórias são acessíveis e incluem lições que qualquer um pode aplicar. Para ajudar a guiar você pelas lições, eu gostaria de começar com as novas regras, as regras da Economia da Paixão.

CAPÍTULO 2

As regras da Economia da Paixão

REGRA Nº 1: BUSQUE INTIMIDADE EM ESCALA.

Para prosperar no século XXI, combine o melhor do século XIX com o melhor do século XX.

Identifique o conjunto de coisas que você adora fazer e faz bem. Você não precisa ser o melhor do mundo. Pessoas com frequência têm êxito porque possuem um conjunto de habilidades diversas que normalmente não combinam.

Pode ficar óbvio, em um instante, o que são sua paixão particular e seu conjunto de habilidades. Você é bom em fazer comida vegana para muita gente? Apaixonado por encontrar peças de automóveis que já não são fabricadas? Adora tirar fotos de casas? Existe um número infinito dessas combinações de paixão + habilidade. Pode ser que você precise dedicar algum tempo à meditação e experimentação para identificar as suas. Eu só aprendi as minhas depois dos trinta anos. Esse conjunto especial de habilidades pode não ser óbvio ou visível para todo mundo à sua volta. Pode ser algo pequeno — um interesse estranho ou uma combinação de interesses, uma vozinha com uma intuição que você mal consegue ouvir. A identificação de sua paixão única é a parte mais crucial e, com frequência, mais difícil ao se adotar a Economia da Paixão. Pode ser algo que você faz, um tipo de serviço no qual se destaca, ou uma maneira de se sobressair mais como funcionário num campo no qual você já trabalha.

Combine sua paixão com as pessoas que mais a querem. Quando identificar essa paixão específica e o conjunto de habilidades que pode oferecer, pode encontrar facilmente as pessoas que mais as querem. Elas já estão autoidentificadas em grupos. Pode ser que você as encontre por meio de revistas ou grupos do mercado, fóruns on-line ou contas no Instagram. Eu lhe darei muitos exemplos de pessoas que transformaram suas paixões em negócios e empregos lucrativos. Como você verá, pode ser que precise ser criativo e experimental e se dispor a procurar por muita gente — que, de início, pode parecer desinteressada em seja lá o que for que você tenha a oferecer. No entanto, depois de juntar suas paixões e habilidades com o tipo de cliente certo, ficará impressionado com a facilidade com que isso pode abrir um nicho lucrativo nessa economia.

Depois que você tiver esses clientes (ou colegas), o próximo passo é **escutar** bem de perto as opiniões deles — bem como as daqueles que optam por não ser seus clientes. Nós já não vivemos numa economia padronizada. É imperativo que você aprimore constantemente seus produtos e suas habilidades em resposta às necessidades de seus clientes.

Escutar e **combinar** estão intimamente relacionados e também, às vezes, em desacordo. Se você se vir escutando clientes que não são certos para você e tentando desesperadamente ajustar sua oferta às necessidades deles, está desperdiçando seu tempo e suas habilidades. Em vez disso, deve buscar outros clientes, aqueles que combinam muito mais e cujo retorno ajudará a levar seu negócio adiante e fortalecê-lo. Por outro lado, você não quer passar todo o seu tempo procurando por um cliente que combine perfeitamente sem perceber que seria melhor escutar os mais próximos de combinar, ajustar sua oferta e fazer a venda.

REGRA Nº 2: SÓ CRIE VALOR QUE NÃO POSSA SER FACILMENTE COPIADO.

Na Economia da Paixão, você pode capturar valor — vender e distribuir coisas — numa escala inimaginável e sem precedentes. É tão simples quanto vender produtos num site na internet ou usar o Twitter para obter clientes. Entretanto, você deve tomar cuidado para não produzir valor — criar uma coisa que as pessoas querem — em escala. Apenas empresas imensas podem criar valor em grande volume de maneira lucrativa. Elas têm fábricas que produzem inúmeros tênis ou doces, estúdios que produzem músicas ou filmes, firmas gigantes que prestam consultoria no mundo inteiro. O seu valor deve ser criado lenta e cuidadosamente. Absorver a importância deste aspecto pode ser difícil. Concentrar sua atenção apenas em coisas que alcancem uma base de clientes relativamente pequena e com forte opinião, coisas difíceis de fazer, valerá a pena. É precisamente por isso que a paixão importa tanto nessa economia. Felizmente, nossas paixões nos permitem passar um bom tempo fazendo coisas que adoramos mas nas quais outros acham difícil — e mesmo enlouquecedor — se concentrar. Essa talvez seja a ideia deste livro que mais contraria o bom senso: na economia atual, você quer fazer o oposto daquilo que, no passado, era considerado bom negócio. No momento em que um de seus produtos ou serviços decola e passa a ser amplamente copiado, você deve começar a abandoná-lo e procurar a próxima coisa.

Quanto mais coisas você faz ou mais clientes adquire, mais difícil é manter a excelência e adaptar seus produtos e serviços de um modo que tanto você quanto seus clientes querem. Deixe a escala para o mercado de massa. A Economia da Paixão se baseia na qualidade e na conversa que você tem com seus clientes.

REGRA Nº 3: O PREÇO QUE VOCÊ COBRA DEVE CORRESPONDER AO VALOR QUE VOCÊ FORNECE.

O preço deve conduzir o custo, não o oposto. Eu levei muito tempo para entender o significado dessa regra. Estamos condicionados a pensar que o preço está ligado ao custo. Você calcula o custo das matérias-primas que usa, o tempo necessário para produzir um bem ou serviço, acrescenta algum lucro e esse é o seu preço. Com fatores intangíveis, como o nosso tempo, nós olhamos para os concorrentes e cobramos algo em torno de seja lá o que for que eles façam.

Esse é exatamente o sentido inverso. Pense em fazer um carro de luxo. Você preferiria ter uma ideia de o quanto as pessoas pagariam por um certo nível de luxo antes de começar a escolher o material usado no veículo. Você determina o preço e depois faz a engenharia reversa do veículo alinhada com os custos que podem justificar o preço. Você inclui o couro macio, mas reconhece que o uso de ferramentas de mão pode empurrar o custo do carro para além de seu preço ideal.

Isso é ainda mais relevante quando se trata do nosso tempo, embora pareça particularmente difícil de entender. Pense em seu contador. Você provavelmente quer que essa pessoa seja extremamente bem informada sobre os aspectos das leis fiscais que se aplicam a você. Você pode também esperar que ela passe algum tempo sendo criativa, pensando em novas maneiras de empresários como você prosperarem. Essas coisas exigem tempo. Agora, nenhum contador pode cobrar uma taxa pelo tempo que ele passa andando num parque e pensando criativamente, mas pode cobrar uma quantia — ao grupo certo de clientes — que lhe permita gastar esse tempo. Conhecimento, criatividade, tempo para pensar: esses são os componentes de luxo do mundo dos serviços. Portanto, em vez de reclamar que a taxa por hora que você cobra não lhe permite ter tempo para aprimorar seu conhecimento e sua criatividade, cobre mais e mereça essa quantia maior, gastando seu tempo de maneira apropriada.

Valor é uma conversa. No mercado icônico, descrito por Adam Smith em seu livro de 1776, *A riqueza das nações*, o preço é determinado pela feroz competição. Muitos produtores criam os mesmos bens e muitos compradores os examinam. Nenhum comprador ou vendedor controla o processo. O preço é o resultado de todas essas pessoas regateando.

Você não deve cobrar preços de mercado. Os preços de mercado se baseiam na ideia de que seja lá o que for que você está vendendo é uma *commodity* que não é melhor nem pior do que aquilo que todos os outros estão vendendo. Seus produtos e, em especial, seus serviços devem ser únicos — tão especiais que, para seus clientes, não há nenhum ponto de referência óbvio. Você deve gastar tempo com seus clientes, mostrando como está lhes poupando dinheiro de outras maneiras, ajudando-os a ganhar mais ou tornando a vida deles consideravelmente mais agradável. O preço que você cobra deve ser o oposto de uma quantia fixada numa etiqueta. Ele deve provir de discussões frequentes com seu cliente.

Fixar o preço de uma paixão *é* um serviço. O próprio processo de discutir o preço pode ser com frequência uma parte central do serviço que você está fornecendo. Ao falar com um cliente sobre quanto valor seu produto ou serviço proporciona — quanto dinheiro o cliente ganha, quanto custo ele elimina —, você o está ajudando a entender melhor o negócio e as necessidades dele. Isso é verdade quando um arquiteto ou um designer de sites ajuda um cliente a entender o valor das escolhas de design. Todos nós nos saímos melhor quando temos uma compreensão mais rica sobre o impacto de nossas escolhas. Parte de sua expertise, parte daquilo que você unicamente sabe porque passou muito tempo pensando, é o modo como sua paixão particular pode adicionar valor à vida de seus clientes. Esse valor pode ser calculado em termos de dólar ou de benefício emocional. Ajudar os clientes a entender o valor que seus produtos e serviços fornecem é um serviço real por si só.

Preste atenção à BATNA. Empresários às vezes usam a expressão "melhor alternativa para um acordo negociado", ou BATNA — a sigla em inglês para "best alternative to a negotiated agreement" —, para entender as implicações de não se chegar a um acordo. Isso é útil para estabelecer preços. Se você tem um negócio de paixão e está totalmente na Economia da Paixão, então está oferecendo algo único sem nenhum concorrente exato. Ainda assim, nenhum cliente precisa ficar com você. Ele pode ficar com outra pessoa — alguém, talvez, que não ofereça o valor total da Economia da Paixão, mas cujo produto ou serviço tenha um preço muito menor do que vale. Ao determinar preços, você deve ser ambicioso, confiante e, quase certamente, ir bem mais alto do que imaginou inicialmente que fosse possível. Deve também prestar atenção às alternativas. Deve até perguntar às pessoas que escolhem não utilizar seus produtos ou serviços o que elas decidiram usar.

Cobre muito e depois mereça. Uma boa maneira de empurrar seu raciocínio para a Economia da Paixão é imaginar duplicar seus preços, taxas ou salário. Isso pode parecer chocante ou desagradável, mas força você a começar a imaginar o que precisaria fazer — e com quem precisaria fazer isso — para merecer o dobro. Em alguns casos, as pessoas podem dobrar imediatamente suas taxas sem perder grande parte dos negócios. Em outros, o experimento de imaginar preços bem mais altos ajuda a perceber que está vendendo para os clientes errados. Para outros ainda, considerar duplicar o preço é um estímulo, levando-os a perceber que precisam adquirir mais habilidades, mais educação ou um conjunto melhor de produtos.

Perceba que seu pagamento pode vir de outras coisas além de dinheiro. Eu conheço muitos jornalistas que poderiam facilmente ganhar mais dinheiro trabalhando em relações públicas ou em alguma outra ocupação, mas escolhem permanecer jornalistas porque adoram o que fazem, a influência que têm, a oportunidade de descobrir segredos. Meus pais trabalham ambos com arte e nunca ganharam tanto dinheiro quanto poderiam se tivessem seguido outras carreiras, mas tiveram vidas profissionais maravilhosas e emocionalmente gratificantes e não as teriam trocado por dinheiro.

O preço que você cobra deve mudar constantemente. Suas habilidades, sua capacidade e suas paixões mudam. As necessidades de seus clientes mudam. A natureza do mundo muda. Essas são as coisas que afetam o preço e, como estão constantemente se modificando, você deve mudar seus preços com elas. Avaliando continuamente o preço, você também é forçado a examinar os produtos e serviços que fornece, o valor que trazem para as pessoas que pagam a você por eles e os potenciais clientes que podem valorizá-los ainda mais. O preço é um simples número, mas ele lhe diz o quanto você está empregando bem a Economia da Paixão.

O preço que você orça não deve se modificar a não ser que os serviços e produtos oferecidos mudem. Embora seus preços devam se adaptar às mudanças no valor que você cria, quando orça um preço para um cliente, deve mantê-lo. Isso é mais tático do que estratégico. Uma estratégia útil é sempre oferecer três níveis de preço: um nível médio para o conjunto específico de serviços que o cliente requisitou a um preço que parece correto; um nível mais baixo, que subtrai alguns serviços, mas tem a vantagem de um preço mais baixo; e um nível mais alto, a um preço mais alto, para muito mais acesso. Isso estrutura a conversa sobre preço com seus clientes, mostrando a eles que, se quiserem pagar menos, receberão menos em troca.

Há um equilíbrio delicado nesse processo. Uma fase inicial de conversa aberta torna o valor da relação claro para o cliente. Em seguida vem o momento da fixação do preço, em que a pessoa experiente responsável por isso mostra muito menos flexibilidade. Na "conversa sobre valor" inicial, em que você fala com a pessoa que está lhe pagando, faz sentido ser aberto, fluido e criativo, explorando como diferentes níveis de preço nortearão a relação. A segunda e distinta "conversa sobre preço" precisa, porém, ser mais firme, menos flexível e até mesmo conter um certo grau de tensão e constrangimento. Mesmo quando o preço está fundamentado em valor, ainda pode ser um choque para o cliente enfrentar a realidade numérica específica do valor com o qual ele acabou de concordar. Se a conversa sobre preço não for um pouco tensa e o preço não for um pouco chocante, pode ser que você esteja fixando um preço baixo demais, para evitar até mesmo um indício de conflito; pode ser também que você ainda não entenda completamente o valor que fornece ou não se sinta confiante.

O salário é um preço. Se você tem um emprego numa empresa, você ainda está cobrando um preço — seu salário. Todas as regras de fixação de preço se aplicam aqui também. Se você conseguiu um emprego com um salário estabelecido, está sendo tratado como uma *commodity*, igual em valor a qualquer outra pessoa que possa se qualificar para esse trabalho. Imagine exigir que seu salário seja dobrado. Como você pode justificar um pedido tão agressivo? Provavelmente não pode, porque a empresa que reconhecesse esse valor não estaria lhe pagando seu salário atual. Isso significa que provavelmente você tem que fazer duas coisas: ir para outra empresa que reconheça seu valor e encontrar maneiras de articulá-lo mais claramente.

As regras da Economia da Paixão para negócios também se aplicam a pessoas com empregos. Existem qualidades universais que todo mundo reconhece como valor — ser pontual, conviver bem com os colegas, cumprir pronta e completamente as tarefas designadas —, mas isso nunca diferenciará você de seus colegas. É como fazer um pão perfeitamente aproveitável, mas não excepcional. Eu jamais sugeriria a você começar a chegar tarde, agir com grosseria e falhar em suas tarefas. Em vez disso, você deve identificar suas paixões e habilidades únicas, analisar as necessidades de outros dentro da empresa e entre clientes da empresa, e reconhecer projetos especiais que você, e só você, pode imaginar e executar. Algumas culturas corporativas não permitem esse tipo de iniciativa interna, mas a maioria permite, pelo menos até certo ponto.

O preço que você cobra deve parecer bom a você. Nós estamos habituados a pensar em preço como um fato externo, como a temperatura, sobre o qual temos pouco controle. Isso porque a fixação de preço padronizada era um componente central da padronização de tudo na economia de escala do século XX. Teria sido um absurdo em qualquer contexto de negócio argumentar que um preço estava errado porque não parecia bom. Na Economia da Paixão, porém, o preço é emocional. A questão inteira é combinar suas paixões e habilidades internas com as necessidades e desejos específicos de um cliente. O preço da paixão é aquele que você e um cliente concordem que é correto. Emoções não são besteiras frágeis, irrelevantes no mundo difícil dos negócios. Emoções são tudo: se você tiver seu preço fixado abaixo do que lhe parece justo, não será capaz de empregar toda a sua paixão e decepcionará seu cliente. Se o cliente não pode pagar a quantia que parece boa, você tem o cliente errado ou o produto errado.

Um fator surpreendente na fixação de preço baseada na emoção é que os preços podem mudar de acordo com seus sentimentos. Você pode cobrar menos por um projeto cuja execução será estimulante porque aprenderá muito realizando-o. Um ano depois, o mesmo projeto será bem menos empolgante porque você já aprendeu tudo o que pode com essa atividade. Você pode não querer fazer o projeto por nenhum preço, ou pode querer aumentar radicalmente o preço. De forma semelhante, sua vida pode mudar. Se você tem filhos crescidos que já não lhe ocupam tanto tempo, pode ser que queira reduzir seus preços para ter mais trabalho a fazer.

Para alguns, a coisa mais difícil na fixação de preço baseada na emoção é que, na melhor das hipóteses, ela combina os sentimentos de um comprador e um vendedor. Isso pode parecer fraco, para alguns. Fomos treinados a ver a fixação de preço como uma batalha de vontades, cada lado esperando forçar o outro a ceder, chegando ao preço final que o comprador acha alto demais e o vendedor acha baixo demais. Os acordos da Economia da Paixão são diferentes. O preço provém de uma extensa conversa, com direito a dados reais sobre o trabalho exigido do vendedor e sobre os benefícios recebidos pelo comprador. Se um dos dois lados está infeliz, isso significa que as conversas não foram abrangentes o bastante ou que a combinação não é boa.

Fixar um preço baixo *não* é uma estratégia. Um dos erros mais comuns que as pessoas cometem é descobrir o que o concorrente está cobrando e então fixar um preço um pouco mais baixo por seus produtos ou serviços. Isso não é uma estratégia; é abdicar da estratégia para o concorrente. Isso evita que se faça as perguntas cruciais da Economia da Paixão: Qual é o valor que eu estou criando que vai além do valor de negócios ou serviços semelhantes? Para quem o estou criando?

É possível que, depois de avaliar apropriadamente seu valor para seus clientes, seus preços sejam mais baixos do que os de alguns de seus concorrentes. Isso é bem diferente de começar com um preço definido externamente.

A fixação do preço *é* o seu valor. Com frequência, se pensa na fixação do preço ao fim do processo. Um empresário cria um produto ou serviço, vê o que seus concorrentes estão cobrando e cobra algo em torno da mesma quantia. Em vez disso, a fixação de preço deve ser o próprio centro de seu negócio, de seu emprego, de sua maneira de entender seu papel no mundo. É o seu valor, pelo menos no comércio. (Não recomendo propor preços pelo tempo que você passa com seus filhos, seu esposo ou seus amigos.) Você deve chegar a seu valor total e não deixar que outros — seus concorrentes, seus clientes, algum conjunto de regras que você absorveu na sociedade — o determinem. Se você passa a ver que o preço que atualmente acha que pode cobrar é baixo demais, isso deve lhe dizer que precisa ajustá-lo. Precisa encontrar uma área de foco diferente, adquirir mais habilidades, localizar clientes diferentes. Você pode não controlar o preço que pode cobrar neste momento, mas pode — e deve — controlá-lo a longo prazo.

REGRA Nº 4: É MELHOR TER POUCOS CLIENTES APAIXONADOS DO QUE MUITOS CLIENTES INDIFERENTES.

Fixar valor exige vender para as pessoas certas. Dizer adeus é a parte mais difícil. Quando você muda para a abordagem da Economia da Paixão, parar de trabalhar com muitos de seus clientes existentes contraria a lógica, mas é essencial. Se você não aplicou as regras da Economia da Paixão antes, é altamente improvável que a maioria de seus clientes reconheça verdadeiramente seu valor pleno e esteja lhe pagando a quantia apropriada por ele. Pode ser que alguns reconheçam seu valor e estejam lhe pagando a quantia certa; talvez alguns outros possam ser persuadidos a mudar para uma relação baseada em paixão. Mas em quase todos os casos a maioria dos clientes já não é apropriada e precisa ser gentilmente entregue a outro profissional. Esta é a única maneira de chegar ao ponto em que a maior parte de seu tempo é gasta trabalhando nas coisas que adicionam o maior valor para os clientes que o reconhecem mais claramente.

Não diga adeus rápido demais. Nenhum nicho é restrito demais, mas é arriscado correr para o nicho rápido demais. É possível que o melhor público para o seu negócio sejam chefes de cozinha canhotos famintos por uma faca perfeita para cortar cebola ou algum outro grupo muito específico. Levará tempo para encontrar membros suficientes desse grupo e convencê-los de que você, só você, é a pessoa certa para o trabalho. Pode ser tentador acordar um dia, perceber que seus clientes não se encaixam direito e dizer a todos eles para ir embora. No entanto, a não ser que você tenha juntado uma reserva considerável de dinheiro, é melhor fazer a transição lenta e deliberadamente. Algumas empresas criam um novo nome e, durante algum tempo, operam basicamente com duas empresas — uma firma mais antiga para os clientes existentes e outra nova, que funciona apenas para o nicho visado. Pelo menos uma vez por ano, examine sua base de clientes existentes junto a sua equipe. Você deve esperar constatar que aproximadamente 10% de seus clientes já não são apropriados para a empresa. Você pode gentilmente explicar que outra empresa servirá melhor a eles. Com frequência, constatará que esses clientes lhe custam dinheiro. Eles estão lhe pagando, mas, quando você adiciona todo o tempo que passa servindo a eles — e deixando de servir a clientes mais apropriados —, descobre que alguns estão prejudicando seu negócio. Quando um cliente não valoriza o que você está vendendo, ele tipicamente requer uma quantidade de tempo e esforço enorme precisamente porque há uma lacuna entre as expectativas dele e o que você oferece. É como pegar alguns pinos quadrados e ter que serrá-los, lixá-los e forçá-los para que caibam em uma série de buracos redondos.

O ritmo apropriado para eliminar clientes depende de sua condição financeira, seu plano de transição e outros fatores, incluindo seu nível de conforto em relação a pedir a clientes antigos para ir embora. Não vá tão rápido a ponto de acabar falindo, mas não tão devagar a ponto de ficar preso ao serviço de pessoas que não entendem seu pleno valor ou não pagam por ele.

Os melhores clientes acabam sendo aqueles que procuram você. Quando você identifica o nicho apropriado e serve bem aos clientes desse nicho, acaba desenvolvendo uma reputação em sua base de clientes desejados de modo que novos clientes o procuram antes de você precisar persegui-los. Quanto mais restrito seu nicho, maior é a probabilidade de você receber benefícios em vez de precisar buscar uma estratégia de venda agressiva.

A paixão, o preço, o valor e os clientes são visões diferentes da mesma coisa. A essência da Economia da Paixão é que o conjunto particular de paixões e habilidades de uma pessoa se torna um produto ou serviço que se combina com as necessidades prementes de um tipo específico de cliente em um momento específico. Essa interação cria um valor real para o cliente que se traduz em um preço sustentável tanto para o vendedor quanto para o comprador. Em suma, todas essas coisas estão tão fortemente ligadas que são melhor vistas como diferentes aspectos da mesma ideia central. Nada disso funciona quando algum dos elementos está errado.

REGRA Nº 5: PAIXÃO É UMA HISTÓRIA.

Seja lá o que for que você esteja vendendo, está vendendo uma história, e é melhor que ela seja verdadeira. Valor não é uma coisa física: um pedaço de metal, plástico ou vidro. Também não é um período: as horas de esforço que um profissional dedica a cumprir uma tarefa. Valor é uma medida subjetiva de como um produto ou serviço torna a vida de uma pessoa melhor. É uma história e, como todas as boas histórias, tem personagens, trama, um sentimento de conclusão e talvez um pouco de drama. Isso pode ser verdade até mesmo para a mais prosaica das compras. Digamos que você está frustrado com um sabonete, entra na internet, encontra um sabonete novo muito bem avaliado, ele chega pelo correio e você o adora — isso é uma história. Ela tem um herói — você — que enfrenta um obstáculo, toma uma atitude, teme um fracasso e finalmente triunfa. Claro, ninguém venderia essa história a Hollywood como filme, mas ela é mais importante do que a combinação de substâncias químicas que compõem a tal barra de sabonete.

Diga sempre a verdade. Esqueça a moralidade por um instante; esqueça o desejo de ser uma pessoa confiável. Mesmo que você só se importe com o lucro a qualquer custo, ainda assim nunca deve mentir. O processo de criação de valor requer um investimento de esforço e capital que geralmente só compensa com o passar do tempo. Você precisa que seus clientes contem aos outros sobre você. Precisa aperfeiçoar sua mensagem. Você pode mentir uma vez para conseguir um grande acordo, mas não pode construir sobre essa mentira e não pode sustentá-la a não ser que minta o tempo todo. Você teria que manter a mentira em cada nova interação com cada novo cliente. Seu negócio, construído sobre uma mentira, se tornaria menos estável. A mentira poderia ser descoberta, e mantê-la exige um esforço extrínseco que não aumenta o seu valor central. Em suma, mentir é mau negócio.

Você pode e deve contar a sua história, em especial se não for um bom contador de histórias. Uma marca confiável, construída sobre paixão e valor real, conta uma história mesmo que a pessoa que a criou seja tímida e geralmente conte histórias mal. Noto com frequência que contadores de histórias desajeitados e sérios podem ser bem mais convincentes do que aqueles astutos e refinados. Pode valer a pena contratar profissionais de marketing para ajudar a montar a história e apresentá-la de modo a conquistar outras pessoas, mas isso não funcionará se for falsa ou inventada por alguém de fora. Os recursos visuais, o material de marketing e o nome da empresa estão fundamentados na verdade essencial da paixão e do valor do produto ou serviço que está sendo vendido.

A história é contada com todos os detalhes de seu negócio. Quando você tem um negócio de paixão, insere essa visão em cada aspecto da interação com os clientes. Isso significa que produtos físicos são feitos de materiais que refletem a paixão e são planejados de maneira a sustentar a paixão. De modo semelhante, serviços são fornecidos de modo a expressar e refletir a paixão e o valor centrais de uma empresa.

Recentemente, contratei um advogado que me disse que não cobraria por hora, mas concordaria com uma comissão fixa pelo trabalho que faríamos juntos. Ele explicou que a cobrança por hora contradizia seus valores centrais de servir aos clientes; isso criaria um incentivo para ele gastar mais tempo, mesmo que não fosse estritamente necessário. Por outro lado, poderia optar por apressar o trabalho para me poupar algum dinheiro. Ele preferia nem pensar no tempo, mas sim em me fornecer o melhor serviço. Achei isso reconfortante.

REGRA Nº 6: A TECNOLOGIA DEVE SEMPRE APOIAR SEU NEGÓCIO, NÃO CONDUZI-LO.

O uso da tecnologia certa pode ser uma vantagem para você nessa economia. Graças à internet, é mais fácil do que nunca encontrar clientes adequados no mundo inteiro, manter contato com eles e criar mais rapidamente os produtos que eles querem. Um bom software pode ajudar você a administrar melhor o seu negócio — auxiliando em tudo, desde o estoque até o design e a atualização dos perfis dos clientes. Se você se concentra apenas em ser moderno, porém, está se arriscando a deixar a tecnologia assumir o que deveriam ser relações bastante robustas com seus clientes, funcionários e colegas. Nesta era de avanços tecnológicos e automação, as relações pessoais nos negócios são mais cruciais do que nunca.

Faça o que a tecnologia e as grandes indústrias não podem fazer — não a mesma coisa, apenas mais devagar. Para ter êxito na Economia da Paixão, não se deve condenar os negócios de larga escala e a tecnologia, nem desprezá-los como inferiores. Em vez disso, o dono de um negócio bem-sucedido baseado em paixão reconhece o tremendo poder das empresas maiores e de suas ferramentas de automação e evita competir diretamente. Se seu cliente central não consegue distinguir facilmente seus produtos ou serviços daqueles de um concorrente maior, você precisa mudar e oferecer outra coisa. Como veremos adiante neste livro, nenhum contador humano pode prometer ser mais rápido e mais barato do que um software de impostos; um pequeno fabricante de lápis americano não pode superar seus rivais vendendo um enorme volume a preços ínfimos.

A tecnologia está mudando rapidamente, é claro, e com a maior adoção de inteligência artificial é provável que a automação alcance muito mais indústrias mais rapidamente do que podemos imaginar. Isso significa que um empresário baseado em paixão precisa prestar bastante atenção às ferramentas disponíveis a seus concorrentes muito maiores, consciente de que um produto ou serviço que antes estava a salvo de concorrentes pode não estar tão a salvo amanhã.

Uma escala conduzida por tecnologia cria espaço para negócios construídos sobre valor e paixão. Negócios construídos sobre grande escala, por necessidade, não conseguem envolver públicos restritos de forma complexa. Claro, podem usar programas de computador para criar recomendações personalizadas ou para deixar os clientes criarem seu próprio estilo de calçado ou camisa. No entanto, isso não é a mesma coisa que orientar pessoalmente um cliente para uma opção que ele jamais poderia ter imaginado, oferecendo um serviço que, fundamentado em paixão, satisfaz necessidades que o cliente não sabe que tem. Seria irracional se a Amazon empregasse um grupo de especialistas em dicionários históricos; mas você pode fazer isso, se for a sua paixão, e pode usar Amazon para chegar às pessoas que mais os valorizam.

A tecnologia tende à grandeza, portanto permaneça pequeno. Uma característica central dessa economia é que a inovação conduzida por tecnologia aumenta em escalas inimagináveis. Crie o Facebook ou o Twitter ou um novo telefone celular e logo todo mundo no planeta terá acesso a eles. A não ser que você tenha bilhões de dólares e talento para inovações tecnológicas de ponta, nem tente se tornar grande. Há segurança em ser pequeno. Se você serve magnificamente a um pequeno nicho de uma maneira difícil de aumentar a escala, nenhuma grande empresa pensará em se dar ao trabalho de identificar um mercado tão pequeno e servir às necessidades um tanto particulares de seus clientes.

REGRA Nº 7: CONHEÇA O NEGÓCIO EM QUE VOCÊ ESTÁ; PROVAVELMENTE NÃO É O QUE VOCÊ PENSA.

A coisa central que você está vendendo é o valor real que traz para um cliente que deseja sua oferta. Com frequência, sistemas de entrega de valor estão ligados a momentos particulares da história. Os seres humanos comem pão há milênios e todos nós valorizamos pão fresco. Ele mata a fome, proporciona a experiência estética do sabor e oferece um conforto com raízes profundas em valores familiares, culturais e, às vezes, religiosos. Entretanto, o modo como o pão é entregue muda continuamente. Se sua paixão é criar pães, você pode abrir uma padaria, produzir pães em massa e vendê-los por meio de supermercados, criar uma aula de padaria, despachá-los diretamente para os clientes ou oferecer um serviço de entrega em casa. O valor que você cria — aquele pão perfeito — é o que não deve mudar. A maneira como entrega é secundária. Com muita frequência, as pessoas se concentram nesse aspecto secundário. Elas estão no negócio de padarias ou são fornecedores de supermercados. Não fique preso à captura de valor secundária de seu negócio. Em vez disso, foque no valor central que você cria e seja um tanto experimental e criativo em relação ao modo como captura esse valor.

Meu campo, o jornalismo, está passando por uma transição dolorosa. Sabemos que as pessoas valorizam verdadeiramente a capacidade de saber o que está acontecendo no mundo e ouvir análises sobre isso. Entretanto, muitos não querem especialmente que as notícias cheguem em formatos tradicionais, como jornais. Descobrir como levar as notícias ao público e — essa parte é mais difícil — ganhar dinheiro com isso se tornou um sério desafio para o campo.

Estamos passando por uma transformação maciça de quase todos os negócios por causa das forças da globalização e automação. A forma básica da medicina, das finanças, do direito, da educação, do varejo, das viagens e de outros inúmeros campos está mudando. Isso é doloroso e perturbador, mas também oferece enormes oportunidades. Se você pode focar no valor central que adiciona, e não na forma que isso toma, pode criar novas formas, novos tipos de negócios que terão lucro de novas maneiras.

A capacidade de reservar voos e passeios na internet abalou bastante o negócio das agências de viagem. Muitas delas fecharam as portas. Porém, agora estamos vendo novos negócios em que as pessoas ganham a vida criando experiências de viagem personalizadas. É tanta a saturação de sites de reservas, sites de avaliação e blogs de viagem que os viajantes, ao se planejarem, estão procurando de novo a ajuda de indivíduos com real conhecimento do lugar para onde eles estão indo. As empresas de viagem que empregam esses indivíduos podem reservar voos, hotéis e aluguéis de carros, mas esse não é o negócio delas. O que estão vendendo é conhecimento. Elas conhecem intimamente os particulares de uma certa área e podem direcionar os clientes para as melhores opções, geralmente dentro de uma variação de preço. Investem nas experiências de seus clientes de um modo que sites gigantes de viagem e de reserva não podem investir. Elas são parte da Economia da Paixão.

Mude sua captura de valor constantemente. Mude sua criação de valor lentamente. Na última década, o modo como produtos e serviços eram vendidos já passou por múltiplas transformações. Nós deixamos de comprar em lojas físicas, mesmo no caso de arquivos digitais, e passamos a adquirir muitas coisas pela internet. Costumávamos pagar apenas em dinheiro, cheque ou cartão de crédito; agora, há um conjunto de opções de pagamento cada vez maior, de Venmo a PayPal, Bitcoin e o que quer que tenha aparecido entre o momento em que estou digitando isto e aquele em que você está lendo. A captura de valor é apenas uma ferramenta, e você deve usar qualquer que seja a ferramenta mais rápida e mais fácil. A criação de valor, porém, é o cerne de seu negócio. Preze-a, cuide dela, mude-a apenas bem lenta e deliberadamente.

REGRA Nº 8: NUNCA ESTEJA NO NEGÓCIO DE *COMMODITIES*, MESMO QUE VOCÊ VENDA O QUE OUTRAS PESSOAS CONSIDEREM UMA *COMMODITY*.

Commodity é um produto não diferenciado que é facilmente copiado e replicado por outros. *Commodities* são ferramentas. Sabonete genérico é uma *commodity*; assim como a lavanderia que lava a seco e fica no caminho para o seu trabalho e a barbearia no fim da rua. Negócios de *commodities* são cumpridores de preço, o que significa que recebem como pagamento qualquer que seja o preço de mercado. A única maneira de serem verdadeiramente bem-sucedidos é com volume e a capacidade de produzir de forma mais barata do que qualquer outro. É por isso que os negócios de *commodities* tendem a ser dominados por imensas corporações globais que usam a automação e a terceirização para reduzir seus custos ao máximo.

Os negócios de paixão nunca vendem *commodities*. Por definição, um negócio de paixão se diferencia dos outros para poder cobrar um preço único que representa seu valor único.

A questão é a seguinte: não há divisão rígida entre *commodity* e paixão. Quando o iPod da Apple saiu, foi desprezado, pelo menos por alguns, como uma *commodity* de aparelho de MP3 com preço alto demais. Em qualquer Sephora há uma tonelada de xampus e cremes caros para as mãos gritando "valor único" e cobrando um preço enorme por isso. No entanto, se analisar a substância presente em qualquer recipiente, é mais provável que descubra ser quimicamente quase idêntica ao que é vendido na farmácia por 2,99 dólares. O Starbucks prosperou porque foi capaz de pegar um produto *commodity* — café — e embalá-lo na experiência com valor adicionado de uma loja agradável e uma marca de estilo de vida.

Os trabalhadores de um negócio do século XX eram, em grande parte, *commodities*. Eles tinham um emprego específico com um título e uma ocupação que deixavam claro que, quem que ocupasse essa posição, a qualquer momento poderia ser substituído por alguém que, em um instante, teria o mesmo título e a mesma ocupação. Para grandes empresas, era difícil demais identificar as capacidades e paixões únicas de cada um de seus trabalhadores, portanto era mais simples tratá-los como *commodities*. Hoje, é muito mais fácil identificar a exata contribuição de cada trabalhador. Indicadores na internet e pesquisas de público podem identificar precisamente o desempenho de diferentes trabalhadores, apontando aqueles que estão contribuindo para o resultado financeiro e os que estão oferecendo um valor mínimo.

A commodificação é como a gravidade, sempre puxando para baixo, tentando fazer cada produto, serviço e trabalhador cair para um nível comum. É por isso que a Apple está constantemente tentando lançar novos produtos e características, com a Samsung e outras empresas acompanhando de perto. Num negócio com valor adicionado, um negócio de paixão, você deve sempre se perguntar: será que estou deixando meu negócio, ou mesmo a mim, como funcionário, cair na armadilha da *commodity*? Em seu local de trabalho, você pode se tornar uma *commodity*, digamos, trabalhando longas horas sem adicionar valor ao trabalho que está realizando. Quando você para de perguntar como pode diferenciar seu negócio, seus produtos ou mesmo você próprio da versão *commodity*, abandonou a Economia da Paixão.

CAPÍTULO 3

Eis a escova de limpar garrafas

Como uma escova comprida de cerdas explica o futuro da economia americana

Há algum tempo, guardo, para inspiração, uma escova para limpar garrafas de leite numa prateleira acima de minha mesa de trabalho. Não é especialmente bonita. Tem 45 centímetros de comprimento, um cabo de madeira e uma massa espessa de cerdas brancas espinhosas em torno de dois terços de sua extensão. Nunca a usei para limpar nada, mas dou uma olhada nela de vez em quando para me lembrar das lições básicas que aprendi sobre como a economia mudou e como prosperar neste mundo novo. Ela é uma manifestação literal da lição central deste livro. É uma escova do século XIX que está guiando uma empresa do século XXI.

A escova em si é uma 9075P Braun Quart Bottle Brush vendida no varejo a 41,20 dólares, embora eu a tenha ganhado de presente de Lance Cheney, o presidente da Braun Brush, um negócio familiar situado em Long Island. A Braun Brush, "Fabricante de Escovas Especiais Desde 1875", como declara o slogan, orgulha-se de sua herança com todo o direito. A empresa foi fundada por um bisavô de Lance, Emanuel Braun, que migrou da Alemanha para Nova York aos 14 anos, em 1865. Sem grana e sozinho, Emanuel vagou pelas ruas à procura de trabalho. Estava ansioso para se candidatar a qualquer trabalho que lhe oferecesse um salário decente. Por fim, encontrou um bico limpando garrafas de leite numa leiteria no Brooklyn.

Era, com certeza, um trabalho de revirar o estômago. Antes da invenção da homogeneização e da pasteurização, as garrafas usadas eram devolvidas à leiteria com uma película de gordura de leite ressecada revestindo o interior. O leite azedo e a gordura mofada produziam um cheiro pútrido, horrível até mesmo para os padrões das ruas de Nova York no século XIX. O trabalho de Braun era fazer essas garrafas imundas parecerem novas, para preenchê-las de leite fresco e enviá-las para serem entregues na manhã seguinte. Dia após dia, ele comprimia um pano úmido pela boca da garrafa e o esfregava ali dentro, removendo tantos resíduos quanto possível, até o vidro ficar brilhando. Quando não conseguia cumprir seu objetivo, o que acontecia em muitas ocasiões, seu chefe gritava com ele para que começasse tudo de novo. Afinal de contas, nenhuma empresa queria enviar leite numa garrafa suja.

Como não podia largar o emprego, Braun ficou com a ideia fixa de encontrar uma maneira de torná-lo mais tolerável. É difícil imaginar isso hoje, mas nos anos 1870 as escovas eram uma tecnologia de ponta. A escova de cabelo foi patenteada em 1854, mas era considerada um produto falho e frustrante. As cerdas não eram espaçadas de maneira confiável e o estado primitivo da cola significava que estas geralmente caíam. A prática diária de escovar o cabelo se tornava com frequência um suplício irritante que resultava numa bolha feita de cabelo, pele, cerdas e cola, talvez até com um pouco de sangue. Outras escovas pessoais e industriais sofriam de problemas semelhantes, ainda que menos dolorosos.

O jovem Braun era um inventor entusiasmado e se meteu a descobrir como criar o tipo certo de escova para resolver seu problema de garrafa de leite. Ele começou criando uma ferramenta longa e fina com um cabo de pinho e cerdas de pelo de cavalo. Experimentou usar barbatana — uma substância durável encontrada em bocas de baleias, que a usam para filtrar água, retendo pequenos crustáceos —, mas era cara demais. Por fim, ele se decidiu pela pita mexicana importada, o equilíbrio ideal entre função e custo.

Na época, normalmente se faziam escovas furando buracos na cabeça da escova, inserindo as cerdas ali e preenchendo o espaço nos furos com uma grande quantidade de cola. Esse processo exigia uma cabeça larga — larga demais, como se viu, para caber na boca de uma garrafa de vidro. Esse problema enlouqueceu Braun: ele descobrira o tipo apropriado de madeira e a cerda correta, mas não conseguia juntar os dois para limpar as malditas garrafas de leite. Só depois de mais alguns anos de experimentação no porão da casa onde morava e trabalhava, em Bushwick, Brooklyn, foi que ele inventou uma maneira inteligente de contornar o problema: ele enrolou um arame comprido em torno das cerdas particularmente fortes e o prendeu em sulcos feitos num cabo de madeira estreito. A escova resultante era estreita o bastante para caber numa garrafa de leite, mas forte o bastante para resistir a milhares de lavadas. Eureca: Emanuel Braun tinha sua escova!

Em um instante, Braun revolucionara a tarefa de lavar garrafas de leite. Ele podia limpar algumas dezenas delas em uma hora, e não em um dia, e as garrafas ficavam muito mais limpas.

A solução de Braun é um exemplo perfeito da primeira regra da Economia da Paixão: busque intimidade em escala. Braun teve uma solução íntima para um problema restrito e específico que só alguém que passara todas aquelas horas tentando limpar uma garrafa de leite poderia ter inventado. Ele se tornou um especialista nas diversas cerdas e materiais de cabo disponíveis. Entendeu o problema e chegou a uma solução usando conhecimento que poucos poderiam igualar. O problema é que, em sua época, Braun não tinha acesso à escala. Não havia muitas maneiras de um inventor no Brooklyn fazer com que leiterias do país e do mundo soubessem sobre seu novo produto. Portanto, ele largou o emprego de limpador de garrafas e abriu a Braun Brush, que divulgou da única maneira que podia: a pé. Ele foi a centenas de leiterias por todo o Brooklin para demonstrar sua invenção. Recebeu pedidos suficientes para poder comprar um antigo celeiro que transformou numa fábrica simples de escovas. Toda manhã, ele saía da fábrica a pé para vender e entregar escovas por todo o Brooklyn. Toda tarde, voltava para fazer mais escovas para as entregas do dia seguinte.

Braun não parou na escova de garrafa de leite. Com o passar do tempo, ele percebeu que havia inúmeros problemas para os quais uma escova poderia oferecer uma solução. Só no negócio de laticínios, eram necessárias escovas para tratar de animais e outras para remover esterco de estábulos. Ele desenvolveu escovas longas e estreitas para limpar canos de água. Fez escovas largas e macias para alisar o topo de queijos produzidos em escala industrial. Braun se manteve distante das escovas de cabelo, que seriam aperfeiçoadas por Lyda Newman, uma inventora afro-americana adolescente que recebeu a patente em 1898. No entanto, ele ramificou os projetos com êxito para outros negócios alimentares, desenvolvendo, por exemplo, uma suave escova de pelo de castor usada para espalhar chocolate sobre doces. A conquista que mais o orgulhava, porém, continuou sendo a primeira escova de garrafas de leite, um produto quase perfeito que até hoje não precisou ser aprimorado e ainda é amplamente usado.

O entusiasmo de Emanuel Braun se adequava perfeitamente a uma economia construída amplamente em torno de artesãos locais. Seu filho Albert apenas expandiu o sucesso do pai. As escovas, percebeu Albert, tinham infinitas possibilidades. Seus três elementos — um cabo, um conjunto de cerdas e um agente para prendê-las — podiam ser usados para resolver todo tipo de problema. De fato, Albert se tornou um artista de escovas e, com frequência, desenhava suas ideias para produtos num enorme livro contábil com encadernação de couro. Albert imaginou todo tipo de escova: escovas para leiterias, para padarias, para separar peças que saíam de linhas de montagem de fábricas, para lavar rodas de carruagens. Quando o cinema se tornou uma fonte de entretenimento popular, ele desenvolveu uma escova especial larga e não muito áspera para limpar telas de cinema. Depois de ver algumas pessoas jogando tênis, um esporte que se tornara popular recentemente, Albert fez algumas anotações e criou o que se tornaria a primeira escova de quadras de tênis de Nova York: extragrande, com dois cabos bem compridos. Ele criou produtos extravagantes que limpavam estofados caros, lustravam encostos para o braço e removiam o pó de fendas de entalhes decorativos muito detalhados.

Albert Braun não teve filhos homens, então passou o negócio para seu genro Max Cheney, no início dos anos 1950. Nessa época, o sistema de experimentações artísticas já não parecia estar funcionando. A economia dos EUA estava se nacionalizando. O sistema de rodovias interestaduais do presidente Eisenhower criava uma indústria integrada de transporte por caminhão que permitiu a um pequeno fabricante de escovas em Nova York servir a clientes no Alabama, no Colorado e no Oregon.

Isso parecia ser uma enorme vantagem para os negócios da Braun Brush. Todas aquelas soluções inteligentes desenvolvidas para clientes do Brooklyn, do Queens e de Long Island podiam agora ser vendidas a leiterias, padarias e corpos de bombeiros em todo o país. Entretanto, ajustar-se ao novo sistema significava que Max Cheney tinha que mudar as engrenagens. Durante duas gerações, a Braun se concentrara em criar inúmeras escovas específicas para necessidades exatas. Agora, Max tinha que descobrir quais escovas tinham as aplicações mais práticas e determinar como produzir tantas quanto possível e distribuí-las por todo o país. Ele decidiu adotar a commoditização.

Max parou de se preocupar em criar novas escovas e, em vez disso, categorizou todas as que seu sogro e o pai dele haviam inventado. Ele criou seções especiais na fábrica para escovas de leiteria, outras para escovas de padaria e outras ainda para escovas usadas na crescente indústria de lavadoras de carros (mais uma que se beneficiou do sistema de rodovias interestaduais). Max encomendou tantas listas telefônicas quanto podia — queria uma de cada cidade do país. Tinha pilhas de centenas delas e contratava adolescentes da vizinhança para passar o verão folheando os catálogos e anotando os nomes e números de telefone de cada negócio de indústrias específicas. Tinha cadernos cheios de números de telefones e endereços de praticamente cada padaria do país, cada leiteria, cada cinema e quadra de tênis. Ele telefonava para essas empresas, enviava catálogos especializados, comparecia em salões de comércio. Aumentou seu negócio estabelecendo centenas de contas nacionais.

Max era totalmente um homem do século XX. Seus indicadores de sucesso não eram nada parecidos com os de Emanuel. Max não gostava da ideia de criar muitas escovas diferentes para muitos propósitos diferentes. Custava mais dinheiro mudar a produção de uma escova para outra. Era mais fácil e mais barato produzir mais da mesma escova e encontrar novos mercados para vendê-las. Ele não estava se divertindo tanto quanto seus predecessores — afinal de contas, sacrificara a criatividade —, mas gostava de sua vida boa e estável.

Essa é a empresa em que o atual CEO, Lance Cheney, entrou quando era jovem, nos anos 1980. Lance ingressou depois da faculdade e a achava insuportavelmente entediante. Todos os dias eram iguais. Lance, na época de sua admissão, era um funcionário verdadeiramente horrível, que mantinha o emprego apenas porque seu pai era complacente demais. Em muitos dias, chegava ao trabalho tarde e de ressaca porque adorava passar a noite ouvindo música em boates de Greenwich Village. Ele se demitiu algumas vezes para ir atrás de um sonho ou outro. Certa vez, ingressou numa escola para se tornar escultor; em outra ocasião, tentou montar uma banda. Era, como ele próprio admitiu, preguiçoso e disperso demais para ter êxito em qualquer esforço. Então acabava voltando para o pai, que sempre tinha trabalho para ele.

Nos anos 1990, Lance e seu pai estabeleceram uma rotina confortável. Lance amadureceu bem, começou a chegar ao trabalho na hora e ajudava o pai no negócio. Para ele, porém, o trabalho continuava sendo dolorosamente chato. Checava zelosamente os últimos números da produção e se certificava de que o pessoal de vendas estava cumprindo as metas, mas sua única alegria provinha de projetos secundários que realizava em seu tempo livre, nos fundos da fábrica. A essa altura, ele se tornara um especialista em diversos tipos de cerdas e cabos de escovas, e começou a fazer esculturas audaciosamente coloridas com cerdas firmes de nylon. Por meio de um amigo, conheceu Richard Artschwager, um pintor e escultor famoso que desenvolvera um interesse por trabalhar com cerdas de escovas. Cheney se tornou seu consultor técnico e fabricante e construiu setenta esculturas à base de escovas, incluindo uma que foi exibida no Whitney Museum of American Art, um impressionante ponto de exclamação amarelo feito de cerdas de escovas. Esse trabalho não dava muito dinheiro, e Max achou que Lance estava desperdiçando seu tempo ali, mas continuou porque era divertido.

Lance e Max desenvolveram uma rotina diária. Eles se encontravam para almoçar, falavam sobre o negócio, analisavam os números e então conversavam sobre a vida. Eram muito próximos, mas discordavam continuamente sobre uma questão. Todo santo dia, Lance dizia ao pai que a empresa deveria voltar às raízes e criar novos tipos estimulantes de escovas que resolvessem problemas e usassem a tecnologia para a arte. Seu pai ria e o ignorava, e eles mudavam de assunto.

Nos anos 1990, fabricantes chineses começaram a despachar quantidades enormes de escovas para os Estados Unidos. De início, focaram na extremidade mais baixa da indústria: pincéis baratos vendidos em grandes lojas. Os pincéis chineses eram inferiores. As cerdas caíam facilmente, riscando a pintura e deixando resíduos. A cada ano, porém, os pincéis chineses melhoravam e seus fabricantes se espalhavam por áreas mais especializadas. Durante as conversas com o pai na hora do almoço, Lance advertia que os chineses logo os alcançariam. Max ria e descartava isso também. Em 2002, porém, as fábricas chinesas haviam começado a fazer exatamente os tipos de escova que a Braun produzia. As escovas chinesas eram muito mais baratas e, Lance teve que admitir, com uma qualidade quase tão boa quanto as da Braun. Suas advertências ao pai se tornaram cada vez mais desesperadas. Ele temia que o negócio um dia falisse. Seu pai o tranquilizou: *Nós estamos fazendo isso há um século. Ficaremos bem.*

Lance Cheney, quando o conheci, era atlético, com uma aparência jovem para quem tinha 55 anos, e me lembrava Kris Kringle — Papai Noel antes de engordar e a barba crescer muito. Na juventude, Lance teria gritado se alguém lhe tivesse dito que ele acabaria fazendo o que seu pai, seu avô e seu bisavô haviam feito, mas um dia, no início de 1988, ele se deparou com um anúncio de um novo computador da IBM chamado System/36 modelo 5363. Era um computador de transição, que fazia uma ponte entre os computadores centrais do tamanho de uma sala e os de mesa individuais bem menores. O 5363 cabia sobre uma mesa de trabalho (embora ocupasse quase todo o espaço) e era barato o bastante para que uma empresa como a Braun tivesse condições razoáveis de adquiri-lo. Embora seu software nem se comparasse aos sistemas operacionais mais amigáveis que viriam depois, o modelo 5363 era planejado para ser usado por pessoas sem treinamento avançado em computador.

Lance ficou obcecado. Ele queria aquilo e precisava que o pai aprovasse a despesa. Contando com a ajuda do amigo de um amigo com conhecimento sobre computadores, Lance preparou uma planilha para o pai, mostrando que o computador permitiria à Braun Brush melhorar o envio de catálogos direcionados a cada potencial cliente no país. Max acabou cedendo e concordou com a compra.

No fim dos anos 1980, eram necessários apenas alguns meses para aprender a usar direito um computador (uma década antes, esses computadores exigiam um funcionário em tempo integral com anos de treinamento). Por fim, o computador estava em pleno funcionamento, e Lance percebeu que não tinha a menor ideia do que um computador poderia fazer, precisamente, para um fabricante de escovas. Entretanto, depois de ler o manual algumas vezes, ele se deparou com algumas informações úteis. Esse computador, percebeu ele, podia organizar todos os arquivos de clientes de seu pai. Seria muito melhor do que o sistema de cadernos, cartões e páginas datilografadas que enchiam uma parede de arquivos. Ele passou meses digitando as informações, aprendendo aos poucos como construir uma base de dados que funcionasse.

Aquele computador trouxe consigo uma mudança fundamental no modo como o negócio de escovas funcionava. Antes da informatização, como sugeriam os cadernos de Max, era incrivelmente difícil encontrar e organizar informação, mas esses novos computadores levaram à criação de novas empresas de base de dados que podiam despachar uma caixa de disquetes contendo o nome de cada empresa de qualquer indústria. Rapidamente, a Braun Brush constatou que clientes antigos estavam sendo inundados de ofertas melhores de outras empresas, que estavam vendendo os mesmos tipos de escovas a preços cada vez menores. Logo o problema foi acrescido de um repentino influxo de escovas baratas vindas da China.

Enquanto isso, Lance e Max continuavam a almoçar juntos todos os dias. Era um ritual simples. Max gostava da sopa e de um sanduíche da delicatessen no fim da rua; Lance preferia uma salada grande. Eles se sentavam com uma pilha de publicações da indústria — *Brossapress*, *Brushware* e a principal, *Brush & Mop* — e trocavam informações. Geralmente, os assuntos eram motivos de preocupação. "A Continental Brush está saindo do negócio de lavadoras de alta pressão", poderia dizer um deles, ou "A Deshler Broom mudou sua fábrica para o México". Lance ou Max podiam mencionar um novo pedido de, digamos, três dúzias de escovas para limpar fornos de pizza e falar brevemente sobre quanto cobrariam. Ou podiam abordar a solicitação de um cliente de um novo tipo de escova para limpar garrafas. Eles nunca brigavam, nunca elevavam a voz um com o outro.

Se você testemunhasse qualquer um desses almoços, seria difícil ver que alguma coisa dramática estava acontecendo. No entanto, aos poucos, de maneira imperceptível, ao longo do período entre 1988 e 2002, Lance e Max desenvolveram visões incrivelmente diferentes sobre a Braun Brush e, de forma mais ampla, sobre a economia americana na era da tecnologia e do comércio. A visão de cada um coincidia com a de sua geração.

Para Max, que crescera nos Estados Unidos pós-guerra, quando o país dominava quase todos os mercados globais com seus produtos, a chave para um negócio bem-sucedido eram as vendas — o volume. Na época, a maioria dos negócios prosperara aderindo à economia commoditizada: evitando riscos e vendendo a mesma coisa repetidamente. Max queria vender tantas escovas quanto possível para tantas pessoas quanto pudessem comprá-las. Seu objetivo era nunca deixar uma venda fracassar. Ele baixava os preços, prometia entregar as escovas mais rapidamente — qualquer coisa para conseguir a venda. Lance voava até a Alemanha para a grande conferência anual da indústria de escovas, a Interbrush, em Freiburg, e se encontrava com todos os grandes fornecedores de máquinas para fabricação de escovas. Os Cheney compraram uma nova máquina, a Zahoransky ET 120, o que havia de mais moderno em fabricação de escovas conduzida por computador, podendo criar quantidades enormes de escovas comuns e depois ser rapidamente redefinida para fazer alguns produtos sob medida. Custou 250 mil dólares, a maior compra da história da Braun, mas nem isso não pôde retardar o declínio da empresa enquanto a China e outros países com baixos salários arrebatavam uma fatia cada vez maior do mercado.

Lance com frequência se irritava com a disposição de seu pai de fazer qualquer coisa para que o produto fosse vendido. Lance conseguia usar aquele novo computador para realizar relatórios mostrando que linhas inteiras do negócio não eram lucrativas, ou que eles podiam vender milhões de certos tipos de escovas e permanecer empacados onde estavam, pouco acima da lucratividade. Max era o chefe, porém, e agia a seu modo. Ainda assim, Lance não conseguia evitar mostrar cada nova notícia sobre mais um concorrente que estava saindo do negócio porque não podia competir com escovas *commodities*.

Com o tempo, enquanto Lance tentava convencer o pai sobre a nova realidade econômica, os almoços se tornaram mais difíceis. Se a Braun fosse a única empresa do mundo que possuísse uma máquina de fazer escovas, poderia dominar a concorrência, mas todos estavam comprando essas máquinas e produzindo cada vez mais escovas, e a concorrência só fazia se tornar mais intensa. Havia empresas chinesas e americanas muito maiores que sempre ofereceriam mais escovas a preços mais baixos. Estava claro que uma estratégia de custo baixo, preço baixo e volume alto acabaria destruindo a Braun. Era um milagre, disse Lance — e um sinal do incrível talento de Max para vender —, que a empresa conseguisse permanecer estável nesses tempos difíceis. A gravidade da nova realidade econômica não podia, porém, ser ignorada. Lance teve algumas vitórias. Em 1997, ele comprou o domínio brush.com e criou o primeiro grande site de venda de escovas na internet. Mesmo assim, não conseguia mudar fundamentalmente o negócio.

Max continuava trabalhando, ainda que sua saúde falhasse e seus joelhos dificultassem caminhar pela fábrica. Desenvolvera catarata que dificultava a visão, mas escondia (ou pensava que escondia) isso dos trabalhadores da fábrica. Sua mente era afiada, e ele continuou sendo um líder ativo da empresa até o dia em que morreu, subitamente, de ataque cardíaco.

Lance demorou algumas semanas para viver o luto por seu pai, organizar papéis e voltar para a fábrica em expediente integral. Quando retornou, partiu imediatamente para o trabalho. Reuniu a equipe de vendas e anunciou que, daquele dia em diante, eles não venderiam uma única escova em concorrência direta com produtos baratos importados da China. Se uma fábrica chinesa pudesse fazer uma escova razoavelmente semelhante, a Braun sairia completamente dessa linha. Eles estavam deixando o negócio de *commodity* e entrando num empreendimento de escovas altamente especializadas. Desse modo, não estariam competindo em preço e volume. Poderiam competir, como seu bisavô fizera, no valor que forneciam. Bem-vindos à Economia da Paixão.

As escovas *commodities* baratas que seu pai havia posto nos catálogos enviados a todas aquelas empresas durante anos representavam a maior parte das vendas da Braun. As escovas especiais tinham, porém, enormes margens de lucro. Eram criadas para clientes com necessidades tão específicas que não haveria nenhuma concorrência. O problema é que esses clientes eram raros. Lance disse à equipe que o sucesso viria não do número de vendas que eles fizessem, mas da qualidade das vendas. Eles deveriam ficar empolgados com as vendas em baixo número. Quanto menor o número, menos provável seria que os fabricantes de escovas chineses competissem pelo mesmo negócio. Se não houvesse nenhum concorrente, a Braun poderia estabelecer o preço de suas escovas não de acordo com a concorrência, mas inteiramente de acordo com o valor das escovas levadas aos clientes. Se estes quisessem uma escova específica — se precisassem disso —, pagariam um valor considerável por ela. Ele também disse aos funcionários para relaxar. No mínimo, Lance Cheney — ex-estudante de arte e ex-baterista — sabia que essa nova abordagem seria muito mais divertida.

Lance iniciou a transição para uma empresa de escovas especializadas agarrando uma oportunidade casual. Recebeu um telefonema de uma pessoa que acabara de terminar uma inspeção de rotina numa usina de energia nuclear. Havia grampos de metal cobrindo o chão do tanque de resfriamento. Isso, obviamente, era um grande risco; pedacinhos de metal se espalhando por uma usina de energia nuclear poderiam causar danos inimagináveis. O inspetor percebeu que os grampos provinham de suas próprias escovas. Ele pressionava uma escova com cerdas grampeadas contra os encaixes das tubulações do tanque de resfriamento para remover sujeira. Essa ação às vezes soltava cerdas e grampos.

Lance respondeu copiando o projeto básico que seu bisavô desenvolvera para limpar garrafas de leite. Ele criou uma escova cujas cerdas não eram separáveis do centro e eram tão completamente integradas que nenhuma delas poderia escapar. Melhor ainda, não se usava nenhum grampo, então nada poderia contaminar o tanque de resfriamento. Ele levou várias dessas escovas para a usina nuclear e, depois de testes extensivos, provou que eram seguras. Hoje, essas escovas são usadas em geradores nucleares do mundo inteiro. A empresa recebe milhões de dólares por ano. Embora a matéria-prima dessas escovas custe apenas 12 dólares, mais ou menos, Lance as vende com um belo lucro. Ao fixar um preço tão alto para elas, ele pode garantir que continuará produzindo-as para as especificidades severas da indústria nuclear. É precisamente isso que os empresários da Economia da Paixão devem ter como meta: um produto cujo preço é determinado pelo valor que fornece ao cliente, não pela matéria-prima usada para fazê-lo.

Se Max Cheney pudesse ver a Braun Brush hoje, não a reconheceria. A empresa ainda faz escovas, é claro, mas seu lucro não provém da fabricação de um produto físico. Provém da criatividade, do conhecimento e do raciocínio que entram nesses produtos.

Lance se tornou especialista em escovas personalizadas, procurado para todo tipo de projeto especializado e sério. Ele se orgulha especialmente de um projeto que realizou para a Nasa. Quando os rovers *Spirit* e *Opportunity* foram enviados a Marte, em 2004, foram programados para perfurar pedras marcianas a fim de verificar a composição química. A perfuração exigia uma superfície limpa, então a Nasa precisava de uma escova para remover a poeira das pedras. Tinha que ser uma escova robusta o bastante para sobreviver aos extremos do ambiente marciano, mas leve o suficiente para não acrescentar peso preciosamente caro à nave espacial. Lance diz que de vez em quando olha para o espaço e pensa que fez uma escova que está lá em cima.

Lance comprovou uma suspeita dos tempos em que implorava a seu pai para mudar a estratégia da empresa: é possível ganhar muito mais dinheiro produzindo bem menos escovas, desde que estejam resolvendo verdadeiramente os problemas mais desafiadores de uma empresa ou indivíduo. Lance com frequência cobra milhares de dólares por essas escovas, e seus clientes pagam a conta alegremente porque as escovas estão lhes poupando muito mais do que isso.

Lance agora faz 15 mil tipos diferentes de escovas e pincéis com uma equipe de trinta produtores — ou, mais precisamente, artesãos. Vende diversos modelos exclusivos, feitos sob encomenda para as necessidades específicas de uma pequena base de clientes. Lance e sua equipe são especialistas em três coisas: cabos, cerdas e colas. Assim como seus ancestrais, ele e sua equipe se tornaram artistas de escovas e pincéis: eles têm uma profunda expertise em fibras e nas variadas maneiras de prendê-las ao centro para formar uma escova ou pincel. O pelo de javali, por exemplo, é particularmente bom para espalhar óleos. As cerdas de nylon são muito melhores com acrílicos. O pelo de texugo é a perfeita combinação de maleabilidade e força para remover o esbranquiçado, chamado "bloom", que se forma quando a manteiga de cacau se separa do chocolate; esse pelo não absorve nenhum chocolate e também é macio o bastante para não deixar marcas. O pelo de cavalo é ideal para polir madeira; é firme o bastante para remover detritos mas, diferentemente do nylon, não risca a madeira. Lance conhece praticamente todas as várias opções de fibras sintéticas e pode explicar as vantagens de cabos de madeira, plástico e metal. O verdadeiro teste para um especialista em escovas e pincéis é, porém, a cola. A cola precisa ser perfeita para o trabalho: A escova será exposta ao calor ou ao frio? As fibras serão puxadas ou empurradas pela lateral? A escova ou pincel precisa resistir a anos de agressão extrema (como nos rovers de Marte) ou apenas a algumas horas de pintura?

A alegria de Lance é evidente quando ele fala sobre seu negócio. Ele adora cada aspecto do trabalho. Adora as qualidades únicas de cada tipo de fibra e adora conhecer essas qualidades tão bem. Adora inventar novas soluções para escovas e encontrar clientes que vão se encantar com elas. Duvido que as escovas fossem sua paixão inevitável. Sua paixão óbvia está na criatividade. Ele adora resolver problemas de maneira criativa e adora igualmente criações artísticas. Eu imaginaria — assim como Lance — que ele poderia ter sido feliz em muitos outros trabalhos e indústrias. Poderia ter sido um artista ou produtor de tecidos especializados, mas nasceu numa família dedicada a escovas, herdou uma fábrica de escovas e descobriu como casar suas paixões centrais com a realidade de sua vida.

Lance não adora especialmente a tecnologia. Prefere meter a mão na massa, se sujar de cola e cerdas soltas enquanto fabrica uma nova escova. Diferentemente de seus antepassados, porém, Lance pode usar a tecnologia existente para vender esses produtos em nichos de clientes no mundo inteiro. Ele lançou uma linha de pincéis para polir chocolates para a indústria de sobremesas prontas, um pincel industrial para amanteigar croissants e uma escova resistente ao calor para limpar fritadeiras quentes. Por sinal, a escova para limpar garrafas de leite original (agora com cabo de plástico) ainda vende bastante.

Ele também criou uma escova especial que ajuda a separar batatas fritas dentro de máquinas imensas na fábrica da Frito-Lay, no Texas. Assim como no caso da usina de energia nuclear, os executivos da Frito-Lay temiam que uma escova malfeita pudesse pôr em risco seu negócio. Se até mesmo uma cerda solta caísse num pacote de salgadinho, poderia levar a um dispendioso processo judicial e a uma crise de publicidade. Lance os convenceu de que poderia fazer uma escova forte o bastante para nunca perder uma única cerda, mas macia o suficiente para nunca quebrar uma única batata.

Lance explica que em cada caso a fixação do preço se baseia não na matéria-prima — que com frequência custa apenas alguns dólares ou centavos de dólar —, mas nos anos de treinamento, habilidade e criatividade que entraram no design da escova. Além disso, Lance faz algo que teria horrorizado seu pai. Todo ano, ele elimina centenas de escovas do catálogo da empresa. Com frequência, são exatamente as escovas que têm maiores volumes de venda, mas menores margens de lucro. Se alguém na China pode fazer a mesma escova com mais ou menos o mesmo nível de qualidade, Lance a retira de linha.

Muitos clientes de Lance não usariam a palavra "paixão" para descrever seus sentimentos em relação às escovas. Os executivos da Frito-Lay e da usina nuclear estavam simplesmente tomando decisões práticas para desafios em seus negócios. A paixão de Lance, porém, é contagiante. Ele obtém a maior parte de seu trabalho personalizado por meio de propaganda boca a boca. Pessoas compartilham seu nome com outras que precisam de uma solução única para seus problemas; elas se lembram dele porque ficaram admiradas com seu envolvimento apaixonado com as escovas especializadas.

Em outros casos, porém, Lance está vendendo suas paixões mais diretamente. A conquista que mais o orgulha é algo que poucos de nós pensaríamos como sendo uma escova. Ele manteve seu projeto secundário de usar cerdas de escovas para fazer arte e desenvolveu uma marca chamada Brush Tile, que usa técnicas de produção de escovas para criar azulejos feitos de fibras. Afixando diferentes fibras coloridas — incluindo fibras óticas que podem iluminar — horizontalmente sobre uma base quadrada vertical, a Brush Tile cria impressionantes paredes com textura. Lance diz que se lembra de um dia ter se sentado no escritório e lido sobre a Microsoft e a Google, e como essas empresas haviam se tornado ricas. "Eu fiquei pensando: Como posso vender escovas para elas?"

Ele percebeu que elas pareciam estar constantemente construindo e reformando escritórios, tentando criar uma imagem única, graficamente forte. De fato, a Brush Tile faz paredes importantes nas sedes da Oracle, Google, Microsoft, Amazon e muitas outras empresas. Quando as empresas compram azulejos artísticos para suas portarias, se dispõem a gastar muito mais do que quando compram escovas para limpar o piso.

De muitas maneiras, Lance voltou às raízes da empresa, criando escovas especializadas para resolver problemas restritos com os quais nenhuma outra empresa lidou. Ele também está usando o melhor do que seu pai e seu avô usaram: as ferramentas de escala do século XX. Lance não está dando uma volta por Bushwick, Brooklyn, à procura de problemas que estão por perto. Ele pode alcançar empresas em todo o país e no mundo e saber quais são seus problemas mais intratáveis e importantes. Por causa desse enorme alcance, ele pode afastar o dinheiro fácil da produção em massa de escovas *commodities* e, em vez disso, concentrar-se nos problemas mais lucrativos — e empolgantes — ligados às escovas. A Braun Brush é hoje uma empresa totalmente moderna, do século XXI, um modelo para outras; embora, significativamente, não seja uma empresa de alta tecnologia.

Acho a simplicidade do negócio de Lance inspiradora, um modelo maravilhoso de como podemos ser bem-sucedidos com um pouco de conhecimento especializado e modesto, curiosidade e raciocínio criativo, além da capacidade de escutar o que as pessoas querem. Eis um homem que conhece bem essas três coisas e pode pensar criativamente sobre como combiná-las da melhor forma para resolver uma série infinita de problemas complexos. Em essência, ele transformou um negócio de escovas num negócio de soluções. O que ele está vendendo não é cabo, cerdas e cola; é seu conhecimento — e de sua equipe — de como usar essas três coisas para resolver problemas. Para Lance, é suficiente ter construído um negócio próspero que sustenta a ele e quarenta funcionários. O negócio vem crescendo constantemente desde que ele fez a transição de produtor de escovas *commodities* para fornecedor de soluções. A empresa cresceu mais na década passada do que durante todo o século XX.

O que há de maravilhoso na intimidade em escala é que, quando você tem acesso ao mundo inteiro, pode constatar que sua área restrita de interesse e conhecimento pode fornecer uma solução para o problema mais difícil de alguém, em algum lugar. Quanto mais a tecnologia expandir, quanto mais a inteligência artificial crescer, quanto mais a maquinaria da robótica se aperfeiçoar, melhor Lance se sairá. Será capaz de encontrar cada vez mais problemas, resolvê-los com mais precisão e construir as soluções de forma mais barata. Ele não é apenas à prova de futuro; na verdade, o mesmo futuro que assusta tanta gente o ajudará a fazer cada vez melhor o que ele faz. Para Lance, cada passo adiante na tecnologia e no comércio global torna mais fácil encontrar problemas e focar a atenção em resolvê-los. Se a automação e a terceirização continuam a crescer, isso só é boa notícia para o seu negócio.

Depois de conhecer Lance, pesquisei sobre a indústria de escovas e pincéis. Havia muitas empresas como a Braun no Estados Unidos: firmas dirigidas por famílias que produziam uma enorme quantidade dos mesmos tipos de escova e pincel durante anos. Visitei uma delas, a Kirschner Brush, no sul do Bronx, em Nova York, a menos de uma hora da sede da Braun.

Meu guia foi Israel Kirschner, um homem alto, cheio de energia, de 69 anos, que parecia, francamente, tão surpreso quanto eu que o antigo negócio de sua família ainda funcionasse no Bronx. É um lugar bagunçado num prédio de fábrica deteriorado. As máquinas são velhas. "Aquela pode ter cem anos", disse ele sobre uma máquina de limpar cerdas. Em seguida se gabou, com um piscar de olhos, sobre sua última aquisição, comprada em algum momento dos anos 1980: um estranho dispositivo giratório que põe cola em cerdas. Em torno das máquinas há caixas empilhadas, pedacinhos de peças de reposição e cabos de escovas espalhados aleatoriamente por todo o piso de madeira escuro e gasto. O lugar parece não passar por uma limpeza há décadas, e Kirschner parece saber muito bem disso.

O próprio Israel Kirschner pode argumentar contra a continuada existência da Kirschner Brush melhor do que ninguém. Seu pai abriu a empresa durante o enorme boom econômico posterior à Segunda Guerra Mundial, e durante décadas a empresa produziu e vendeu pincéis profissionais fortes para os tipos mais difíceis de pintura. Em sua maioria, os clientes de Kirschner eram grandes firmas de construção e agências do governo que precisavam de pincéis para pintar pontes ou paredes de prédios imensos e outros grandes projetos. Uma única ponte ou parede grande poderia exigir centenas de pincéis, e Kirschner os fornecia. Depois, no início dos anos 2000, fabricantes chineses começaram a despachar esses tipos de pincel para os Estados Unidos em enorme quantidade. De início, recorda Kirschner, os pincéis eram malfeitos — as cerdas caíam, os cabos eram de plástico ruim. Seus clientes não considerariam comprar porcarias que prejudicavam a pintura e depositavam cerdas soltas, machucando o tempo todo as mãos de seus trabalhadores. Não demorou muito, porém, para as fábricas chinesas melhorarem. Seu nível de qualidade cresceu, e Kirschner achou cada vez mais difícil justificar o preço muito mais alto de seus pincéis.

Ele me entregou um pincel com cerdas de pelo de javali de 2,5 centímetros, com cabo de madeira. Como todos os seus produtos, era pequeno e simples, mas elegante. Por um instante, pensei que ele era um exemplo da Economia da Paixão. Afinal de contas, parecia tão apaixonado por seus pincéis quanto Lance. Kirschner, porém, não segue as outras regras. Não combina seus pincéis com as pessoas que mais os querem — continua a vendê-los em massa, em grande parte para governos municipais que não poderiam se importar menos com a beleza sutil de um pincel bem-feito. Ele não escuta seus clientes para ajustar seus produtos às necessidades deles. Além disso, continua a fazer um produto que outros podem fazer em escala maior.

Ele me disse que, usando suas máquinas antigas e com um esforço considerável, fazer esse pincel custa-lhe mais de um dólar, o que significa que precisa vendê-lo, no atacado, por dois dólares e que um cliente do varejo paga quatro dólares. Um concorrente chinês estava vendendo um pincel quase indistinguível por trinta centavos. As fábricas chinesas têm acesso à mão de obra mais barata, é claro, mas também têm muitas máquinas mais novas e mais eficientes que produzem muitos pincéis mais rapidamente e com menos desperdício do que Kirschner. Para competir na mesma indústria, Kirschner teria que gastar milhões de dólares atualizando seus equipamentos e construindo uma nova fábrica. Em vez disso, ele mantém o mesmo passo. A cada ano — a cada mês — ele ganha menos dinheiro do que no ano anterior e sabe que algum dia, em breve, fechará as portas. Kirschner continua no negócio porque é o que gosta de fazer e porque ainda tem alguns antigos clientes por perto. Eu falei com um deles, Michael Wolf, da Greco Brush. Ele diz que poderia mudar para os pincéis feitos na China e economizar muito dinheiro, mas contou-me: "Meu pai fazia negócio com o pai dele nos anos 50. Continuamos fazendo isso, nós dois." É claro que todo ano alguns desses clientes se aposentam, morrem ou sucumbem à pressão do preço.

Essa é uma história conhecida por todo tipo de negócio americano. Durante décadas houve uma maneira sólida de ganhar a vida, e então, de repente, uma combinação de novas tecnologias e novos comércios destruiu esse negócio. Nosso país é repleto de Kirschners; são pessoas que passaram a vida prosperando dentro de um sistema que subitamente desapareceu, e elas não conseguem se adaptar.

Gostei muito de Israel Kirschner. Ele era divertido, consciente e parecia confortável com o fato de que estava simplesmente velho demais para mudar e seus filhos não estavam interessados em assumir o negócio. Alguns anos depois, quando eu estava escrevendo este livro, fiquei triste ao saber que Kirschner morrera e seus filhos haviam vendido o negócio para uma grande empresa. Não havia muito o que vender; os equipamentos não valiam nada, mas eles ainda tinham aqueles clientes restantes e isso significava algum valor. Kirschner não fora capaz de mudar para este novo sistema econômico, em que o lucro provém de resolver novos problemas. Não que ele não fosse inteligente ou bem informado — provavelmente sabia tanto, ou mais, sobre cerdas, cabos e colas quanto seu concorrente

Lance. É mais simples do que isso. Kirschner podia ver que a economia havia mudado e que continuar trabalhando com as mesmas coisas de antes já não compensava, mas não conseguia pensar no que fazer a respeito.

A Braun, com sua escova para limpar garrafas de leite, tornou-se meu símbolo sagrado, meu modelo de como prosperar no século XXI. Tecnologias modernas, em especial computadores e internet, permitem às pessoas combinar suas paixões e conhecimentos particulares com aquelas que mais precisam destes. Como veremos, há muitas maneiras de fazer isso, e uma estratégia precisa ser adaptada, porque cada indústria, negócio e pessoa é único. Essa é uma das lições centrais deste livro: durante a maior parte do século XX, a estratégia mais segura, mais lucrativa, era ser tão parecido com os outros quanto possível. No século XXI, a melhor estratégia é ser plenamente você mesmo e destacar suas áreas de diferença em relação a todos os outros. É aí que está o dinheiro.

Muito poucos empreendedores podem ganhar dinheiro fazendo o mesmo, oferecendo o mesmo tipo de produto repetidamente. Quer você seja um contador ou um fabricante de escovas, há uma boa chance de outra pessoa — ou, cada vez mais, algum computador ou robô — poder fornecer uma versão aproximada do seu produto por muito menos. Como resultado, muitos homens e mulheres se viram no turbilhão nada invejável de trabalhar mais horas, ganhar menos e viver num estado de temor de que seu trabalho possa um dia desaparecer. A maioria dos fabricantes de escovas desistiu ou, pior, foi forçada a sair do negócio. Tem sido um círculo vicioso.

Durante a maior parte dos anos 1990, a Braun Brush ficou estancada em 1 milhão de dólares em vendas. Como eu disse, ela cresceu radicalmente desde então. A chave de Lance Cheney para o sucesso não é um segredo. Ter êxito nos Estados Unidos agora significa não apenas sair do jogo das *commodities* — decidir não fazer o produto de nível inferior que as empresas de países com salários mais baixos podem produzir por uma fração do preço —, mas também combinar os melhores elementos do século XIX (arte e inventividade) com os do século XX (escala). Lance certamente compartilha a incrível criatividade e capacidade de solucionar problemas de seu bisavô e teve acesso à organização e padronização de seu pai. Por causa dos computadores, das máquinas automatizadas e do comércio global, Lance agora é capaz de pegar tudo o que herdou, tudo o que aprendeu e todas as suas ideias e expandir seu alcance pelo mundo inteiro, prosperando na Economia da Paixão.

Eu particularmente gosto do fato de os melhores clientes de Lance avaliarem sua paixão de maneiras especialmente desapaixonadas. Ele precisa de fato resolver os problemas deles de forma duradoura, mensurável, se pretende cobrar preços especiais que lhe permitam prosperar. Para muitos de seus clientes, sua paixão, seu impulso emocional, traduz-se em termos claros, lógicos. Podem ver quantas horas a mais de atividade seus produtos deram a eles, quanto dinheiro economizaram ou podem ganhar por causa de suas inovações em escovas, mas mesmo a mais lógica análise operacional só pode concluir que esses problemas não teriam sido resolvidos se não fosse um artista apaixonado, frustrado, que herdou uma grande fábrica e descobriu uma nova maneira de pensar em escovas.

ESTUDO DE CASO: KIRRIN FINCH

Pesquisa de mercado: amigos convidados

Laura Moffat e Kelly Sanders se casaram em Vermont, em 2014. Laura, que cresceu na Escócia, e Kelly, que passou a infância em Nova Jersey, compartilharam uma frustração a vida inteira. Mesmo quando pequenas, percebiam que nada do que vestiam era muito adequado para elas. Sabiam, com certeza, que odiavam vestidos e qualquer coisa que fosse muito de menina, mas as roupas de meninos também não eram perfeitas. Elas não queriam dinossauros e foguetes em tudo. Como mulheres, deram um jeito. Laura comprava camisas sociais masculinas; Kelly, que é pequena, ainda comprava na seção de roupas para meninos. As roupas criadas para homens e meninos não ficam bem, porém, nos corpos da maioria das mulheres. As mulheres geralmente são mais curvilíneas, com bustos maiores e quadris proporcionalmente mais largos. As camisas de homens e meninos eram apertadas demais em cima e embaixo, mas as roupas criadas para se ajustar a um corpo de mulher tinham inevitavelmente toques femininos dos quais ambas não gostavam.

 Laura e Kelly não eram especialmente obcecadas por roupas. Laura trabalhava com produtos farmacêuticos; Kelly era professora. No entanto, quando decidiram se casar, suas vidas mudaram de outras maneiras, além das óbvias. Na cerimônia, ambas queriam usar ternos inspirados no tradicional traje masculino, mas nada do que experimentavam caía bem. Odiando a ideia de se sentirem desconfortáveis no dia do casamento, elas encarregaram um alfaiate de fazer ternos sob medida que tivessem um estilo masculino tradicional, mas que também ficassem bem em seus corpos. No dia especial, elas se sentiram fantásticas. Foi mais do que o simples prazer de uma roupa bem ajustada. Elas sentiram que, pela primeira vez, suas roupas combinavam totalmente com suas verdadeiras identidades.

As recém-casadas passaram nove meses na lua de mel, uma aventura pelo mundo. Grande parte desse tempo, elas falaram sobre a sensação da roupa perfeita e começaram a imaginar um negócio que desse essa mesma sensação a outras pessoas. Sabiam que havia algum tipo de mercado. Tinham muitas amigas como elas: mulheres lésbicas e heterossexuais que queriam usar roupas inspiradas em trajes masculinos e que ficassem verdadeiramente bem no corpo feminino. Havia também uma crescente população de pessoas não binárias — o que significa que não se veem nem como homem nem como mulher — que queriam usar roupas bem ajustadas inspiradas em trajes masculinos. Laura e Kelly sabiam que haveria clientes, mas quantos? Seria esse um produto menor, de nicho, ou será que elas poderiam construir um negócio substancial?

Nenhuma delas conhecia Scott Stern, mas as duas seguiram um caminho idêntico ao que ele sugere. De início, elas se concentrariam no mercado americano. Laura e Kelly não conseguiram encontrar nenhum dado confiável sobre seu cliente-alvo, definido por elas pelo termo "*tomboy*", uma categoria ampla que incluía mulheres lésbicas e heterossexuais, bem como pessoas não binárias. Os melhores dados que elas conseguiram encontrar cobriam o mercado LGBTQ, que compreendia uma porção significativa de seu público-alvo. Era difícil calcular, já que muitas mulheres heterossexuais adoram roupas neste estilo e muitas lésbicas, pessoas trans e pessoas não binárias não gostam. Para confundi-las ainda mais, pesquisas de opinião e o censo americano ainda não têm ferramentas padronizadas para designar toda a gama de identidades de gênero. Laura e Kelly estimaram que aproximadamente 5% das pessoas identificadas como mulheres no censo seriam potenciais clientes. Um percentual significativo desse grupo seria especialmente leal a uma empresa que pertencesse a membros da comunidade LGBTQ e servisse criteriosamente a suas necessidades.

Elas partiram então para uma análise do poder de compra do público-alvo e da distribuição dessa população. Concluíram que mais de um milhão de mulheres, boa parte delas — mas não inteiramente — concentrada em grandes centros urbanos, teriam interesse em comprar suas roupas e também renda disponível para isso.

Esses números são vagos, mas, mesmo que estejam 50% equivocados, são incrivelmente úteis na etapa inicial da formação de uma empresa. Laura e Kelly sabiam que sua empresa começaria pequena. Elas não tinham nenhuma intenção de alcançar milhões de clientes nos primeiros anos, mas o entendimento de que o mercado era potencialmente tão grande lhes permitiu investir mais tempo, dinheiro e esforço num negócio que poderia crescer o bastante para ser o trabalho de suas vidas. Esses números também mostraram-lhes que o mercado não era tão grande a ponto de, um dia, elas rivalizarem com enormes empresas de roupas como Levi's ou J. Crew. Isso era uma boa notícia. Significava que o mercado-alvo era provavelmente pequeno demais para convidar a concorrência desses enormes participantes, que poderiam rapidamente empurrá-las para fora.

Essa estimativa inicial do mercado potencial pode exigir alguns minutos de raciocínio criativo e algumas buscas no Google. Esses momentos podem poupar anos de esforço desperdiçado a um empreendedor principiante. Será que seu mercado-alvo é tão restrito que não consegue sustentar um negócio? Será que é tão vasto que uma empresa maior empurrará você para fora? Ou será um mercado do tipo Cachinhos Dourados: grande o bastante para tornar seu negócio bem-sucedido, mas pequeno o suficiente para que você possa dominá-lo?

Em seguida, Laura e Kelly fizeram o oposto da estimativa grande, ampla e vaga: elas restringiram. Fabricaram algumas camisas e promoveram uma festa para pesquisa de mercado. Convidaram amigas e amigas de amigas, de modo a reunir algumas dezenas de prováveis clientes. Entraram em contato com algumas lésbicas que se referiam a si mesmas como andróginas ou *tomboy*, pessoas não binárias e mulheres heterossexuais que gostavam de roupas masculinas mas não conseguiam encontrar nenhuma que vestisse bem, e as convidaram para uns comes e bebes em casa. O encontro foi festivo e divertido. Assim, Laura e Kelly souberam que havia, de fato, pessoas que queriam loucamente aquilo que as duas estavam apaixonadas por criar: roupas inspiradas em trajes masculinos para corpos femininos ou não binários.

Elas também começaram a pesquisar detalhes. Quais eram as camisas que mais atraíam suas clientes-alvo? O que achavam do tamanho do botão, dos tecidos escolhidos, do corte dos colarinhos? Elas perguntaram sobre preço e se as clientes comprariam camisas pela internet ou apenas em lojas, onde poderiam experimentar as roupas.

Sem precisar contratar uma empresa de pesquisa de mercado cara, Laura e Kelly souberam rapidamente que sua hipótese central parecia correta e puderam investir com confiança em algumas centenas de camisas iniciais. Estas foram vendidas rapidamente, então elas decidiram dobrar o pedido e depois dobraram de novo e de novo. Quando todas essas camisas também venderam como água, Laura e Kelly entenderam que tinham um negócio de verdade. A essa altura, elas tinham clientes verdadeiros e renda contínua suficientes para justificar mais pesquisas de mercado direcionadas. Agora, a empresa, à qual elas deram o nome de Kirrin Finch, está prosperando. Oferece dezenas de camisas, calças, blazers, chapéus e acessórios para seu mercado-alvo. Laura e Kelly começaram a se dedicar a aumentar a escala de produção, de modo que as roupas da Kirrin Finch cheguem a um preço mais acessível a todas as suas clientes.

CAPÍTULO 4

Contabilidade corajosa

Ao inverter um modelo tradicional, um contador entediado aprende que pode prosperar se descobrir seu verdadeiro produto e o verdadeiro preço

Jason Blumer lembra o personagem de quadrinhos Tintin, com direito ao cabelo ruivo espetado e uma constante expressão de espanto diante de tudo que vê com os olhos arregalados. As únicas diferenças são que ele tem nariz de batata, usa óculos e tem um sotaque carregado e arrastado do sul dos Estados Unidos. Blumer assume suas feições de cartum, usando óculos de plástico bem coloridos e perfeitamente redondos e pontuando seus comentários com exclamações como "Opa", "Supimpa" e "Que louco!".

Blumer muda vidas. Pude catalogar mais de trezentos negócios nos Estados Unidos e no Canadá que são muito mais bem-sucedidos por causa dele. Falei com dezenas de proprietários de pequenos negócios que me disseram que estão mais ricos, mais felizes e mais profundamente realizados por causa do que Blumer lhes ensinou. Um homem que tem uma empresa de design de sites em Dallas me disse que Blumer é a pessoa mais importante de sua vida. "Ah, fora minha esposa", acrescentou. "E meus filhos. Embora em certos dias, Blumer esteja pau a pau ali." Os dois se encontraram uma vez. O homem também me disse que seu cheque mensal pelos serviços de Blumer é sua maior despesa e a única que ele fica verdadeiramente feliz por pagar.

Jason Blumer é contador. Um contador que transforma pessoas e negócios. Ou seja, não é nada parecido com a imagem que vem à mente quando se ouve a palavra "contador". Em primeiro lugar, ele usa sandálias, jeans e camiseta em quase todas as reuniões. Não possui ternos e jogou fora todas as gravatas anos atrás. Diz a palavra "cara" em quase todas as frases. Embora fale sobre detalhes típicos de contabilidade, como estrutura fiscal, lucro e demonstrativo de perda, ele logo diz aos clientes que acha essas coisas ainda mais chatas do que eles e que não é bom em ponderar. Prefere pedir aos clientes para explicar como definem felicidade e sucesso e descrever precisamente a combinação única de habilidades e interesses que possuem.

O cliente típico de Blumer é o criativo dono de um pequeno negócio — um designer gráfico, um consultor de relações públicas, a chefe de uma agência digital que é boa no que faz, trabalha extremamente, mas não ganha o suficiente para se sustentar. Isso é muito comum. Pequenos empresários criativos com frequência não têm experiência em negócios para entender como planejar uma estratégia bem-sucedida. Eles aceitam qualquer cliente que apareça em seu caminho, trabalham tão duro quanto podem e esperam continuar em frente. Blumer faz muitas perguntas a eles. Pergunta o que os deixa mais felizes, o que acham que podem fazer unicamente que poucos outros conseguem. Ele os desafia a definir cuidadosamente o valor que trazem para seus clientes. Ao longo de muitos meses, Blumer — às vezes de maneira gentil, às vezes mais energicamente — ajuda esses empresários a se relançarem, para que possam trabalhar menos horas, mas fornecer mais valor a seus clientes e ganhar muito mais dinheiro.

Blumer pode apontar centenas de histórias de sucesso, mas a melhor que ele conta é sua história. Blumer não era um visionário de negócios inato. Muito pelo contrário. Sabe todos os erros que as pessoas cometem e como é difícil mudar porque cometeu todos esses erros e demorou muito tempo para consertá-los.

A vida de Blumer mudou numa fria manhã do outono de 2003. Ele acordou pouco depois das seis da manhã e deu início à primeira rotina de seu dia cheio delas. Caminhou até o chuveiro em silêncio para não acordar as duas filhas pequenas. Procurou no armário um dos ternos azuis idênticos que a esposa comprara para ele. Ao olhar para o espelho do banheiro, dobrando a gravata em torno do pescoço, Blumer percebeu, mais uma vez, como ele se parecia pouco com o jovem que já fora, aquele de cabelo comprido, jeans e tênis surrados — o cara que sonhava em ser artista e, mais importante, em alcançar a glória no heavy metal.

Blumer cresceu nos arredores de Greenville, Carolina do Sul. Seu pai era o contador de uma série de pequenos negócios locais, mas Jason não se lembra de ouvi-lo falar sobre trabalho ou contabilidade. Seu pai se entusiasmava mais quando conversava sobre suas longas caminhadas nos contrafortes apalachianos ao norte da cidade, o que tentava fazer todo fim de semana. Jason era um estudante desmotivado e acabou indo para a North Greenville University, uma pequena faculdade cristã. Ele não se lembra muito das aulas. Seu foco era sua banda de heavy metal cristão, a Silence So Loud.

Por um breve momento no fim dos anos 1980 e início dos anos 1990, o metal cristão esteve em alta. Bandas como Stryper, Bloodgood, Barren Cross, Whitecross e Leviticus estavam ganhando bem a vida tocando em faculdades cristãs e casas de show da região e muito além. Havia tanta procura por esse tipo de música cristã animada que mesmo uma banda pequena — e, ele admitirá agora, bem ruim — que soubesse distorcer improvisos na guitarra e gritos ao microfone podia fazer shows regulares.

Blumer, na época, exibia uma típica juba de laquê quando tocava por todo o norte da Carolina do Sul e chegou a viajar para estados próximos. Houve uma semana marcante em que uma mensagem mal-entendida de um parente que conhecia alguém na indústria da música levou os componentes da banda a acreditar que estavam à beira do estrelato. Depois, como a maioria das bandas de faculdade, eles romperam, com um pouco de ressentimento. De maneira impressionantemente rápida, Jason cortou o cabelo, formou-se em contabilidade na Wofford College — escolhera o curso principalmente porque era a profissão do pai e não tinha outra ideia sobre o que estudar — e conheceu sua esposa, Jennifer, com quem se casou. Logo ela ficou grávida, e ele procurou trabalho como contador.

Ele aceitou um emprego na primeira firma que o contratou e aprendeu que podia ganhar dinheiro de acordo com o número de horas que trabalhava e o número de clientes que mantinha. Era um contador medíocre — fez seis tentativas para passar na prova de contador público certificado —, mas logo estava ganhando 60 mil dólares por ano, o que é um sustento muito bom no norte da Carolina do Sul. Ele conseguiu comprar uma casa pequena, mas simpática, para sua crescente família (a segunda filha logo estava a caminho).

Se você lhe perguntasse se gostava do trabalho, ele olharia para você de maneira estranha. Não lhe ocorria sequer considerar essa questão. Trabalho, pensava ele, não é uma coisa de que as pessoas gostam; é o que fazem para sustentar a família e, se tiverem sorte, para financiar alguns hobbies agradáveis nas horas vagas. Se você o pressionasse, ele confessaria que odiava verdadeiramente usar terno e gravata e achava o trabalho chato, e até mesmo um pouco deprimente, embora não soubesse o que fazer em relação a isso.

Então veio uma missão fatal no outono de 2003, numa fábrica de uma cidadezinha a mais ou menos noventa minutos de Greenville. A fábrica era antiga* e fora comprada por uma empresa nacional maior, que contratara Blumer para realizar uma auditoria completa. O projeto cresceu e se tornou imenso; acabaria exigindo que Blumer dirigisse seu carro por noventa minutos toda manhã e toda tarde durante mais de dois meses.

Para Jason, essas viagens se tornaram períodos de intensa autorreflexão. A fábrica ficava num município do interior, longe das grandes cidades próximas a Greenville e das rodovias interestaduais. Para chegar lá, Jason passava por uma série de cidadezinhas que estavam morrendo. A economia no norte da Carolina do Sul dependia completamente de têxteis. Durante quase um século, a área produziu linhas, camisetas, meias e outros produtos relacionados a tecidos. As fábricas têxteis eram maravilhosas para a economia local. Proporcionavam um trabalho tão estável para tanta gente que era comum os pais dizerem aos filhos para não concluir o ensino médio — eles acabariam trabalhando na fábrica quer tivessem diploma ou não, então por que não começar cedo, ganhar algum dinheiro extra e conquistar a maioridade aos 16 anos, e não aos 18?

Além disso, nenhuma parte dos Estados Unidos foi mais devastada pelos avanços tecnológicos e pelo comércio com a China do que a indústria

---

* A identificação dos detalhes desse negócio foi mudada a pedido de Blumer para preservar a privacidade.

têxtil da Carolina do Norte e da Carolina do Sul. Quase da noite para o dia, algumas máquinas podiam transformar automaticamente algodão em linha, e essa linha em tecido, sem qualquer intervenção humana. Circulava uma piada sobre uma fábrica têxtil moderna que tinha dois funcionários: um homem e um cachorro. O homem estava ali para alimentar o cachorro, e o cachorro estava ali para manter o homem afastado das máquinas. Alguns empregos as máquinas não destruíram — principalmente trabalhos de corte e costura para transformar tecidos em roupas —, mas esses empregos desapareceram graças à mão de obra mais barata do México, da América Central e, logo depois, da China. Entre 1995 e 2003, foi como se uma praga tivesse varrido o norte da Carolina do Sul, levando consigo todas as pessoas ambiciosas em idade de trabalhar (é claro, elas estavam se mudando para lugares com melhores oportunidades) e deixando para trás idosos e enfermos.

Ao passar por essas cidades em dificuldade, Blumer se viu imaginando o que seria dele. Muitos de seus clientes eram firmas têxteis ou outras empresas que as sustentavam. Será que restaria muito trabalho? Se você analisar, pensou ele, a contabilidade não é tão diferente dos têxteis. Softwares de contabilidade cada vez mais sofisticados permitiam a milhões de clientes cuidarem de seus impostos. Contadores no exterior — na Europa e na Ásia — ofereciam uma concorrência confiável e barata via internet.

Blumer sabia que esse trabalho específico para o qual fora designado estava assegurado. Isso porque a empresa que ele estava auditorando era tão bagunçada que demoraria muito tempo para que um computador pudesse substituir um ser humano, folheando pilhas de papéis desordenados. Em seu primeiro dia, o antigo tesoureiro da empresa havia lhe dito que eles teriam que visitar várias partes da fábrica para reunir as informações requisitadas. Em seguida, levou Blumer para um passeio pelo que parecia ser cada escritório e armário do prédio: a sala de registros, no porão, com caixas abarrotadas de recibos do depósito; a caixa no escritório do contramestre com recibos de cada pecinha de máquina comprada; uma sala no primeiro andar onde duas mulheres idosas anotavam cada venda num antigo livro contábil. Blumer percebeu que precisaria recriar o fluxo de caixa do negócio, correlacionando cada dólar que entrava com cada centavo que saía, e dispondo apenas das pistas mais imprecisas para fazer isso. O trabalho exigiria horas incalculáveis de tédio. Levaria semanas. Talvez meses.

O pior, entendeu Blumer, era que esse trabalho era o melhor que ele poderia esperar. Uma tarefa horrivelmente chata que estava imune à concorrência de computadores ou contadores no exterior seria a principal parte de seu trabalho dali em diante. Assim como praticamente todos os outros contadores de nível médio numa firma de tamanho médio, Blumer passara a ser avaliado não por seu talento, mas por um único critério draconiano: o número de horas faturadas — ou, como se dizia naquele negócio, a taxa de utilização. Ao que parecia, em algum momento oportuno, muito tempo antes, alguém havia determinado que os contadores precisavam de exatamente 30% de seu dia de trabalho para almoçar, ir ao banheiro e participar de reuniões. Isso significava que os outros 70% deveriam ser dedicados ao nobre dever do trabalho faturável. Durante décadas, a taxa de utilização de 70% foi o requisito básico para qualquer contador que sonhasse em ganhar um aumento ou se tornar sócio. Quando havia uma recessão, aqueles que estavam abaixo dos 70% geralmente eram os primeiros a sair.

Blumer se tornara o especialista em tecnologia de computador em sua empresa, estudando avidamente cada novo programa de software de contabilidade que se tornava popular. Isso dava grande valor à firma. A contabilidade estava se tornando cada vez mais automatizada, e era útil ter alguém na equipe que escolhesse as ferramentas digitais corretas e treinasse outros contadores a usá-las. Na lógica brutal do campo, entretanto, o tempo gasto por Blumer no aprendizado da tecnologia de computador não tinha nenhum valor porque não era faturável para um cliente específico. Sua taxa de utilização começara a cair regularmente abaixo de 70%, chegando mais de uma vez a 60%. Os contadores que atingiam 55% eram dispensados rápido, e Blumer temia estar caminhando para isso. Por isso mesmo, ele sabia que aquele trabalho de auditoria imenso e confuso deveria ser um sonho que se tornava realidade: semanas de dias cheios. Ele comia rapidamente um sanduíche e voltava imediatamente para o trabalho, elevando sua taxa de utilização acima de 90% num mês.

Em vez disso, ele estava infeliz. O trabalho era desagradável e, o que é pior, inútil. Verdadeiramente não importava. Mesmo que ele realizasse a mais abrangente e brilhante auditoria, seus clientes — as pessoas na sede da empresa que comprara a fábrica — não se importariam. Quando uma empresa compra outra, seus superiores pedem esse tipo de auditoria para mostrar que cumpriram toda a devida burocracia. No entanto, estava claro que essa fábrica seria fechada, todos que trabalhavam ali seriam demitidos e a única coisa de valor ali seria sua lista de clientes, que era, antes de tudo, o motivo pelo qual a fábrica fora comprada. A auditoria de Blumer iria para uma gaveta de arquivo em algum lugar na sede e talvez nunca fosse sequer olhada.

Grande parte do que Jason estava fazendo era como aquela auditoria. Era superficial. Não agradava a ninguém. Os melhores casos eram aqueles em que ele ajudava um cliente a economizar nos impostos, o que dava alguma satisfação à pessoa. Para Jason, não era suficiente. Uma coisa é ficar feliz por dever menos dinheiro ao governo; outra completamente diferente é ficar verdadeiramente empolgado com um trabalho criativo de contabilidade.

Para um contador, é perigoso perguntar: Qual é o bem que meu trabalho faz? Entretanto, esse pensamento entranhou na cabeça de Jason durante aqueles deslocamentos, normalmente cheio de fantasias alimentadas por queixas. Talvez, pensava ele, em algum universo alternativo houvesse uma maneira de agradar a clientes, fazer um trabalho criativo e nunca mais ter que ouvir falar em taxas de utilização. Então ele se lembrava no susto que vivia num mundo onde precisava pagar hipoteca e trabalhar, e o trabalho não é divertido.

Aos poucos, durante essas viagens de carro, seus sonhos se tornaram mais concretos. Jason começou a imaginar como seria seu trabalho ideal. Começou a formular um plano. Parecia um pouco arriscado, e ele precisava falar com a esposa primeiro, mas ele se perguntou se o maior risco seria *não* dar o salto que estava contemplando.

A transformação da contabilidade num trabalho seguro e chato é uma tragédia. Afinal de contas, a contabilidade um dia foi uma das profissões mais inovadoras já vistas pelas economias do mundo. Durante o século XV, Veneza era o centro do mundo cultural e econômico. A riqueza da república provinha, em grande parte, de seu lendário Arsenale, o mais formidável complexo de fabricação militar do planeta. Controlando os mares, Veneza controlava o comércio. Os mercadores venezianos nunca precisavam se preocupar muito com seus negócios. A maioria deles era pequena o bastante para que um mercador pudesse manter um registro mental do estoque, com a ajuda de alguns rabiscos não confiáveis em papel. Assim era mais fácil também. Antes da adoção dos algarismos arábicos (inventados, na verdade, na Índia), os mercadores tinham que somar e subtrair usando algarismos romanos. Se você tivesse 357 alqueires de trigo e cada um deles rendesse 29 ducados, teria que multiplicar CCCLVII por XXIX. Não surpreende que poucos se importassem.

Consequentemente, poucos donos venezianos de negócios podiam responder às duas perguntas mais fundamentais em economia: Quanto eles ganhavam e quanto eles deviam. Como não podiam responder fundamentalmente à pergunta sobre sua solvência, ficaram particularmente vulneráveis quando as economias da França e da Espanha, entre outras potências navais emergentes, começaram a competir em seus mercados e corroer seus lucros.

A contabilidade foi a salvação. Em 1494, o frade veneziano Luca Bartolomeo de Pacioli apresentou pela primeira vez os detalhes da escrituração contábil de partida dobrada — equiparar créditos e débitos, acompanhar cuidadosamente a procedência e o destino de cada transação. Embora isso possa parecer uma solução simples, a contabilidade foi a internet de seu século. A inovação permitiu aos mercadores conhecer seus negócios com mais precisão, entender melhor seus principais clientes e produtos, calcular o que encomendar e o que evitar, decifrar onde podiam economizar e onde não podiam e lidar com volumes muito maiores. Isso forneceu o parâmetro financeiro que permitiu aos negócios crescer mais, à concorrência se tornar mais feroz e ao comércio mudar mais rapidamente.

A maioria das conversas sobre a Revolução Industrial foca na inovação das máquinas, mas nossa economia moderna deve tanto à contabilidade quanto à engenharia. A Revolução Industrial foi possibilitada pelos enormes avanços mecânicos — energia a vapor, ferrovias, telégrafo —, mas também pelos avanços financeiros que os impulsionaram. Francis Cabot Lowell, por exemplo, abriu a primeira fábrica têxtil integrada do mundo — a primeira verdadeiramente moderna — em Waltham, Massachusetts, em 1813. Sua Boston Manufacturing Company podia transformar algodão cru em tecidos prontos sob o mesmo teto. A engenharia revolucionária de Lowell — um sistema de correia e roldana que levava energia de uma roda-d'água para várias máquinas — demorou um ano para ser aperfeiçoada, mas o verdadeiro desafio, aquele que ocupou uma década, foi descobrir como contabilizar as finanças de um processo de fabricação com várias etapas.

Antes, a fabricação era mais simples, com frequência um processo de etapa única. Um negócio girava o algodão para transformá-lo em fio; outro tecia o fio para transformá-lo em pano. A contabilidade refletia essa simplicidade. Os empresários precisavam apenas se certificar de que suas mercadorias prontas fossem vendidas por um preço maior do que o custo da matéria-prima. Por outro lado, Lowell, cuja empresa comprava algodão cru, girava-o, tricotava-o, tecia-o, cortava o pano para a venda final e pagava aos trabalhadores que realizavam essas tarefas, precisava saber quanto cada etapa lhe custava e se aquilo era, por si só, lucrativo. Ele podia vender tecidos prontos por um preço muito maior que o do algodão cru e ainda assim perder dinheiro por pagar demais por uma das muitas etapas de seu processo integrado.

Além disso, ele precisava saber quais eram as partes mais ou menos eficientes e quais tipos de investimento — se em maquinaria nova ou mais trabalhadores — compensariam a longo prazo, em comparação com aqueles em que perderia dinheiro. Como tinha vários investidores (outra inovação recente) e devia uma quantia de dinheiro razoável ao banco, precisava ser capaz de dividir seus ganhos de várias maneiras diferentes para assegurar a solvência da empresa. Foram necessários anos para desenvolver o sistema de Waltham, que permitiu a Lowell monitorar de sua casa em Boston — a meio dia de distância a cavalo — a lucratividade exata de cada etapa da fábrica. No início dos anos 1820, os donos da Boston Manufacturing Company haviam aberto várias fábricas muito maiores por toda a Nova Inglaterra, transformando a economia da área e empurrando os Estados Unidos para a Era Industrial. Isso nunca teria acontecido sem a contabilidade.

A contabilidade conduziu o crescimento econômico americano pelo resto do século. O rápido crescimento das ferrovias trouxe desafios financeiros ainda maiores. Administradores precisavam monitorar um negócio que se espalhava por uma área geográfica imensa. Ao mesmo tempo, o telégrafo significou que as empresas tinham que se manter em dia, em tempo real, com muito mais informações do que qualquer empresário já tivera acesso. No início do século XX, uma nova invenção — a empresa multidivisional — trouxera todo um novo conjunto de profundos desafios, já que os administradores precisavam aprender a alocar recursos em vários negócios diferentes. Em cada etapa, de maneira inestimável, contadores desenvolveram novas técnicas que solucionaram novos desafios.

O século americano, de muitas maneiras, foi o século da contabilidade. Uma profissão que mal existia algumas décadas antes se tornara uma das ocupações mais confiáveis do país. Quando um negócio se tornava mais competitivo, toda empresa precisava de contadores para supervisionar custos e renda e assegurar que a firma permanecesse à tona. Quando o governo aprovou leis exigindo que cada empresa pública monitorasse suas contas com atenção, além dos contadores da equipe interna as empresas também precisaram empregar contadores de fora para realizar auditorias.

Quando a tributação pessoal se tornou lei, em 1913, americanos comuns começaram a contratar contadores para se certificar de que estavam preenchendo corretamente suas declarações de renda. Houve um aumento constante de escolas que ensinavam contabilidade e do número de contadores treinados, mas esses benefícios nunca acompanharam bem a demanda — e, como resultado, a contabilidade praticamente garantia um emprego de vida inteira a qualquer um que aprendia sua arte.

Isso transformou o que havia sido no século XIX um ousado campo de visionários criativos num trabalho que, com muita frequência, tornou-se sinônimo de "chato e previsível". A expressão "contabilidade criativa" ganhou um ar desagradável e ilícito. Não queremos que nossos contadores sejam criativos ou apaixonados; nós os queremos entediados e chatos, sentados às suas mesas, garantindo que todos os números sejam somados corretamente.

Então vieram os computadores, a internet e o comércio global. Acontece que um trabalho cujo maior valor provém de realizar tarefas rotineiras é exatamente o tipo de trabalho que pode ser feito por computadores ou por trabalhadores de outros países que o farão por menos. A maioria dos contadores percebeu isso e reagiu. Muitas grandes firmas de contabilidade se tornaram consultorias, cobrando dos clientes não apenas para contar o dinheiro deles, mas para ajudá-los a ganhar mais. Contadores locais lutaram para se manter no negócio reduzindo preços, prometendo encontrar mais deduções fiscais lucrativas e procurando outras maneiras de competir com máquinas e enfrentar a concorrência no exterior. Isso se tornou um esforço desesperado para permanecer à frente do jogo.

Blumer percebeu que o aumento repentino da concorrência removera o chão de seu campo — a contabilidade já não era um trabalho com um salário decente garantido. Ele também entendeu que haviam removido o teto. Blumer via agora que podia ter computadores e que outras pessoas podiam fazer todas as coisas que ele mais odiava em seu trabalho — as contas, as auditorias, as declarações de renda — para que ele pudesse se concentrar no sonho de encontrar maneiras de ser verdadeiramente criativo e até inspirar seus clientes, trazendo um valor que eles ficariam felizes por pagar.

Quando seu interminável trabalho de auditoria chegou ao fim, Blumer disse à sua esposa que tinha um sonho. Esperava que talvez ela lhe dissesse que ele não tinha apenas um sonho, mas também dois filhos, uma hipoteca e responsabilidades. Mas não. Ela lhe disse para perseguir aquele sonho, mesmo que isso significasse alguns momentos de dificuldade econômica — o que, de fato, aconteceu. Blumer largou seu emprego de 60 mil dólares por ano e ingressou na firma de contabilidade quase moribunda de seu pai. "Firma" provavelmente é uma palavra grandiosa demais para descrever aquele negócio. Era uma mesa num quarto no segundo andar da casa do pai e com meia dúzia de clientes, a maioria dos quais estava há décadas com ele e era um tanto idosa e vagarosa para perceber que computadores podiam lhe poupar dinheiro.

No filme da vida de Jason Blumer — se um dia alguém fizesse um filme sobre um contador que não resolvia crimes —, esse seria o período que pareceria mais sombrio. De algum modo, em sua busca por realizar seus sonhos, ele dera um imenso passo para trás. Ele ainda estava passando os dias trabalhando em declarações de renda e ocasionais auditorias, mas agora seus clientes pagavam menos e eram exatamente o tipo de pessoa que mais provavelmente o acabaria largando em favor de um software.

Para Jason, porém, esse foi um período mágico. O trabalho de contabilidade era simples. Preencher declarações de renda para aposentados era bem mais fácil do que uma auditoria de meses para uma fábrica moribunda. Com a semana de trabalho mais curta, ele podia passar algum tempo explorando suas novas ideias. Encontrou livros, podcasts e blogs que o ajudaram a refletir sobre sua intuição de que uma firma de contabilidade poderia trazer um novo serviço valioso para seus clientes. Eu imagino esse processo como algo parecido com o filme *Onze homens e um segredo*: Blumer estava reunindo uma equipe de mentes brilhantes, cada uma delas focada em um aspecto particular do problema à frente. Embora, é claro, nesse caso a equipe nunca se reúna realmente e o problema à frente não seja roubar centenas de milhões de dólares de um cassino, mas descobrir como estar mais satisfeito, e ser mais valioso, como contador.

A primeira grande descoberta de Blumer foi Ron Baker, um contador visionário obcecado por uma questão: os contadores não deveriam cobrar por hora. Baker é um homem atarracado do norte da Califórnia, um orgulhoso "conservatário" — o termo usado para um conservador com tendências econômicas libertárias. Ele é 15 anos mais velho que Jason e, nos anos 1980, foi contador da equipe da KPMG, uma firma enorme onde fazia trabalhos em grande parte como os que Jason fazia: auditorias e declarações de renda para empresas. Naquela época, notou que num típico envolvimento com um cliente, ele e outros contadores da KPMG geralmente tinham vários insights durante os primeiros minutos da análise dos livros do cliente. Como tinham muita experiência, Baker e sua equipe podiam ver, num instante, se a empresa estava cuidando mal das finanças.

Com frequência, em especial em empresas mais antigas, os registros financeiros são mantidos de acordo com regras estabelecidas décadas antes e raramente revisadas. A maioria das pessoas poderia supor que os registros financeiros são organizados de alguma maneira padrão, talvez de acordo com princípios codificados em leis. Existem, de fato, regras e leis governando os registros financeiros, mas estas permitem uma enorme liberdade de ação para cada empresa personalizar os métodos que utiliza. Embora pareçam registros rotineiros de fatos objetivos, os registros financeiros são, na verdade, documentos vivos criados para responder a perguntas específicas. Uma empresa nova em folha e de rápido crescimento pode se planejar de modo a se concentrar na velocidade e no custo de adquirir novos clientes. Uma firma mais antiga, num mercado maduro, pode querer destacar a melhor forma de reduzir o custo de sua produção, uma vez que seria menos provável adquirir grande número de novos clientes, e ela só pode aumentar o lucro reduzindo o custo.

Com muita frequência, descobriu Baker, as empresas não estavam fazendo nenhuma dessas coisas. Alguém, muito tempo antes, inventara um sistema e a equipe financeira estava aplicando esse sistema sem perceber que ele já não respondia à maioria das questões atuais da firma. Baker, com frequência, podia ver isso num relance e imediatamente apresentar aos executivos de uma empresa novas ideias sobre como usar relatórios financeiros para identificar e resolver alguns de seus problemas mais intratáveis.

Por causa da prática e experiência, Baker era capaz de apresentar ideias que podiam trazer um lucro de bilhões de dólares para uma empresa. Com frequência, ele demorava menos de um dia para ter a ideia inicial. Houve alguns casos em que o insight mais valioso demorou apenas segundos, porque as falhas nos registros da empresa eram muito óbvias. Baker, porém, não era pago por esse insight. Como todos os contadores, era pago por hora. Isso era ridículo, pensou. Um compromisso típico com um cliente podia demorar trezentas horas, faturadas — eram os anos 1980 — a cem dólares a hora, mas essas horas não eram iguais. O primeiro bloco de uma a dez horas valia muito mais do que cem dólares — fornecendo milhões de dólares de real valor ao cliente —, enquanto as 290 horas subsequentes valiam muito menos. Baker passava a maior parte do tempo conferindo números para assegurar que estes fossem registrados corretamente, um trabalho que um assistente no primeiro ano ou, logo, um computador poderia fazer igualmente bem. Baker odiava essa parte do processo. Odiava também a ideia de que não estavam lhe pagando o bastante. E se tudo o que ele fizesse fosse fornecer o primeiro insight essencial, cobrar o que isso valia e deixar outra pessoa fazer o trabalho chato? Baker decidiu que a maneira de resolver isso era deixar de cobrar por hora. Ponto final.

Os contadores deveriam cobrar aos clientes de acordo com o valor que trazem para eles — essa foi a revolução de Baker. Isso permitiria aos contadores com insights verdadeiramente valiosos passar todo o seu tempo apenas fornecendo esses insights e, portanto, ganhando mais dinheiro. Isso mudaria toda a profissão. Contadores jovens aprenderiam que a melhor maneira de ganhar a vida de forma decente era descobrir como poderiam adicionar valor, não apenas realizar uma função rotineira. Essa mudança teria o feliz benefício adicional de permitir aos contadores adotar avidamente a tecnologia de computador e serviços de contabilidade terceirizados. É muito melhor deixar alguém ou algo fazer as coisas chatas e menos valorizadas e liberar o tempo de um profissional hábil para o trabalho potencialmente empolgante.

Baker começou a imaginar como os Estados Unidos poderiam ser se os contadores fossem, assim, libertados. Forneceriam mais e melhores insights. Tornar-se-ia economicamente lógico os contadores passarem mais tempo desenvolvendo conhecimento e habilidades para seus clientes. Por que passar anos desenvolvendo experiência para fornecer ótimos insights se vão lhe pagar a mesma coisa por uma hora fazendo coisas que uma calculadora poderia fazer?

Baker adora observar outra coisa sobre o faturamento por hora: isso cria uma completa desconexão entre o fornecedor do serviço e o cliente. Ninguém jamais disse: "Cara, eu adoraria três horas do tempo de um contador." Eles querem resolver um problema de contabilidade e não se importam com o tempo necessário para isso. Querem pagar a quantia certa. Quando o preço é determinado pelo valor, argumentou Baker, o contador e o cliente têm incentivos mais alinhados. O contador é incentivado a fornecer um valor melhor, e não a prolongar um trabalho tanto quanto possível.

O faturamento por hora também ajuda a transformar a contabilidade num serviço mais commoditizado, como se cada contador fizesse a mesma coisa em cada hora de trabalho e dois contadores pudessem ser matematicamente comparados por seus preços. Os contadores, porém, são bem diferenciados. Alguns, como Jason, são notavelmente bons em encontrar rapidamente insights perspicazes que podem transformar um negócio. Outros são melhores em lidar cuidadosamente com o trabalho mais lento de se certificar de que as contas são gerenciadas corretamente.

Baker ficou obcecado. A palavra "obcecado" é usada ao exagero, com frequência de maneira imprecisa. Não aqui. Baker largou seu emprego, abriu um *think tank* — o VeraSage Institute — e dedicou sua vida a convencer contadores a parar de cobrar por hora. Ele criou a "Declaração de Independência", em parte uma ironia, em parte uma séria explicação de suas crenças, escrita num estilo propositadamente rebuscado:

> Nós consideramos essas Verdades autoevidentes, que todo Valor é Subjetivo, o Cliente é o único árbitro do Valor que nós nas Profissões criamos...
>
> A Contabilidade por Tempo impingiu às profissões a asserção de que Tempo x Taxa = Valor. Essa Equação é enfaticamente falsa e necessita ser rejeitada como sem Razão. A Noção de que Tempo é Dinheiro é, pelo presente, diretamente rejeitada.
>
> A Contabilidade por Tempo está mal alinhada aos interesses do Profissional e do Cliente a quem é prometido Servir.
>
> A Contabilidade por Tempo concentrou as Profissões somente em horas, não em Valor, com isso mantendo o Profissional Atolado em Mediocridade à custa de Excelência Empreendedora na busca de oportunidades.
>
> A Contabilidade por Tempo impõe o risco de transação voluntário inteiramente ao Cliente, em desafio direto aos interesses do Cliente ao qual as Profissões prometeram Servir.
>
> A Contabilidade por Tempo fomenta a mentalidade de produção, não um Espírito Empreendedor, com isso impedindo as Profissões em sua tentativa de inovar e contribuir para o dinamismo do Mercado Livre.

(Continua, em inglês: https://verasage.com/DofI/)

Baker viaja pelo mundo discursando para grupos de contadores e, agora, outros profissionais que cobram por hora; ele realiza uma conferência anual, apresenta um podcast e propaga sua mensagem para qualquer pessoa que escute. Segundo sua estimativa, ele converteu aproximadamente 10% a 15% da profissão de contabilidade para o seu modo de pensar. Nenhum adepto é mais entusiasmado do que Jason Blumer.

O membro seguinte da equipe intelectual de Blumer foi Tim Williams. Tim é bem diferente de Baker, que é grande e sonoro; corpulento e desgrenhado. Williams é alto e magro, veste-se impecavelmente e se move com elegante precisão. Baker acredita que o faturamento por hora é uma maneira não apenas ruim de dirigir um negócio, mas também marxista e antiamericana (de sua declaração: "A Contabilidade por Tempo é descendente da completamente desacreditada Teoria da Mais-Valia marxista"). Williams, em contraste, é um democrata de tendência esquerdista que acredita que suas ideias criarão uma sociedade mais equitativa. Apesar de todas as diferenças, Williams e Baker se tornaram bons amigos e colegas. Williams é membro do VeraSage Institute, de Baker, e eles acham que suas ideias se combinam num todo coeso.

Williams era publicitário, tendo trabalhado em várias das maiores empresas do mundo e em algumas menores. Ele também teve sua conversão nos anos 1990, e esta pode ser vista como um insight paralelo ao de Baker. A publicidade estava passando por grandes mudanças. Com o crescente comércio global, grandes empresas — Coca-Cola, Boeing e outras — começaram a ver suas melhores oportunidades de crescimento em outros países. Essas empresas queriam ser capazes de contratar uma única agência imensa que pudesse supervisionar a publicidade e o marketing em toda parte. Isso levou a uma maciça consolidação quando grandes agências compraram outras menores. Hoje, algumas empresas multinacionais de muitos bilhões de dólares e que são holdings de agências — de forma mais notável WPP, Omnicom, Publicis, Interpublic, Havas e Dentsu — controlam quase todas as grandes contas. Williams iniciou sua prática concentrado nas agências menores que restaram. Há mais de

13 mil firmas de publicidade e marketing no país, todas batalhando pelos negócios que não foram engolidos pelas grandes empresas.

Muitas agências de publicidade menores determinaram que a melhor maneira de competir com as grandes seria oferecer tudo o que estas ofereciam. A expressão "agência de serviço completo" se tornou lugar-comum, referindo-se a uma agência que pode fazer qualquer coisa por qualquer empresa. Essas agências trabalhavam para qualquer cliente que as procurasse e forneciam qualquer serviço que este quisesse: criar um novo logotipo, claro; inventar uma campanha de televisão, sem problema; promover um novo produto em mercearias, tudo bem. Williams era sócio de uma agência que seguia essa estratégia sem se dar conta. Embora recebesse louvores nacionalmente por seu trabalho criativo, a firma enfrentava os mesmos desafios de outras agências pequenas para atrair grande contas nacionais. Quando uma agência se promove como sendo exatamente como as grandes, só que menor, já perdeu a batalha. As únicas vantagens competitivas que ela pode oferecer são preços menores e mais tempo focado no cliente. Não é uma estratégia lucrativa dizer que você receberá menos dólares por mais trabalho. Por outro lado, não é uma estratégia vencedora dizer que você vai oferecer a mesma coisa que seus concorrentes, só que menos. Como o próprio Williams observou, firmas pequenas estavam tão desesperadas por trabalho que, com frequência, diziam ou faziam o que pudessem para conseguir a próxima conta.

Durante algumas décadas, Williams desenvolveu uma estratégia bastante diferente. Baseava-se, em essência, em frequentemente dizer não. Williams, hoje um consultor que ajuda firmas a adaptarem suas ideias, explica que a chave para uma agência pequena é não ser nada parecida com as grandes empresas. Firmas pequenas não devem trabalhar com serviço completo; devem fazer apenas algumas coisas para apenas alguns tipos de cliente e fazer melhor do que qualquer outra poderia. Para ilustrar esse princípio, Williams me apresentou a uma firma à qual prestava consultoria, a Wray Ward, em Charlotte, na Carolina do Norte. Era uma típica agência para o mercado regional, trabalhando para qualquer negócio que estivesse por perto. Seus executivos planejavam uma grande campanha para um banco enquanto também criavam anúncios da mais nova revista de um fabricante de móveis próximo e em seguida viravam o foco para as necessidades de marketing de um grande produtor de energia da cidade.

Trabalhando com Williams, a presidente da Wray Ward, Jennifer Appleby, aprendeu que essa estratégia era um beco sem saída. Todo ano, mais clientes locais estavam mudando para firmas globais com sede em Nova York que ofereciam todo tipo de benefício, incluindo melhores descontos por volume na compra de mídia e um conjunto maior de serviços. Williams começou a conduzir uma série de intensas discussões internas na Wray Ward, estimulando os colegas de Appleby a identificar não o que os tornava capazes de competir diretamente com as grandes empresas, mas o que os tornava completamente diferentes. Isso demorou bastante, mas Williams, Appleby e a equipe perceberam que havia um tipo de cliente com o qual eles verdadeiramente adoravam trabalhar; além disso, pareciam dar um toque especial a essas campanhas. Eles realmente entendiam de móveis e decoração. A Carolina do Norte é a capital americana dos móveis, com milhares de grandes e pequenas firmas que produzem camas, cadeiras e estofados. A Wray Ward trabalhava com muitas dessas empresas e, como observou Williams, nenhuma agência de publicidade se dedicava exclusivamente às necessidades delas.

Appleby e sua equipe começaram a estudar o campo. Aprenderam muito mais do que já sabiam sobre onde e como móveis e peças de decoração eram vendidos. Fizeram assinatura de vários serviços que lhes deram perfis detalhados do público comprador de móveis. Mergulharam na ciência de tecelagem, tinturas, marcenaria e móveis de metal. Foram necessários alguns anos de estudo intenso, mas logo eles estavam prontos. Os diretores da Wray Ward não dispensaram seus clientes existentes — nem sempre a melhor ideia, como eu disse —, mas decidiram aceitar novos clientes apenas do campo escolhido. Eles eram capazes de ir a esses clientes com uma profundidade e amplitude de conhecimento e expertise que nenhuma outra firma poderia igualar. As empresas maiores eram grandes demais para investir o tempo e esforço necessários para aprender as minúcias dessa indústria específica.

Williams mostrou aos diretores da Wray Ward que o foco mais restrito a um tipo específico de cliente lhes permitia cobrar muito mais pelo trabalho. Eles não estavam oferecendo apenas uma versão menor da mesma coisa que os outros estavam fornecendo. Em vez disso, estavam trazendo à mesa uma profundidade de conhecimento especializado, insights e dados que ninguém poderia igualar. A Wray Ward podia, em essência, tornar-se um parceiro central numa estratégia de negócio de uma empresa de móveis. As campanhas de marketing seriam direcionadas de forma mais apropriada e com melhor custo-benefício. A equipe pode explicar a um cliente que, sim, cobra bem mais que a concorrência, mas quando a agência é a Wray Ward, o cliente já não precisa pagar assinaturas caras a fornecedores de dados sobre clientes; o cliente não precisa monitorar o marketing e as campanhas publicitárias dos concorrentes. Muitos clientes constatam que não precisam gastar muito tempo para entender as últimas tendências em design de móveis.

Williams pode apontar dezenas de agências que se transformaram de maneira semelhante — uma firma no Oregon que foca em produtores de vinho; uma empresa de marketing em St. Louis que só trabalha com hospitais de médio porte; uma empresa no Arizona que serve a negócios para o público idoso.

Em um certo sentido, o apelo de Williams por um posicionamento restrito serve ao mesmo objetivo da insistência de Baker em abandonar o faturamento por hora. Os dois defendem concentrar-se no verdadeiro valor que um profissional especializado pode trazer para clientes visados. O faturamento por hora e o serviço completo de publicidade são fundamentados em simplesmente seguir as regras externas de uma profissão, em vez de se concentrar no que vale o serviço real que está sendo fornecido. Nem as ideias de Baker nem as de Williams parecem, à primeira vista, tão modernas assim. Então se poderia perguntar: Por que elas estão se tornando cada vez mais populares no século XXI e por que tão poucas pessoas pensaram nelas no século XX? A resposta é que são mais possíveis agora por causa da tecnologia moderna e do comércio global. Este último levou grandes empresas a se tornarem ainda maiores para alcançar públicos globais. Como grandes firmas de contabilidade, publicidade e outros serviços profissionais cresceram, necessariamente elas deixaram um espaço para firmas menores e mais ágeis se tornarem mais íntimas de seus clientes. Essa intimidade tem um valor real. Pergunte a qualquer cliente de grandes firmas como ele é tratado. Ele dirá que de início é cortejado agressivamente e depois é quase ignorado. Nenhum cliente — a não ser que seja uma firma realmente enorme — consegue manter por muito tempo a atenção de um imenso fornecedor multinacional de serviço profissional. Ao mesmo tempo, a internet e outras tecnologias permitem a uma empresa pequena trabalhar com clientes em qualquer lugar do planeta. Pequenos negócios podem proporcionar intimidade em escala, o que é muito diferente de produção em escala.

Demoraria anos para Blumer conhecer esses heróis — Tim Williams, Ron Baker e vários outros. Ele passava seu tempo lendo livros, acompanhando debates intensos na mídia social e estudando como aplicar as ideias que encontrava. Finalmente, em 2010, ele estava pronto. A essa altura, seu pai se aposentara, e ele era o dono absoluto da firma da família. Instituiu algumas novas regras. Não cobraria por hora. Nem mesmo registraria o número de horas que trabalharia na conta de qualquer cliente em particular. Além disso, dispensaria quase todos os seus clientes. Seguindo o conselho de Williams, Jason percebera que o que mais gostava era de trabalhar com fornecedores de serviços criativos: designers de sites, agências de publicidade, empresas de marketing e outros que seguiam um padrão específico. Gostava de pessoas extremamente criativas e boas no que faziam, mas confusas e perdidas em se tratando de estratégia de negócio. Ele ficaria apenas com aqueles clientes que se enquadrassem no novo paradigma.

Ron Baker repete com frequência uma certa frase: "O preço justifica o custo, e não o contrário." De início, isso não fazia sentido para Jason. Custos são coisas externas — custa bastante ter um escritório, pagar a hipoteca e as contas de serviços públicos. Isso se aplica ainda mais a empresas que fazem um produto. Como pode um preço determinar o custo de uma coisa qualquer, desde uma barra de Snickers até um porta-aviões? Não seriam essas coisas pouco mais do que matérias-primas — cada uma delas com um custo — reunidas e manipuladas para formar uma mercadoria final?

Jason passou a perceber, porém, que a ideia de Baker era profunda. Ele parou para analisar quanto tempo precisaria para servir apropriadamente a seus clientes. Já não queria cuidar dos impostos deles, fazer auditorias e lidar com suas folhas de pagamento. Queria conhecer intimamente seus clientes e orientá-los cuidadosamente para o sucesso nos negócios. Jason concluiu que não poderia sustentar centenas de clientes, como ele e a maioria dos contadores normalmente faziam. Não poderia lidar com mais do que quarenta. Se tivesse apenas quarenta clientes, não teria outra escolha a não ser cobrar mais deles. Teria também que passar muitas horas de cada semana aprofundando seu conhecimento para poder orientar apropriadamente esses clientes. Isso significava que ele nunca chegaria acima daqueles 70% de taxa de utilização que a maioria das firmas exigia. Teria sorte se passasse 50% das horas de seu dia de trabalho se ocupando diretamente do cliente. Ele percebeu que isso não era um plano para cobrar dos clientes por seu tempo de lazer. Eles se beneficiariam se Jason se tornasse mais especializado. Ele traduziria imediatamente esse conhecimento para os negócios deles. Jason chegou a uma remuneração por cliente que era muito mais alta do que as taxas prevalecentes.

Isso o forçou a perceber outra coisa: precisaria ser extremamente seletivo em relação aos clientes que aceitasse. Somente aqueles que quisessem o que ele tinha a oferecer pagariam a conta regularmente com o passar do tempo. Isso era bom, pensou Jason, porque estava planejando ter um negócio com base inteiramente remota. Ele não se encontraria pessoalmente com nenhum de seus clientes. Faria quase todo o trabalho por meio de conversas em vídeo, e-mail, servidores seguros e telefone. Ele também contratou dois contadores para assumir o trabalho chato que não queria mais fazer; eles também estariam livres para trabalhar em casa.

Blumer escreveu uma carta para todos os seus clientes existentes explicando o novo modelo de negócio e se oferecendo para recomendar outras firmas que continuariam a operar da maneira antiga — faturamento por hora para trabalhos rotineiros. De repente, estava completamente sem clientes. Ele iniciou um podcast e uma campanha na mídia social para divulgar sua estratégia. A resposta foi enorme. Três meses depois, ele tinha trinta clientes (você conhecerá um deles no próximo capítulo). Em um ano, triplicou sua renda.

Hoje, Blumer é uma celebridade no mundo da contabilidade. Ele é obrigado a recusar clientes, porque o número de pessoas que querem contratá-lo é superior ao que pode aceitar. Todo ano, ele pede a três ou quatro clientes para ir para outra empresa, por achar que já não se encaixam bem. Isso é algo que poucos contadores podem se imaginar fazendo. Sua firma se tornou de tal modo um modelo que Blumer abriu um segundo negócio para orientar outros contadores sobre como serem mais parecidos com ele.

Passei a ver Blumer como a representação icônica das ideias deste livro. Ele foi capaz de pegar precisamente as forças que estavam subvertendo seu campo e virá-las em proveito próprio. De maneira mais prosaica, foi capaz de transformar o modo como o preço é determinado. Esse é um dos elementos mais importantes de nossa nova economia. Já não precisamos pensar em tudo — de barras de doces a serviços de contabilidade — como sendo unidades idênticas, com preços cobrados de maneira idêntica; pessoas demais aceitam qualquer que seja o preço padrão. Podemos focar no valor real criado por uma relação específica e cobrar por isso de maneira apropriada.

A lição fundamental que Blumer ensina é que as pessoas passam muito pouco tempo analisando o que estão vendendo e quanto estão cobrando. Essas são as duas partes mais importantes e, quando feitas corretamente, divertidas de um negócio ou carreira. Pergunte a si mesmo: Qual é o conjunto de coisas que eu sei fazer e quem se beneficiaria mais dessas coisas? Quanto, em termos de dinheiro, elas beneficiariam? Como posso estruturar o que faço de modo que essas pessoas vejam claramente esse benefício e concordem com um preço baseado no valor, e não em antigas tradições que podem já não fazer nenhum sentido?

O próprio Blumer demonstra que esse não é um processo imediato e fácil. Exige alguma pesquisa de alma, interna, e muita experimentação. Blumer diz que ainda está encontrando seu caminho, tentando introduzir pelo menos um ou dois experimentos radicais a cada ano. Porém, com a ajuda de pessoas como Blumer e seus guias, você pode acelerar o seu processo.

Quando imagino Blumer, vejo-o sorrindo, talvez reagindo com uma risada alta a algo que eu disse ou a uma piada boba que fez. Ele tem uma presença fácil, feliz. Acho impossível invocar uma imagem do homem que ele era antes de transformar sua vida — um contador frustrado, absorto, num terno desconfortável, cumprindo miseravelmente os movimentos de preencher declarações de renda e depois voltando para casa exausto, mal conseguindo aproveitar seu tempo com os filhos. Realmente não consigo trazer esse indivíduo à mente porque Jason agora é a pessoa mais alegre que já conheci.

A vida de Jason em casa está bem melhor também. Ele tem mais tempo para os filhos. Como me explicou sua esposa, sua satisfação no trabalho lhe permite ser um pai e marido mais presente e envolvido — embora ela rapidamente observe que ele sempre foi um bom pai, mesmo quando estava mais infeliz no trabalho. É no trabalho que a transformação da vida de Jason é mais clara. Eu o observei em ação muitas vezes. Participei de seu Deeper Weekend [Fim de Semana Mais Profundo], um retiro para cerca de cem contadores que querem aprender a ser, bem, como Jason. É estimulante vê-lo em pé diante do grupo, explicando o processo de selecionar um nicho central e identificar o valor único que eles podem fornecer. É um orador vibrante cujas apresentações são repletas de etapas práticas, como ensinar-lhes a determinar o preço de seus serviços de acordo com o valor que eles fornecem. Apesar de todo o pragmatismo, a principal mensagem em qualquer fala de Blumer é o próprio Blumer. Era isso que ele queria fazer: orientar seus clientes e outros contadores no processo que descobriu sozinho.

Perguntei a Jason certa vez se agora era realmente mais feliz. Ele me olhou como se eu não tivesse prestado atenção a nenhuma palavra que já dissera. "Cara", disse ele, rindo. "Cara, eu sou mais feliz a cada minuto de cada dia."

CAPÍTULO 5

In vino veritas

Como uma garrafa de vinho e as mãos sujas de um agricultor explicam a mecânica do preço com base no valor

Jason Blumer não bebe muito e, quando o faz, bebe bourbon. Perguntei-lhe certa vez o que achava de vinho e ele disse que não sabe muita coisa a não ser que gosta de vinho branco, gelado e não muito caro. Foi por isso que me pareceu estranho dirigir meu carro por Sonoma, uma região de cultivo de uvas no norte da Califórnia, sabendo que, sem perceber, Jason ajudara a transformar a vida de vários dos mais interessantes e excepcionais produtores de vinho ali e na região vizinha, Napa. Eu estava com Meghan Phillips, uma brilhante profissional de marketing de vinhos que se descrevia como uma péssima empresária cuja empresa quase ruíra alguns anos antes. Desesperada, ela contratara Jason.

É impressionante a rapidez com que as áreas urbanas de San Francisco desaparecem. Seguindo para o norte, cruzando a ponte Golden Gate, parece que não haverá nada além de concreto e carros durante horas. De repente, porém, os arranha-céus somem e surge uma área rural de fazendas grandes, colinas pequenas e construções de um andar. Basicamente, três negócios de vinho distintos se sobrepõem na mesma área geográfica. O mais famoso é o turismo de vinho, em que os visitantes — desde exigentes aficionados por vinho até ônibus de turismo com farristas bêbados — passeiam por salas de degustação e experimentam produtos de diversos vinhedos. Essa é a face pública da indústria de vinho, aquela disponível a todos e que a maioria dos turistas encontra.

O turismo rural de vinhos tem também uma versão exclusiva para convidados, que é um calendário aparentemente interminável de festas para proprietários ricos de vinhas, celebridades, críticos de vinho e gastronomia e outros que podem ajudar a moldar a percepção pública de um vinho. Toda noite, jantares exclusivos são organizados, com frequência em grandiosas residências de férias de veteranos do Vale do Silício que adquiriram um vinhedo, e toda semana traz sua lista de lançamentos de vinhos finos, jantares beneficentes e outros eventos para os quais somente um smoking ou um vestido de coquetel são roupas apropriadas.

Um terceiro mundo existe fisicamente ao lado dessas duas manifestações mais públicas da indústria, mas, de muitas maneiras, desconectado delas. Trata-se do mundo do verdadeiro povo que cultiva uvas, colhe-as e supervisiona o complexo e trabalhoso processo de transformá-las em vinho. São pessoas com mãos calejadas, botas sujas e jeans, e cuja abordagem do vinho é, ao mesmo tempo, mais pragmática e mais profundamente reverencial do que as apresentações mais ostentosas que a maioria das pessoas vê.

Esse é o mundo onde Meghan Phillips cresceu. Seus pais não eram da indústria de vinho. O pai era gerente regional de uma grande rede de supermercados, a mãe orientadora numa escola. Mesmo assim, o vinho permeou sua vida. Seus melhores amigos eram os filhos de cultivadores de uvas e produtores de vinho. Na Universidade Estadual de Sonoma, ela se especializou em administração com foco em marketing de vinho. Meghan — que é bonita, alta, com cabelo louro claro e olhos expressivos — está sempre se movimentando. Ela tende a entrar numa sala com cumprimentos exuberantes e rapidamente disparar uma série de perguntas e observações. Algumas grandes personalidades podem exagerar no egocentrismo e falar o tempo todo sobre si mesmas. Meghan não. Ela está interessada nos outros que estão na sala. Seu tom é leve, com frequência risonho, portanto é fácil acreditar que está tendo um bate-papo informal.

Com o passar do tempo, porém, fica claro que ela está sondando com propósito e rapidamente descobrirá algumas verdades ocultas. Vi isso acontecer mais de uma vez e fui enganado todas as vezes. Minha primeira experiência com Meghan se deu quando ela foi me buscar na casa que eu estava alugando pelo Airbnb com minha esposa e meu filho pequeno, em Sonoma. Meghan entrou, sonora e risonha, carregando uma bolsa grande. Enquanto eu me aprontava, ela se agachou e fez algumas perguntas a meu filho de seis anos. Uma semana depois, recebi um e-mail de Meghan dizendo que sua filha, inspirada por meu filho, havia pesquisado sobre o dinossauro preferido dele. Meu filho não conhecia sua filha, e eu não percebera a rapidez com que Meghan descobrira sua absoluta obsessão por dinossauros e, ao mesmo tempo, que envolver meu filho era a maneira mais certeira de ganhar minha boa vontade. Isso não me pareceu manipulador, mas uma consequência natural de sua cordialidade e intuição. Porém, foi difícil não notar que servia também a seus interesses estratégicos de consolidar nossa relação.

Meghan diz que Jason Blumer transformou sua vida. Ele não a tornou uma nova pessoa. Em vez disso, ajudou-a a aprender a estruturar seu negócio em torno de sua mais autêntica personalidade. Assim como muitos clientes, ela chegou a Jason com um tipo específico de crise, causada por um sucesso repentino e enorme.

Quando ainda estava na faculdade, Meghan trabalhou na Viansa, uma marca de vinho que crescia rápido em sua cidade, Sonoma. O marketing de vinho exige um conjunto de talentos único, e Meghan provou que os tinha naturalmente. Para vender vinho, os profissionais de marketing precisam equilibrar acessibilidade com mistério. De acordo com inúmeras pesquisas sobre marketing de vinho, o maior obstáculo às vendas é que o vinho intimida muitos americanos e lhes falta confiança em sua capacidade de diferenciar o bom do ruim. Muitos especialistas em marketing de vinho passam grande parte do tempo identificando as melhores maneiras de vencer a ansiedade do consumidor fazendo seus vinhos parecerem divertidos e acessíveis. Há um risco, porém, em ir rápido demais. Vinhos como os da Viansa, cujos preços no varejo variam de 22 a mais de 100 dólares, também precisam transmitir uma sensação mágica e especial que valha o preço alto na etiqueta. Encontrar o ponto certo entre receptividade e magia — o que muda, dependendo do preço e do mercado-alvo — é o desafio essencial do marketing de vinho.

Ao mesmo tempo, os especialistas nesse tipo de marketing precisam entender o complicado conjunto de regras que governa a distribuição e venda de seus produtos. Quando a Lei Seca foi suspensa, em 1933, o álcool continuou sendo um produto altamente regulado, ficando sob jurisdição da entidade que mais tarde se tornaria a Agência de Álcool, Tabaco e Armas de Fogo, bem como de um complicado conjunto de leis estaduais. Alguns estados são extremamente estritos — Utah só permite a venda de álcool em lojas pertencentes ao governo — enquanto outros, como Arizona, Colorado e Califórnia, impõem poucas restrições. Essa miscelânea de leis confusas tem um enorme impacto sobre o modo como o vinho é comercializado. Por exemplo, a maioria dos estados permite a venda em supermercados, enquanto em outros a venda só é permitida em lojas de bebidas. Comprar em supermercados é completamente diferente de comprar em lojas de bebidas. Nos supermercados, os compradores tendem a ser mulheres, com frequência acompanhadas de filhos e um tanto sensíveis a preço e valor. O vinho com frequência é uma indulgência de impulso, escolhido rapidamente, talvez com um traço de culpa ou uma centelha de rebeldia. Os compradores de lojas de bebidas, por outro lado, tendem a ser homens sozinhos ávidos para passar algum tempo refletindo sobre a compra e até conversando com um funcionário entendido.

Ficou claro, no início da carreira de Meghan, que ela parecia quase produzida em laboratório para ser ótima em marketing de vinho. Meghan disse que pessoas que crescem perto de vinho passam a pensar neles de um modo como poucas outras o fazem: como um produto agrícola — assim como laranja, alface ou amêndoas — feito de nutrientes do solo, luz solar e água. Crescendo em Sonoma, ela podia ver que alguns agricultores cuidavam obsessivamente de suas plantações, enquanto outros procuravam maximizar o lucro a qualquer custo. O mesmo era verdade para aqueles que compravam uvas e as transformavam em vinho. Vinhos bons não eram um mistério oriundo de um gênio; eram produzidos pelo trabalho árduo de produtores apaixonados que compravam uvas cultivadas no tipo de terra certo e cuidavam obsessivamente do processo de fermentação. Essa visão do vinho o tornou, ao mesmo tempo, acessível e mágico. Meghan pode provar uma ótima garrafa de vinho e experimentar a personalidade e o trabalho árduo de seu produtor. Para ela, uma boa garrafa de vinho é mágica e acessível; não há nenhuma contradição.

Há outro aspecto crucial na infância de Meghan que a tornou uma especialista nata em marketing de vinho. Seu pai não era apenas um gerente de mercearias. Era uma espécie de filósofo de supermercado. Para ele, uma mercearia não era simplesmente um espaço grande com prateleiras; era mais algo como um animal vivo, com um sistema circulatório, um coração batendo e uma relação simbiótica com aqueles que ali entravam. Ele contou à jovem Meghan que, a cada visita, a maioria dos clientes entrava e fazia a mesma rota para as mesmas prateleiras a fim de comprar os mesmos produtos. Um especialista em marketing inteligente espera sacudir esses compradores para que eles saiam de suas rotinas e experimentem um novo produto.

O pai de Meghan era particularmente obcecado pelos grandes mostruários nas pontas dos corredores do supermercado. Eu me perguntava com frequência por que esses mostruários de ponta regularmente contêm produtos que não estão no corredor ao qual são adjacentes. Pode haver um grande mostruário de batata frita e molho de tomate no fim de um corredor que vende bebidas, por exemplo. Meghan aprendeu com seu pai que esses mostruários são planejados para induzir os compradores a tomar decisões instantâneas e subconscientes. Se eles estão se encaminhando para comprar cerveja e veem batatas fritas, pode ser que comprem batatas fritas porque combinam com cerveja. Além disso, um mostruário planejado com inteligência pode retardar um comprador o bastante para que ele dê uma espiada num corredor que normalmente não visita. "Meu pai sempre falava sobre o perímetro e o interior de um supermercado", disse Meghan. A parte interna é para onde as pessoas se dirigem quando sabem o que querem e vão pegar isso. O perímetro é mais uma área livre, onde os compradores estão abertos a novas sugestões. "As pessoas dão uma olhada no perímetro e precisam ser atraídas para os corredores."

Essa perspectiva a ajudou a planejar uma de suas campanhas mais bem-sucedidas. Ela criou uma campanha de marketing de varejo para um dos maiores conglomerados de vinho do mundo, dono de dezenas de marcas de vinho. Meghan trabalhou em uma submarca planejada para atrair mulheres solteiras na casa dos vinte aos trinta anos que queriam um vinho leve, refrescante e fácil de beber na companhia de amigas. O primeiro projeto de Meghan foi promover os brancos da submarca. O objetivo era contrastar esse novo vinho com os vinhos escuros, tintos, sérios e românticos que podiam ser consumidos durante um encontro amoroso. Esse vinho deveria ser fácil, uma bebida leve e agradável para uma noite divertida. A cliente-alvo tendia a se perder entre as marcas e castas de uva na seção de vinhos de um supermercado.

"O corredor de vinhos é um pesadelo", recordou Meghan. "É completamente saturado. Então me lembrei de meu pai e pensei: Ah, meu Deus, use o perímetro." Ela percebeu que mulheres jovens caminhavam por todo o perímetro dos supermercados; precisava apenas descobrir aonde elas iam. Meghan ajudou a criar um mostruário especial que ficaria na seção das flores. "Pusemos toneladas de flores em todos os lugares, luzes. É assim que você faz um cruzamento de seção com o vinho. Tire-o do corredor de vinhos." Foi um enorme sucesso.

Logo, Meghan estava ouvindo incontáveis pedidos de orientação vindos de executivos da indústria de vinho. Ela decidiu que havia demanda suficiente para poder abrir a própria firma de marketing. "Foi extremamente assustador", recorda. "Não sei nem o que estava pensando. Eu estava grávida de meu primeiro filho, e meu marido ainda estava na escola de direito. Foi, objetivamente, uma decisão realmente ruim. Não tínhamos nenhuma segurança financeira, nenhum seguro de saúde. Além disso, abrimos a agência em 2008, no meio da crise financeira." Assim nasceu a Honey Agency.

Para seu espanto, ela logo tinha mais negócios do que podia lidar. A empresa quadruplicou de tamanho no primeiro ano e quadruplicou de novo no segundo ano. "Foi insano", recorda, rindo. Ela não fazia nenhum marketing para si mesma, simplesmente atendia a uma enxurrada de pedidos. Meghan assumiu grandes marcas que vendiam vinhos baratos, populares, para um público global; uma penca de restaurantes locais; um monte de pequenas empresas familiares. Ela concordava em trabalhar com qualquer cliente que a procurasse.

O dinheiro estava jorrando na empresa, mas jorrando para fora ainda mais rápido. Ela teve que contratar muita gente — designers, gerentes de contas, pessoal de produção — para lidar com todo o trabalho. Meghan não tinha nenhum sistema para assegurar que essas pessoas usassem seu tempo corretamente. Assumiu mais tarefas do que qualquer pessoa normal poderia. "Eu trabalhava a noite inteira", recorda. "Tinha um bebê recém-nascido. Ficava acordada à noite, amamentando e trabalhando. Não conseguia dormir. Foi difícil."

Desesperada para pagar as contas, Meghan aceitava cada cliente que a procurava, o que significou um enorme número de clientes que não tinham nada a ver com a sua paixão por vinho. Quando ela recorda aqueles tempos, lembra-se de um cliente em particular, um fabricante de móveis que lhe telefonou um dia pedindo um novo logotipo. Meghan e sua sócia se encontraram com ele, um homem intenso, baixo, rijo, que falava numa torrente interminável. Explicou que seu negócio estava mal. Ele fazia vendas no varejo, diretamente ao consumidor, e também vendia no atacado para outros varejistas — dois tipos de venda bem diferentes. Os consumidores pagam mais por cada móvel, mas também requerem muito mais tempo e atenção. Ele tinha mais sorte com os clientes no atacado, com os quais podia falar sobre as qualidades técnicas de seus móveis, mas achava que eles estavam roubando negócios de seu trabalho no varejo. De algum modo, concluíra que a solução era um novo logo. Ele odiava seu logo e achava que um logo bom comunicaria tudo o que era essencial a todos os seus clientes. Hmm... Meghan ficou ali sentada em estado de choque.

Um logo, pensou ela, *é a última coisa que ele precisa*. Antes que sua equipe pudesse até mesmo imaginar um logo, compreendeu ela, esse cliente precisaria tomar algumas decisões difíceis sobre seu negócio. Ele deveria escolher entre varejo e atacado ou, no mínimo, entender melhor como equilibrar os dois. Então, depois que identificasse seu cliente-alvo, ele precisaria aperfeiçoar sua mensagem, entendendo o que estava oferecendo. Meghan pensou que, para o tipo certo de cliente, os intensos monólogos técnicos daquele homem seriam extraordinariamente eficazes. Ele era chato e autocentrado, é verdade, mas parecia saber o que estava falando. Ela imaginou uma estratégia de marketing construída inteiramente em torno do especialista em móveis que sabe tudo. Isso afastaria muita gente, mas aqueles que respondessem se tornariam seus clientes mais leais.

Só depois que resolvessem tudo isso eles poderiam começar a pensar em que tipo de logo apoiaria a nova campanha. No entanto, Meghan não disse isso. Ela queria o trabalho e achou que precisava dele, então disse simplesmente: "Claro, vou fazer um novo logo para você."

O trabalho foi horrível. Ele telefonava constantemente. Rejeitava quase todas as recomendações. Isso não era uma solução para o problema de Meghan. Ela tinha uma dúzia de clientes como aquele fabricante de móveis, pessoas que a procuravam para consertar rapidamente um problema que exigia muito mais trabalho. Ela se sentia presa numa armadilha e a única resposta a que conseguia chegar era trabalhar mais duro, mais rápido e mais. Aceitava tantos clientes quanto podia. Isso significava se afastar mais dos clientes de vinhos e se aproximar de pessoas como o vendedor de móveis.

Apesar de toda a sua expertise em marketing de vinho, Meghan era, como admite, uma empresária bem ruim e ignorante. Determinou uma taxa de faturamento por hora para clientes e salários para seus funcionários com base no que os outros estavam fazendo. Depois deixou seus trabalhadores soltos, o que a levava a atacar qualquer que fosse a crise que gritasse mais alto. Seu contador, de uma firma local que atendia a pequenos negócios, era "horrível", diz ela. "Ele não entendia a indústria criativa. Não entendia minhas perguntas." Ela continuava pedindo a ele para ajudá-la a descobrir por que estava tendo uma receita tão grande mas um lucro tão pequeno. Em resposta, ele explicava como arquivar formulários da folha de pagamento e quando deveria pagar seus impostos.

Meghan começou a procurar no Google contadores que entendessem a indústria criativa e encontrou o podcast de Jason Blumer e seu feed no Twitter. Ali estava um homem que tinha respostas para todas as suas perguntas. Ele falava sobre como faturar corretamente, como identificar os tipos certos de cliente e como se livrar daqueles que acabam custando mais do que valem. Dizia com frequência coisas que a surpreendiam porque tinham pouco a ver, pelo menos diretamente, com as que os contadores geralmente discutem, como lucro e perda ou dinheiro em geral. Falava muito sobre a necessidade de crescer devagar e de forma sustentável, sobre maneiras de construir equipes coesas e como colaborar da melhor forma com outras firmas.

Jason tinha algumas obsessões às quais retornava em cada episódio: nunca fature por tempo, certifique-se de se livrar dos clientes que o incomodam, refine continuamente seus valores e princípios centrais e, sobretudo, defina seu nicho, estabelecendo um foco tão claro que seus clientes mais prováveis pensarão automaticamente em você quando precisarem de serviços criativos.

Meghan escutou o podcast de Jason e acompanhou seus tuítes por meses, imaginando como seria bom ter alguém como ele com quem pudesse falar. Ela demorou algum tempo para perceber que podia procurá-lo. Por fim, deu uma olhada no site de Jason e, imediatamente, percebeu que as lições começariam antes mesmo de falar com ele. O site não oferece nenhum número de telefone nem endereço de e-mail. Em vez disso, clientes potenciais precisam preencher um formulário que parece criado para afugentar a maioria dos visitantes casuais (o que, é claro, é exatamente o que pretende fazer).

Blumer pede aos visitantes do site para preencher detalhes de contato e depois atesta se estão preparados para trabalhar intensamente com ele e se reconhecem que fazer isso exigirá um sério investimento em dinheiro e tempo. Mesmo depois de concordarem com esses termos, os clientes ainda precisam passar por um rigoroso processo de admissão para assegurar que são compatíveis com os serviços que Jason oferece. ("Eu torno as coisas lentas", disse-me Jason. "Se alguém está com muita pressa, é um sinal imediato de que não vai se adequar bem.") Estranhamente, uma de suas exigências aos clientes interessados em contratá-lo como contador é que eles não tenham muitas necessidades complexas de contabilidade. Isso é dito direitinho no site: "Achamos que nossos melhores clientes... não têm muitos problemas de impostos, de contabilidade ou de *compliance* para 'consertar'." Isso porque Blumer quer deixar claro, antes mesmo de iniciar uma relação, que sua firma foca em assessorar empresas criativas sobre como fazer o negócio crescer de maneira sensata, não em resolver os tipos de problema que o levaram a desprezar a contabilidade em seu trabalho anterior.

Embora muitas pessoas que estão em busca de um contador possam se esquivar de alguém que deixa claro que não está particularmente interessado em contabilidade tradicional, Meghan achou o oposto — ficou animada com o formulário de admissão. "Pensei: *Ah, ele já está ensinando. É isso que devemos fazer: descartar os clientes ruins. Ele está aplicando isso conosco neste momento.*" Depois de preencher o formulário e ter uma conversa inicial com Jason, os dois concordaram que combinavam bem. Logo, Jason voou para a Califórnia para passar alguns dias com Meghan e a cofundadora de sua empresa, Rebecca Plumb. Eles passaram três dias juntos num refúgio, analisando o negócio. "Ficamos num subsolo, no porão de um armazém de concreto", diz Meghan. O espaço foi emprestado por um amigo. "Era como um bunker. Nenhuma janela. Nada inspirador. Era uma prisão." Ela observa que, estranhamente, era o lugar perfeito para se reunirem. "O espaço estava dizendo o mesmo que Jason: Organize-se. Você está nas profundezas do desespero. Se não se organizar, acabará num bunker emocional."

Jason conseguiu animar o lugar. Ele é muito estimulante nesses encontros de pequenos grupos, que Meghan — assim como quase todas as outras pessoas com quem falei que passaram por isso — chama de "sessões de terapia". Blumer tem uma abordagem delicada, fácil e questionadora. Faz perguntas e observações que, vindas de outra pessoa, poderiam parecer cruéis e más. Vindas de Jason, porém, parecem afetuosas. Ele disse à Meghan que ela estava num "trem maluco", recorda ela, rindo e concordando: "Ele disse que toda a minha equipe embarcou em meu trem maluco. Eu o dirigia e nunca erguia os olhos para ver o que estava acontecendo. Ele explicou que tudo precisava ir mais devagar."

Jason passou as primeiras horas perguntando a Meghan e Rebecca o que elas queriam, tanto para o negócio quanto para suas vidas. É óbvio que não queriam trabalhar tão intensamente durante tantas horas do dia e não queriam trabalhar para tantos clientes com os quais não tinham uma conexão ou que não sentiam que estavam realmente ajudando. Elas descreveram todos os seus clientes e explicaram o trabalho que estavam fazendo com cada um deles. Em determinado momento, ele riu. Disse que grande parte do que elas faziam estava lhes custando dinheiro e certamente não as ajudava a construir um negócio melhor.

Meghan e Rebecca examinaram dois clientes antigos: uma grande escola de beleza local e uma empresa que produzia cafés de alta qualidade para venda no atacado. Elas observaram que haviam feito trabalhos importantes para ambos anos antes. Tinham ajudado as duas empresas a encontrar uma proposição de valor central — beleza alternativa e autêntica, num caso, e café puro, sem aditivos e sem afetação, no outro — e a desenvolver um plano de marketing, um logo e um site que incorporassem esse valor central. No entanto, tiveram que admitir que não haviam feito muito pelo valor de nenhuma das duas empresas recentemente. Meghan enviava e-mails coletivos para divulgação da escola de beleza toda semana, com listas das promoções que estavam por vir e mensagens de marketing que alcançavam poucas pessoas e tinham pouco impacto sobre o negócio.

Quando Jason perguntou por que elas mantinham esses clientes, Meghan disse que a resposta era simples: cada um deles lhe pagava 500 dólares todo mês. Não era muito, mas cada pouquinho ajudava. Jason observou que, agora que ele era o contador, elas tinham que aceitar uma regra: qualquer cliente que pagasse 500 dólares deveria ser cortado. Esses clientes custavam a Meghan e Rebecca mais esforço e atenção do que estavam pagando. "Eu ficava acordada às três da manhã escrevendo aqueles e-mails", recordou Meghan. "Eu não sabia como sair daquela busca de fluxo de caixa."

Meghan e Rebecca falaram então sobre o fabricante de móveis, aquele que as contratara para fazer um logo. Elas explicaram que era um pesadelo trabalhar com ele. Jason, com sua capacidade de ser ao mesmo tempo encorajador e quase dolorosamente direto, disse: "O cara não precisa de um novo logo! Ele precisa de uma revisão total do negócio inteiro. Precisa reorganizar tudo. Por que vocês estão fazendo o que ele diz que precisa se sabem que ele não precisa?" Ele observou que o instinto de Meghan, que ela tivera nos primeiros minutos ao conhecer o cliente, era o valor real que tinha para oferecer. Esses insights valeriam milhões para aquele cliente. Em vez disso, ela se mantivera quieta porque não queria ameaçar a chance de criar o tal logo idiota, pelo qual seria paga por hora, que não forneceria nenhum valor a ele.

E se, em vez disso, sugeriu Jason, ela vendesse seu instinto e o imenso valor que este traria? E se dissesse aos clientes que não faria o que quer que quisessem, que só trabalharia com eles caso se dispusessem a fazer o trabalho duro de entender seus negócios e por que estes precisavam de uma mudança de marketing e propaganda? Meghan observou que o cara dos móveis teria gritado com ela e saído pela porta; antes que acabasse de dizer isso, Jason sorriu e, em seguida, Meghan e Rebecca sorriram também. Era exatamente esse o objetivo. Elas deveriam querer que ele fosse embora. Precisavam comunicar tão bem o tipo de firma que eram que ele jamais teria telefonado para elas. O negócio daquele cliente lhes custava dinheiro por lhes tomar tanta energia e tempo e desperdiçar trabalho.

Meghan e Rebecca lembram que com frequência choravam nessas reuniões com Jason. "Era tão emotivo", recorda Meghan. "Eu estava me dedicando muito ao meu negócio e não tinha nenhum equilíbrio, não tinha tempo para meu novo bebê e meu marido. Pensava que tudo tornava o negócio mais forte. Jason me fez perceber que eu estava trabalhando demais e sacrificando minha família, sendo que nem sequer era bom para meu negócio." Trabalhando com qualquer cliente que a procurasse, fazendo qualquer projeto que esses clientes pedissem e não tendo tempo para analisar quais eram verdadeiramente lucrativos e quais não eram, Meghan estava perdendo dinheiro. Jason ficou chocado ao saber que Rebecca e Meghan haviam parado de pagar a si mesmas. "Nós púnhamos cada pequeno lucro de volta no negócio", explicou Meghan. "Nós pagávamos nossos trabalhadores. Investíamos em novos equipamentos. Não estávamos ganhando nada por todo aquele trabalho."

Jason disse que era hora de uma mudança radical na Honey Agency. Elas precisariam recriar o negócio partindo do zero. Mais importante, precisariam encontrar seu coração, seu cerne, aquele conjunto de ofertas que poderiam fazer aos clientes e que ninguém poderia igualar.

Isso era surpreendentemente fácil. A Honey Agency era melhor quando trabalhava com um tipo específico de cliente: produtores de vinho que tinham paixão e profundo conhecimento, mas que achavam desafiador transmitir a riqueza de seus produtos a potenciais clientes.

Jason enfatizou que agências criativas, como a Honey, são melhores quando identificam um tipo específico de cliente para o qual podem fazer seu melhor trabalho. Ele disse que quanto mais restrito o nicho, melhor.

Por exemplo, advertiu Meghan e Rebecca a não identificar seu nicho como produtores de vinho, ou até mesmo produtores de vinho do norte da Califórnia. Esse nicho, embora restrito, ainda era amplo demais para uma empresa como a Honey. Jason observou o modo como Meghan e Rebecca discutiam seu trabalho para a grande empresa de vinhos.

Aquele era o tipo de conta com o qual as empresas de marketing sonham. Elas estavam trabalhando para uma das maiores empresas de vinho do mundo, ajudando-a a lançar uma marca nova e importante. O cliente podia gastar milhões de dólares e implementar planos de marketing em escala maciça. Por que Jason sugeria recusar aquele negócio em favor de pequenos fabricantes de vinho que tinham uma fração do orçamento ou do alcance?

O motivo, explicou Jason, era tanto emocional como pragmático. Era fácil ver que Meghan e Rebecca se animavam quando falavam sobre os produtores de vinho menores. Ficavam energizadas e empolgadas com os desafios que enfrentavam trabalhando com eles. Isso era um contraste radical com o modo como se sentiam em relação ao seu grande cliente corporativo. Sim, era uma empresa de vinhos, mas sua abordagem não expressava as paixões de uma pessoa em particular por um conjunto específico de uvas e estilo de produção. Em vez disso, era um vinho desenvolvido por um departamento de marketing que identificara um mercado inexplorado de mulheres jovens. Em sua maioria, os vinhos que os compradores podiam encontrar pareciam um tanto sérios, com nomes franceses ou italianos ou descrições de obscuras castas de uva. Essas mulheres, acreditavam os profissionais de marketing, queriam algo que comunicasse "refrescante, divertido, leve e fácil de beber".

O vinho físico, em si, era quase secundário em relação à mensagem de marketing. Era planejado, não fruto de uma paixão. As uvas eram originárias de várias partes do mundo e fermentadas em tanques enormes. Tipicamente, os bons vinhos são envelhecidos, às vezes durante muitos anos, para que possam desenvolver sabores complexos, com frequência uma mistura de características que, nos melhores casos, unem-se para criar uma experiência única. Não era isso que os produtores corporativos queriam. Eles estavam à procura de uma receita simples, repetível, que oferecesse sabor consistente. Esses vinhos eram mais como refrigerantes ou cerveja, produzidos em massa para consumo rápido.

Meghan, Rebecca e sua equipe achavam profundamente desafiador trabalhar com um cliente assim. Não havia uma história profunda que elas estivessem esperando revelar. Estavam tentando encontrar uma combinação sutil de acessibilidade e magia, revelando a personalidade e a paixão do produtor. Sua tarefa era transmitir uma mensagem de marketing clara, direta, que não oferecesse nenhuma ambiguidade, nenhuma nuance, nenhum espaço para descoberta. Esses vinhos eram divertidos e leves. Ponto final.

Pior ainda, para elas, era o fato de que trabalhar para uma grande marca significava que não podiam ajudar a elaborar a mensagem de marketing essencial. Isso era feito por profissionais da área na sede da empresa do cliente. Meghan e sua equipe haviam recebido um conjunto de instruções: peguem esses objetivos do marketing e descubram como aplicá-los em supermercados. Elas fizeram um trabalho brilhante. Meghan conseguiu se lembrar de seus ensinamentos sobre supermercado na infância e desenvolver um plano que tiraria os vinhos do corredor correspondente e os poria em coloridos mostruários na seção de flores de uma loja. Isso apresentava o produto a seu público-alvo de mulheres jovens num contexto distanciado dos corredores saturados de vinhos intimidantes. Mesmo com essa campanha bem-sucedida, Meghan e Rebecca tinham que buscar a aprovação dos profissionais de marketing de vinho na sede para cada decisão, cada cor e o formato dos mostruários em cada supermercado onde fossem executar seu plano. A coordenação com o imenso departamento de marketing e muitas outras agências externas que ajudavam na promoção exigia horas de telefonemas e e-mails toda semana.

Jason observou que Meghan e Rebecca estavam passando grande parte de seu tempo fazendo um trabalho menor e desperdiçado que não adicionava valor. Não havia valor em ficar aguardando a decisão dos outros, esperando uma teleconferência ou enviando uma dúzia de e-mails para se certificar de que um cliente aprovava um plano. Também não havia valor em trabalhar com clientes em projetos — o logotipo daquele fabricante de móveis — que não resolviam nenhum problema. É extremamente difícil construir um negócio saudável a partir de um monte de ações que não adicionam valor.

Jason explicou ainda que a Honey Agency poderia fornecer um valor real a um cliente quando suas proprietárias resolvessem o problema de um cliente de maneira elegante e com preço apropriado. Isso, por sua vez, adicionaria valor à Honey Agency. Toda vez que produz um plano de marketing que dá resultado para seus clientes, a Honey está praticando e aprendendo a produzir planos eficazes para todos os futuros clientes. Toda vez que se sentam para uma teleconferência frustrante ou criam um logo desnecessário, os funcionários da agência não estão melhorando sua capacidade de servir a futuros clientes. Uma agência, assim como qualquer empresa que fornece um serviço, é formada por pessoas que sabem servir a outras. Esse conhecimento provém de educação, de talento natural e, talvez mais do que qualquer outra coisa, de prática. Sendo mais seletiva com seus clientes e com os projetos que aceita, a Honey Agency poderia assegurar que sua equipe gastasse seu tempo praticando e desenvolvendo o conjunto certo de habilidades.

Meghan e Rebecca passaram três dias inteiros naquele porão sinistro com Jason. Saíram dali energizadas. Telefonaram rapidamente para vários clientes e lhes disseram que já não eram a agência certa para eles. Não fariam e-mails coletivos ineficazes nem logos para empresas de móveis que não estivessem prontas para o efetivo trabalho duro de elaborar uma estratégia de verdade. A decisão mais difícil, que tomaram porque Jason insistiu, foi dobrar os preços que estavam cobrando dos clientes. Nesse aspecto, elas foram como muitas pessoas que trabalharam com Jason. É isso que força uma agência criativa a aprender a transmitir plenamente a seus clientes o valor que ela está adicionando. No caso da Honey, isso significava que a agência já não podia trabalhar para grandes marcas de vinho que não reconheciam seu valor único. Esse arranjo era muito parecido com um trabalho de *commodity*, o tipo de coisa com a qual quase todas as agências moderadamente capazes podiam lidar. Os responsáveis pela marca jamais concordariam em pagar o dobro quando podiam facilmente fazer esse negócio em outro lugar. Não precisavam da expertise específica da Honey; e sim de uma agência barata e adequada.

O mesmo aconteceu com o fabricante de móveis que buscava um novo logo. Se uma empresa não entende a estratégia de marketing e não está disposta a investir muito dinheiro, também buscará o prestador de serviço de custo mais baixo. O próprio ato de cobrar consideravelmente mais assegura que os tipos de clientes que não valorizarem verdadeiramente o que a Honey oferece não a contratarão.

Meghan estava animada, mas via o risco. Jason estava lhe dizendo para dispensar muitos clientes e — inevitavelmente — chocar os outros com um repentino e enorme aumento de preço. "Jason me disse: 'Você pode quebrar e destruir a empresa dessa maneira, mas vai quebrar o trem maluco se continuar fazendo as coisas como está fazendo agora. Portanto você pode tentar mudar. Pode funcionar.'"

Meghan e Rebecca começaram a imaginar como poderia ser trabalhar do modo como elas queriam. Logo perceberam que, de maneira ideal, isso envolveria seis passos. (Meghan agora se refere a isso como o "Método Hex", por causa da estrutura hexagonal dentro de um favo de mel.) Passo um: a equipe da Honey Agency faria uma enorme quantidade de pesquisas sobre o cliente, incluindo falar com funcionários, clientes, amigos de confiança, parceiros em negócios e outros. Isso permitiria à equipe estar totalmente informada quando desse o passo dois: uma exploração livre com os donos da empresa sobre o que eles representam, o que amam e o que querem para suas vidas e seus negócios. Então viria o passo três: a equipe da Honey Agency elaboraria uma visão de marca que expressasse o que os donos queriam ser, considerando as informações que tivesse descoberto sobre como os sócios cruciais da empresa a percebiam.

Em seguida vinha o passo quatro, com frequência ao mesmo tempo o mais divertido e o mais tenso: Meghan e sua equipe se sentariam com os clientes e estudariam uma visão para a marca. "Nós queremos que eles se emocionem", disse-me ela. "Se eles não estão rindo às vezes, se enfurecendo às vezes, até gritando, então não fomos fundo o bastante." Depois que todas as emoções afloram e uma visão da marca é estabelecida, eles estão prontos para o passo cinco: criá-la e lançá-la no mundo. Por fim, havia o passo seis: manter a visão da marca e ajustá-la às forças em transformação do mercado.

Quando Meghan e Rebecca acabaram de elaborar esse plano, perceberam que ele fazia algo extraordinário. Transformava o que a empresa estava vendendo: deixava de ser produto específico — um logo, um site — para virar um processo. O resultado seria um logo, um site ou o que mais fosse pedido, mas vendendo o processo elas podiam cobrar pelo trabalho mais difícil e mais valioso que faziam.

Depois que elas elaboraram o modo como se apresentariam, Blumer as orientou em relação ao que ele pensava sobre fixação de preço. Quando você sabe o que está fornecendo e o valor que isso dá aos clientes, pode fixar um preço de acordo com esse valor. Geralmente, disse Blumer, isso significa que os preços dobram ou aumentam ainda mais, porque nesse país há um problema crônico de fixar um preço inferior. Pequenos empresários raramente têm confiança para cobrar o valor que trazem para seus clientes. Assim como em muitas coisas relacionadas ao preço, as pessoas pensam nisso de trás para a frente. Você tem um produto, consegue um cliente e depois vê quanto o cliente lhe dará, e esse é o preço. Não, insistiu Jason. Você tem um preço e depois encontra clientes que entendam que vale a pena pagá-lo pelos benefícios que eles esperaram receber: benefícios baseados num conhecimento muito especializado.

Jason explicou que Meghan podia usar o preço para transmitir ainda mais informações. Recomendou adotar uma estratégia que emprega. Fixe o preço do serviço central num nível que permita à empresa aceitar apenas tantos clientes quanto pode e ainda fornecer um ótimo serviço. Jason acredita que o preço deve ser um pouco chocante — ligeiramente acima do que o cliente prospectivo está preparado para pagar. Você quer que ele tenha um momento desconfortável em que precise verdadeiramente perguntar a si mesmo se o investimento vale a pena. (Ah, e sempre use a palavra "investimento" para indicar que não é um dinheiro que o cliente está perdendo, mas sim que está gastando para poder ganhar mais dinheiro depois.) Se o preço é baixo o bastante para que o cliente prospectivo possa concordar com facilidade, muito provavelmente ele não estará preparado para realizar o trabalho duro que o compromisso exige. Crie também uma oferta menor a um nível de preço mais baixo, que não inclua tanta atenção ou que não dê tanto apoio depois que a campanha de marketing for lançada. Por fim, crie uma oferta superior, que inclua uma consultoria e apoio ainda mais intensivos a um custo bem mais alto.

Essa estratégia de fixação de preço tripla faz muitas coisas importantes ao mesmo tempo. Comunica o valor do que a agência está oferecendo — o preço aumenta e diminui não de acordo com aquilo que você entrega, mas de acordo com o quanto você pensa para criar aquilo que entrega. Também estrutura negociações. Se alguém quer pagar menos, tudo bem, mas recebe menos. Se alguém quer mais, ótimo, mas tem que pagar mais.

Uma das partes mais difíceis da transformação do negócio foi quando Meghan percebeu que muitos de seus clientes antigos simplesmente não se encaixariam na nova Honey Agency. De início, foi doloroso. "Meu maior problema é que eu tenho coração mole", disse Meghan. "Tive muita dificuldade de dizer às pessoas que foram meus primeiros clientes que não podia mais trabalhar com elas. Tive muita dificuldade de romper com elas. Mas eu explicava que podiam ter suas necessidades muito mais bem atendidas em outros lugares."

O passo seguinte foi ainda mais difícil. "Eu me lembro de quando escrevi aquela primeira proposta", diz Meghan, referindo-se à elaboração de um orçamento pós-Jason para criar um site. Antes de Jason, ela cobrava 15 mil dólares por esse trabalho. "Não mais. Decidimos cobrar 50 mil dólares, mais que o triplo. Foi um salto desconfortável. Eu me lembro que pensei: *Vou pressionar Envie para esse e-mail e estarei enviando algo que nunca, jamais, enviei.*"

Alguns clientes rejeitaram Meghan e Rebecca, e outros exigiram saber mais sobre por que a Honey Agency estava tão valorizada. Isso forçou Meghan a "lutar", diz ela. Ela teve que se tornar uma vendedora melhor, explicando precisamente por que sua firma podia, agora, entregar um valor três vezes maior. Logo ela percebeu que *sempre* fora uma lutadora. É isso que donos de pequenas empresas fazem. "A luta antes de Jason não tinha graça, não compensava" — aceitando clientes com os quais não queria trabalhar, fixando preços para produtos que ela não queria criar e dos quais o cliente não precisava. "A luta, agora, era divertida. Era boa."

Funcionou. Imediatamente. "Foi incrível", recorda Meghan. Semanas depois, a Honey Agency assinou contrato com alguns novos clientes que estavam bem dentro de seu nicho e dispostos a pagar muito mais. Meghan, Rebecca e sua equipe estavam trabalhando bem menos horas mas conquistando um valor real muito maior. Meghan observa: "Como estávamos cobrando mais, pudemos contratar pessoas melhores, designers melhores, então as campanhas ficaram melhores." Como cada cliente estava pagando mais, fazia sentido passar muito mais tempo pesquisando seus negócios e se reunindo com eles. "Estávamos descobrindo mais o que eles precisavam e, portanto, estávamos lhes dando mais valor", diz Meghan. "E como estávamos mais com eles e conhecíamos mais seus negócios, podíamos lhes mostrar quanto valor estávamos lhes dando. Podíamos demonstrar que nossas campanhas estavam lhes trazendo muito mais dinheiro do que estávamos cobrando."

Durante os meses que se seguiram, Jason mostrou a elas alguns resultados surpreendentes. A receita da Honey Agency caíra 28% desde que elas haviam dispensado muitos clientes e parado de trabalhar tão duro, mas o lucro havia disparado. A medida real que importa — quanto dinheiro a Honey podia usar para pagar sua equipe e construir riqueza para suas proprietárias — estava aumentando incrivelmente. Isso acontecia mesmo com a agência se tornando um negócio com funcionamento mais normal, com Meghan e Rebecca trabalhando de nove às cinco, fazendo intervalos para almoçar e até reservando algum tempo do dia para pesquisar a indústria. "Eu havia me esquecido de como era ler sobre vinhos", diz Meghan. "Eu podia ler todas as revistas, saber o que estava acontecendo na indústria. E isso ajudava todos os meus clientes."

Como tinham menos clientes, elas podiam passar muito mais tempo uma com a outra. Como estavam cobrando mais, os clientes esperavam mais da Honey Agency. Era isso que Meghan queria. Queria clientes que esperassem que ela fosse uma verdadeira parceira na elaboração de suas estratégias e suas faces públicas. "Eu comecei a aprender mais sobre a indústria, porque estava passando muito tempo falando com aquelas pessoas, entendendo o que estava acontecendo."

A mudança pós-Jason teve um impacto diferente sobre Rebecca. Ela vinha trabalhando principalmente no piloto automático, tentando desesperadamente terminar as tarefas de cada dia. Não havia parado para observar como estava infeliz. "Eu estava em negação", diz ela hoje. "Eu me impressiono com o quanto minha negação era forte." Se você lhe perguntasse, antes de Jason, ela diria que adorava ter uma agência e não queria mais nada da vida. Meghan era a face pública da empresa, lidando com vendas e a relação com os clientes e os ajudando a aprimorar suas estratégias. Rebecca trabalhava nos bastidores, gerenciando a equipe de designers que criava os logos, os sites e outros materiais gráficos que sustentariam a campanha de marketing. No período pós-Jason, quando começou a ter tempo para pensar e prestar atenção a seus pensamentos, ela percebeu que não gostava de ter uma agência. Rebecca fora atraída para aquele campo porque adorava o trabalho prático em projetos criativos junto a uma equipe de outros designers. Quando se tornou coproprietária da Honey Agency, porém, seu trabalho não tinha arte, era se certificar do que os outros estavam fazendo. "Eu sentia falta de ser criativa", diz ela. "Era ali que estava minha felicidade."

Com o tempo, Rebecca disse a Meghan que queria vender sua parte na empresa e fazer outra coisa. Foi doloroso, como são todos os rompimentos, mas as duas sabiam que era a coisa certa a ser feita. Jason viu isso como um resultado bem-sucedido. O objetivo de seu treinamento é assegurar que as pessoas estejam identificando o valor que podem criar unicamente e cobrando a quantia certa por isso. Para alguns, como Meghan, isso é bem claro, e o trabalho de Jason é ajudar a eliminar todas as distrações custosas. Para outros, como Rebecca, a solução é parar, completamente, o que se está fazendo e focar em outra coisa. Jason queria ter uma vida da qual gostasse mais e desejava o mesmo para aqueles que aconselhava.

Rebecca demorou alguns meses, mas percebeu que sua verdadeira paixão não estava em design gráfico para campanhas de marketing. Ela adorava design de interiores, criar espaços encantadores para as pessoas. Fez alguns cursos e logo abriu uma firma de design de interiores, a Studio Plumb, que lhe permite trabalhar criativa e intimamente com proprietários de casas. Rebecca me disse que está indo maravilhosamente bem e consegue ganhar dinheiro fazendo o que ama num negócio mais adequado para ela.

Hoje, Meghan consegue avaliar rapidamente um novo cliente potencial e determinar se faria sentido a Honey Agency aceitá-lo. "Para fazermos nosso melhor trabalho, precisamos atingir muitas variáveis", disse-me ela. "A Honey Agency precisa de profundidade. Somos melhores revelando a história por trás dos produtos alimentares e vinhos de uma empresa. Não podemos fazer isso se não há uma história. Precisamos de produtores de alimentos e vinhos que sejam apaixonados, que estejam buscando fazer algo significativo para seus clientes, que acordem de manhã ávidos para fazer coisas ótimas. Se eles estão buscando algo significativo, podemos tornar suas campanhas de marketing significativas e memoráveis. Também precisamos que estejam dispostos a fazer algo grande, a começar a pensar estrategicamente e a fazer o trabalho de descobrir seu mercado, seu público e a melhor maneira de alcançá-los. E eles precisam confiar em nós. Se confiam em nós, podemos fazer um trabalho arrojado."

Meghan se tornou, para mim, um lembrete de que confiança e um ótimo trabalho exigem uma relação. Não podemos fazer um ótimo trabalho e falar o que pensamos com qualquer pessoa. Focando naqueles clientes que mais valorizam o que fazemos e, às vezes, rejeitando dolorosamente aqueles que não valorizam, podemos favorecer a confiança e uma ótima execução. Ter os clientes certos não é suficiente, por si só. Você também precisa saber como fazer o trabalho. No entanto, se tem os clientes errados, nenhuma das outras coisas importa muito.

CAPÍTULO 6

Conheça sua história

*Seja lá o que forneça, o maior valor está no conhecimento,
na paixão e na habilidade com que o faz*

Vi Meghan em ação quando ela me convidou para acompanhá-la numa reunião com um novo cliente, a família Serres, dona do Serres Ranch. Jean "Toots" Serres veio da França para a Califórnia no fim dos anos 1800 e adquiriu uma fazenda que já tinha uma rica história de cultivo de uvas na Califórnia. O major-general Joseph "Fighting Joe" Hooker, herói da Guerra Secessão, fazia plantios ali décadas antes de os Serres possuírem a propriedade. Meghan estava se encontrando com tataranetos de Toots que, assim como cada geração da família ao longo do século anterior, haviam nascido e crescido nessa terra e a administravam. O Serres Ranch é famoso entre produtores de vinho. Seus oitenta hectares fornecem algumas das uvas mais cobiçadas a alguns dos mais destacados vinhos do país.

A maioria dos vinhos americanos não é *estate-bottled*, ou seja, não é feita em uma única propriedade. Vinhos *estate-bottled* são produzidos com uvas cultivadas naquele lugar. Em muitas regiões de cultivo de uvas clássicas na França e na Itália, o agricultor que supervisiona a operação de cultivo de uvas é também produtor de vinhos, administrando as muitas etapas necessárias para transformar uvas em vinho. Nos Estados Unidos, há uma clara separação. Na maioria das vezes, alguns negócios cultivam uvas e outros compram as uvas e as transformam em vinho. A maioria dos vinhos é produzida em instalações de *co-packing* — fábricas especializadas em vinho que produzem dezenas ou centenas de vinhos diferentes.

A família Serres sempre focou em cultivo de uvas, não em produção de vinho. (Pelo menos não o fazia para vendê-lo ao público. Os Serres fazem alguns vinhos extraordinários em casa, para si mesmos e seus amigos. Eu sei do que estou falando, pois pude beber muito deles.) Eles são cultivadores de uvas, o que significa que um produtor os contrata para cultivar, digamos, uvas merlot e lhes dá instruções específicas sobre como querem que essas uvas sejam cuidadas e colhidas. Um produtor de vinho pode lhes pedir para podar as videiras de modo a minimizar o número de uvas em cada cacho para concentrar o sabor. Outros podem querer o oposto: muitas uvas, mesmo que cada uma delas tenha menos personalidade. A decisão mais importante talvez seja a de quando colher as uvas. Na estação da colheita, os agricultores verificam obsessivamente o conteúdo de açúcar das uvas para que possam tirá-las no exato momento da doçura ideal. Fermentação é o processo de transformar açúcar em álcool, portanto quanto mais doce a uva, mais forte em álcool será o vinho resultante. (Embora o produtor de vinho também possa escolher estender ou encurtar o processo de fermentação para aumentar ou reduzir a doçura e a força.)

Os filhos dos Serres conhecem essas terras, literalmente, desde o nascimento. Ficavam sentados nos campos enquanto seus pais trabalhavam. A geração mais nova — John, 36 anos; Taylor, 28; e Buck, 33 — cresceu com seu pai, John (todos os filhos homens mais velhos dos Serres se chamam John ou Jean), continuamente lhe dando aulas sobre uvas e todas as variáveis que podem contribuir para a qualidade de um vinho ou destruí-la. Quando estavam no ensino médio, todos os filhos dos Serres podiam identificar, por experiência, as áreas da fazenda que produziam as uvas mais suculentas. Eram capazes de entender que as áreas de declive, em especial aquelas com solo vulcânico, produziam as uvas mais promissoras. Sabiam até por quê: o solo vulcânico impede a capacidade das raízes das videiras de encontrar nutrientes e o declive da colina significa que há menos nutrientes por metro quadrado de terra. Surpreendentemente, quanto mais a raiz de uma videira precisa trabalhar para encontrar nutrientes, mais robusta será sua fruta, levando a sabores mais complexos que criam um vinho mais interessante e de valor mais alto.

Há uma relação única entre o proprietário de um vinhedo e seus clientes que compram uvas. O proprietário conhece a terra e suas uvas com profunda intimidade. Os compradores de uvas têm opiniões fortes sobre o que querem que essas uvas se tornem. Portanto, juntos, o proprietário e os clientes tomam decisões cruciais sobre o que cultivar, onde cultivar, quando plantar, como cuidar das videiras e quando colher a fruta. Os membros da família Serres falam muito entre si sobre como maximizar as qualidades de sua terra. Existem aqueles quase três hectares de solo vulcânico em declive, a nordeste (bem, apenas dois hectares desse total são ótimos), e as uvas cabernet parecem responder especialmente bem ali.

As pedras desse solo incentivam as raízes das videiras a se aprofundar, o que significa que elas estão consumindo uma quantidade maior dos nutrientes únicos do solo. Os clientes do Serres usavam medidas aparentemente irrelevantes para avaliar as uvas. Com frequência, queriam uvas de um tamanho e conteúdo de açúcar específicos — que são coisas importantes, mas menos essenciais — e, ao promoverem o tamanho por meio de uma irrigação exagerada, faziam-nas perderem grande parte da característica única desse solo mágico.

Foi com esse histórico que eu e Meghan — juntamente com sua diretora criativa, Ashley Rodseth, e sua diretora contábil, Maggie Giordanego — entramos de carro na propriedade dos Serres, procurando a sede da fazenda. Foi surpreendentemente difícil encontrá-la. A propriedade é enorme, com videiras se estendendo por todas as direções. À distância, um pouco abaixo de algumas colinas, podíamos ver um grupo de casas em estilo de rancho e construções de um único andar. Uma ilusão de ótica criada pelas muitas e longas fileiras de videiras e pela imensidão da terra dificultava avaliar a distância dos prédios.

Por fim encontramos a casa da fazenda comprida, baixa e vermelha e, num velho celeiro de madeira atrás dela, uma grande sala de reunião. Cabeças gigantes de animais enfeitavam as paredes — um alce, um impressionante carneiro-de-dall, um veado. John Serres, um homem enorme com uma barba ruiva espessa e camisa xadrez de um amarelo forte, sentou-se atrás de uma mesa de trabalho. Ele é o mais velho da atual geração dos Serres e tem uma solidez discreta, falando raramente, e apenas frases curtas, com uma voz profunda. O irmão mais novo, Buck, é seu oposto físico: magro e sem barba, curvando-se sobre uma cadeira, sempre se mexendo, com uma constante energia nervosa. Buck estava coberto de barro, das botas e calças do exército até o boné de beisebol e as mãos gastas. Taylor Serres, 28 anos, é a filha mais nova e, claramente, está no comando. É bonita e direta, com um cabelo longo preso em rabo de cavalo. Fala pela família e faz isso em parágrafos completos e bem refletidos. Contou por que a família escolheu Meghan como consultora de marketing e os planos deles.

Taylor disse que algumas coisas estavam claras. Eles querem criar seu próprio vinho, que incorpore o melhor que essa terra pode produzir. Querem escolher o melhor local — aqueles dois hectares de encosta de solo vulcânico — e plantar apenas os tipos de uva que crescerão melhor ali. Cuidarão delas obsessivamente, tratando-as com o máximo de cuidado. Estão preparados para esperar até que as videiras produzam as melhores uvas possíveis, mesmo que isso signifique esperar uma década ou mais pela estação de cultivo perfeita. Querem deslumbrar o mundo com uma obra-prima, a melhor garrafa de vinho possível que serão capazes de fazer naquele local — com um preço ousado em torno de 150 dólares. Taylor quer chocar o mercado com o preço e a qualidade e forçar as pessoas a reconhecer que o Serres Ranch pode produzir uvas extraordinárias. Para Taylor, está claro que, embora queira que o vinho seja lucrativo, não está tentando afastar o negócio da família da produção de uvas para o atacado. Em vez disso, ela quer que esse novo vinho mostre à comunidade de produtores de vinho como é fabulosa a terra de cultivo do Serres Ranch, para que esses produtores paguem mais por suas uvas e, francamente, submetam mais à família Serres suas decisões sobre cultivo e colheita.

Taylor explicou em seguida que tem uma segunda estratégia. Ela está disposta a esperar anos para fazer esse vinho perfeito, mas gostaria de lançar outro, menos caro, o mais rápido possível. Isto servirá a vários propósitos. Sinalizará que a família está voltando para a produção de vinho, de modo que a indústria seja receptiva àquele que será sua grande atração dentro de uma década. Isto também os ajudará a praticar a produção de vinho, de modo a aprimorá-la. Taylor sabe que quer que os dois vinhos transmitam o profundo conhecimento e a paixão que ela e sua família compartilham, mas não tem a menor ideia de como o produto se chamará, como será a garrafa, quanto cobrará pelo vinho mais barato ou como e onde venderá os vinhos. Percebi, sentado ali, que era isso o que eu estava ávido para ver havia anos. Isso era o que Jason ensinara a si mesmo e depois a Meghan: como você se concentra no valor específico que está criando de maneira única e, depois, transmite isso para seus clientes potenciais.

Enquanto estávamos ali sentados, falando durante várias horas, tornou-se inquestionavelmente óbvio que a família Serres é a família de produtores de vinho mais autêntica possível. Seu conhecimento, sua experiência e o desejo profundo de produzir o melhor vinho possível estavam claros. Senti-me de algum modo incomodado por ter que esperar uma década ou duas para experimentar aquele incrível vinho sofisticado que eu sabia que eles criariam. Nunca gastei nada próximo de 150 dólares por uma garrafa de vinho, mas teria comprado várias delas imediatamente se estivessem disponíveis. A família Serres não se permitiria oferecer um vinho que não fosse especial, e quanto mais tempo eu passava com eles, mais certo disso eu ficava. Ah, mas aí é que está o problema. Seus clientes potenciais não poderiam passar um tempo ali com eles. Para o público comprador de vinho, aquela seria mais uma garrafa absurdamente cara na prateleira.

Os irmãos Serres — assim como a maioria das pessoas que são excelentes em algo difícil e apaixonadas por isso — têm dificuldade de identificar o que exatamente os torna especiais. Para eles, é uma combinação de inúmeras coisas. Eles cresceram nessa terra, criados por pessoas que cresceram nessa mesma terra. Conhecem cada centímetro desse chão e cada videira plantada. Conhecem as inúmeras variáveis que interferem numa uva perfeita — o sol, a água, a temperatura e a constituição do solo. Conhecem a indústria de vinho, já que estão constantemente falando com seus clientes, que estão entre os principais compradores de uvas para produção de vinho na Califórnia. Sabem quais são as castas de uva e as técnicas de fermentação que estão se tornando mais populares, quais delas estão desaparecendo e quais possuem um real potencial que ainda precisa ser descoberto. Têm também aquela indescritível intuição dos verdadeiros especialistas: podem caminhar até uma videira no início do outono e entender que as uvas estão prontas para colheita, mesmo que não possam documentar completamente por que sabem disso. No devido tempo, seu vinho precisará de um nome, um logo e um plano de marketing elaborado para fazer a crucial essência chegar depressa a um potencial comprador, e é aí que Meghan e sua equipe entram.

"A descoberta inicial demorará de quatro a seis semanas", explicou Meghan aos Serres. Ela enviaria um extenso questionário sobre a família e seu negócio a cada pessoa ali, bem como a um grupo cuidadosamente selecionado de pessoas de fora que conhecem bem a família Serres, incluindo funcionários, clientes, vizinhos e amigos. "É um bocado de trabalho para vocês", advertiu Meghan, explicando que a pesquisa levará a uma série de conversas pessoais em que ela orientará a família no sentido de aprimorar com precisão cada vez maior a essência de sua identidade de marca.

Meghan lhes disse que gostaria de começar perguntando a todos os membros da família o que eles achavam que essa essência poderia ser. John, o mais velho, sugeriu que eles poderiam chamar o vinho de French Heritage [Herança Francesa].

— Se vamos buscar esse preço alto, acho que as pessoas associam francês à qualidade — explicou ele, observando que seu tataravô veio da França.

— Eu não penso em mim como francês — disse o irmão mais jovem Buck.

— Eu também não — acrescentou Taylor.

— Eu não — admitiu John.

— Eu penso em mim como americana — disse Taylor. — E como uma agricultora. Mas podemos escolher French Heritage se isso nos dá prestígio.

Meghan perguntou se eles usam um estilo particularmente francês de produzir vinho ou se ser francês é uma parte importante de sua identidade. Todos os três irmãos balançaram a cabeça negativamente. Meghan não precisa dizer o óbvio: o nome desse vinho não será French Heritage. Soa falso, indica que não é autêntico.

Taylor mencionou a história da terra. Joe Hooker comprou a propriedade rural em 1854. Era um oficial do Exército dos EUA que lutara — com pouca distinção — na Guerra Mexicano-Americana e depois se estabeleceu na Califórnia. Diz-se que ele plantou as primeiras videiras europeias no país, embora não fosse bem um produtor de vinho ou agricultor. Sua casa era famosa pelas festas extravagantes, e ele era conhecido como beberrão e mulherengo. No início da Guerra de Secessão, Hooker foi nomeado general de brigada do Exército da União, comandando a força que confrontou mais diretamente o general Robert E. Lee. Seu quartel-general era, assim como sua casa em Sonoma, famoso pelas farras, com direito a mulheres e álcool. Hooker sofreu uma derrota humilhante na Batalha de Chancellorsville. Quando se reformou nas forças armadas, retirou-se para sua propriedade rural. Na época, esta pertencia à família Watriss, que contratou Toots para trabalhar na terra. No início dos anos 1900, Franklin Watriss morreu sem herdeiros e deixou a propriedade para a família Serres.

Os irmãos Serres acharam que seria divertido dar ao vinho o nome de Fighting Joe e pôr um retrato antigo de um homem erguendo os punhos. Buck disse que eles podiam brincar com outro tema: há muito tempo pessoas acreditam que a casa de Fighting Joe — ainda situada na periferia da fazenda — é assombrada. "E é", disse Buck. "Eu ouvi um piano tocando. E não tem piano ali."

Mais uma vez, Meghan perguntou o quanto a história de Fighting Joe era importante para eles. Eles reconheceram que, embora fosse uma história divertida para contar, tinha muito pouco a ver com eles. Meghan também observou que Fighting Joe não parecia um nome para o tipo de vinho superior que a família planejava produzir. John disse:

— É, não indica qualidade.

— Não indica 150 dólares — acrescentou Taylor.

— *Eu* não indico 150 dólares — disse Buck com uma risada. — Não há nada de 150 dólares em mim.

Meghan pôs fim ao nome Fighting Joe, acrescentando: "Quero ter o cuidado de não nos afastarmos demais vocês." Ela não gostava da ideia de focar em outra pessoa, em alguém que não fosse da família. "Quero que o vinho mostre que as mãos de vocês estão nesse solo há gerações."

O pai dos irmãos, também chamado John, entrou na sala. É um homem grande, assim como seu filho mais velho, e usava jeans, uma camisa azul e um chapéu de caubói surrado. Havia tanto barro nele que ele parecia estar usando uma fantasia, fazendo um papel de agricultor que trabalha duro. Quando se aproximou para cumprimentar, vi que suas mãos eram cheias de calos e lhe faltava um polegar. Ele ouviu a conversa em silêncio durante um minuto e então disse: "Podemos fazer um ótimo vinho. Já fizemos bastante." Muitos vinhos premiados foram produzidos com uvas dessa fazenda. "Podemos subir o nível de qualidade ainda mais", observou ele. "Queremos um vinho que seja líder, um vinho de qualidade. Sem muito frufru e blá-blá-blá."

Fiquei impressionado com o fato de que, embora estivessem falando por apenas cerca de trinta minutos, as pessoas na sala já estavam identificando alguns elementos centrais da mensagem desse novo vinho. Ele seria autêntico para essa família, para seu conjunto específico de tradições, paixões, trabalho árduo e conhecimento. Mas me vi me perguntando em silêncio se tudo isso era necessário. Se eles queriam movimentar uma boa quantidade de um vinho muito custoso, será que não deveriam olhar para fora, não para dentro? Será que não deveriam descobrir quais mensagens de marketing são melhores para vender vinhos caros? De qualquer modo, seria a personalidade autêntica da família tão valiosa assim? Eles eram uma penca de agricultores cobertos de terra. Não tinham um jeito sofisticado, cosmopolita, que eu associasse a vinhos de elite. Isso, pensei, é, na verdade, um grande argumento de venda; muitas pessoas são intimidadas pela sofisticação de um vinho ou a desdenham. Eu me senti confiante de que muita gente que conhecesse a família Serres seria imediatamente atraída por sua abordagem de vinho pragmática, mãos na terra, macacão sujo. Esse é exatamente o desafio: a maioria dos potenciais consumidores do vinho nunca conhecerá a família Serres.

Meghan pareceu adivinhar meus pensamentos, talvez percebendo que a família estava se perguntando a mesma coisa. Perguntou a quantidade de vinho que eles planejavam vender.

"Não vamos começar com vinte toneladas", disse Taylor. "Estamos pensando mais em torno de quatro toneladas." A indústria de vinho tem diversas maneiras de medir a produção. Uma tonelada de uvas produz geralmente pouco mais de dois barris de vinho. Cada barril pode encher trezentas garrafas, ou 25 caixas. Portanto, quatro toneladas de uva seriam duzentas caixas, uma produção extremamente pequena.

Meghan explicou que uma produção pequena assim não venderia como um vinho produzido em massa, que vende milhões de caixas por ano e precisa atrair tantos clientes que sua mensagem de marketing tem que ser simples e rápida. As pessoas que compram esses vinhos, que custam mais ou menos dez dólares, não vão gastar tempo para descobrir a verdadeira essência da identidade da marca. Tipicamente, elas comprarão uma garrafa num impulso, beberão o vinho e pensarão pouco nisso. Os compradores visados pela família Serres são completamente diferentes. São pessoas que desejam uma experiência profunda com o vinho que compram. Elas passarão um bocado de tempo se informando sobre os produtores do vinho e entendendo a filosofia deles. Parte da alegria de comprar um vinho de qualidade de 150 dólares está na capacidade de conhecer sua história e compartilhá-la com amigos enquanto se bebe. É essencial que o plano de marketing do vinho esteja fundamentado na verdade, porque seu cliente-alvo a descobrirá. Se o produto fosse promovido como um sofisticado, ou até mesmo pretensioso, vinho francês, os clientes ficariam incomodados ao conhecerem os Serres e verem que eles são muito americanos, muito bons em cultivo de uvas e produção de vinho, mas o oposto de sofisticados, pretensiosos e franceses. Os consumidores rejeitariam essa inautenticidade — e o vinho. A imprensa especializada e a crítica que avaliam vinhos se sentiriam de maneira semelhante. Porém, uma mensagem autêntica, que revele as verdades da família, fortaleceria a relação entre consumidor e marca.

Enquanto pensava nisso, percebi que podia ser o cliente perfeito deles. Gosto de vinho, mas rejeito as armadilhas pretensiosas. Também me sinto aviltado por grande parte da linguagem sobre vinhos. Aqueles agricultores cuidadosos estavam, porém, convencendo-me de que seu vinho seria resultado de um profundo e genuíno conhecimento de vinho, uva e solo. Eles tomariam uma série de decisões — instruídos por décadas ao sol — sobre como tornar aquelas uvas tão boas quanto possível. Estava claro que eles não venderiam um vinho medíocre tentando passá-lo por magnífico. Se um dia eu visse o vinho do Serres Ranch à venda numa prateleira por 150 dólares, poderia ter confiança de que valia esse preço.

No entanto, como eles poderiam contar essa história a pessoas que nunca os encontraram, nunca viram seu aparente comprometimento com o ofício? A resposta para essa pergunta acabou sendo tão importante, tão reveladora de como prosperar nessa economia, que a explorarei extensivamente mais adiante. Ao que se constata, o vinho é, para minha surpresa, o produto perfeito para entender a Economia da Paixão. Há séculos ele faz as mesmas coisas que todos nós devemos fazer agora: comunicar um trabalho pelo qual somos apaixonados ao público global apropriado e, com isso, monetizá-lo. Até certo ponto, agora todos nós devemos ser como os produtores de vinho.

Telefonei para Meghan algumas semanas depois de nossa reunião com os Serres. Ela entrara no passo quatro de seu Método Hex de seis partes. Não houve lágrimas na reunião para posicionamento da marca, mas houve algumas vozes elevadas, algumas risadas cordiais e uma solução que deixou todos profundamente felizes: o vinho do Serres Ranch teria, como imagem central, fileiras de plantas cultivadas e uma marca SR parecendo sair diretamente da ponta do traseiro de uma vaca. Não apareceria nada de francês.

ESTUDO DE CASO: CONBODY

Posicionar é fazer coisas de que nem todo mundo gosta

Coss Marte tem dois negócios bem-sucedidos, embora se orgulhe de apenas um. Aos 18 anos, ele era um notável inovador, mas numa indústria terrível. Sua mãe veio da República Dominicana para os Estados Unidos com pouco dinheiro e nenhuma perspectiva. Conseguiu um apartamento num projeto de habitação social no Lower East Side de Manhattan. Crescendo ali, Coss testemunhou a expansão e devastação da epidemia de crack. Cada esquina de seu bairro era ocupada por traficantes de drogas. Muitos adultos à sua volta se tornaram viciados, roubando casas, assaltando transeuntes, fazendo qualquer coisa que pudessem para pagar pelo vício.

Assim como muitos jovens de seu bairro, Coss fazia serviços para os traficantes em troca de uns trocados e elogios. Com 18 anos, ele próprio estava traficando. Era um empreendedor nato, vendo constantemente oportunidades que outros perdiam. No fim dos anos 1990, Coss notou duas tendências simultâneas. Pessoas brancas de classe média — hipsters e yuppies — estavam se mudando para o seu bairro e os telefones celulares se tornando onipresentes. Coss calculou que pelo menos algumas daquelas pessoas iriam querer drogas, mas ficariam assustadas demais para ir ao condomínio de habitação social. Ele imprimiu milhares de cartões de visita se oferecendo para entregar drogas pedidas por mensagem. Comprou um terno e treinou para falar como um profissional. Foi então aos bares que os novos residentes ricos frequentavam e lhes entregou seu cartão. Logo, o negócio estava tão bom que ele teve que contratar alguns funcionários. Iniciou um programa de treinamento para poder ensinar ex-traficantes de rua a se vestir profissionalmente e falar com clareza e segurança. Dois anos depois, estava ganhando 2 milhões de dólares por ano.

Talvez não seja surpreendente que a polícia tenha se interessado por seu negócio de drogas. Cross foi preso e condenado a quase uma década na prisão.

Quando foi preso, Coss estava obeso. Um exame físico revelou que, aos 23 anos, ele enfrentava um elevado risco de diabete e de doença cardíaca séria. Sem muito o que fazer, Coss dedicou seu tempo atrás das grades à boa forma física. Porém, não gostava de ir à sala de levantamento de peso da prisão porque isso exigia uma inspeção extra e a possibilidade de conflito. Um colega de cela mais velho lhe ensinou alguns exercícios rigorosos que ele poderia praticar na cela. Coss aprendeu mais técnicas com outros condenados veteranos e ele próprio desenvolveu várias. Logo, estava em excelente forma. Perto do fim de sua sentença, Coss viveu uma transformação religiosa lendo a Bíblia. Sentia-se culpado por todas as vidas que arruinara com drogas e se tornou determinado a seguir um caminho melhor quando fosse libertado.

Depois de seis anos, Coss voltou para o apartamento da mãe em frente ao condomínio. Ele sabia que sua antiga vida poderia ser sedutora e não queria cair de novo no tráfico de drogas, mas era difícil encontrar trabalho. Seu caso recebera muita atenção da mídia, portanto qualquer empregador que buscasse seu nome no Google saberia sobre seu passado como traficante de drogas. Ele decidiu que partiria para o próprio negócio; porém, não tinha nenhum dinheiro, nenhum recurso, nenhum contato, nenhum possível investidor. Acordava antes do amanhecer, ia para um parque próximo e malhava, usando as técnicas que aprendera na prisão. Não precisava de pesos ou equipamentos sofisticados. Usava o peso do próprio corpo e o que quer que estivesse à mão. Fazia elevações numa barra de ferro velha, e uma tora de madeira lhe permitia fazer mergulhos. Desafiava outros que se exercitavam de manhã e lhes dizia que poderia treiná-los. Logo, Coss tinha um pequeno grupo de clientes regulares que ele orientava em exercícios duros mas eficazes, inspirados na prisão. Sua paixão por esses exercícios era clara e contagiante. A fama se espalhou e outros clientes apareceram.

Agora Coss tem uma academia de ginástica e um negócio lucrativo. Ele a chama de Conbody e oferece treinamentos sem frescuras, baseados nos exercícios que aprendera na prisão. Ele emprega exclusivamente outros egressos do sistema carcerário (que precisam sobreviver a um difícil processo de recrutamento e seleção). Além do encanto de sua paixão, Coss atrai clientes porque resolveu dois problemas que com frequência frustram as pessoas (em especial os nova-iorquinos) na hora de se exercitar em casa: a falta de espaço e a falta de equipamentos. Desenvolveu um aplicativo de assinatura que oferece aulas em vídeo para treinamentos em casa que não exigem nenhum equipamento e nenhum espaço a mais do que o de uma cela de prisão.

Coss oferece muitas lições fortes da Economia da Paixão. Ele foi capaz de pegar o aspecto mais negativo de sua vida — seu encarceramento — e transformá-lo em seu valor central. Muita gente, sem dúvida, tem pouco interesse em ir a uma academia de ginástica onde o dono e os funcionários são ex-condenados. Este é precisamente o propósito do posicionamento da paixão. Nova York, assim como a maioria das cidades, está cheia de academias que fazem as mesmas promessas: nós ajudaremos você a perder peso, ganhar músculos e seguir seu plano. Quando uma proposição de valor é muito universal e inquestionável, é impossível se destacar na multidão. Para ser eficaz, um negócio da Economia da Paixão não pode se vender usando valores universalmente aceitos. Para atrair um grupo de seguidores apaixonados, qualquer negócio precisa conter elementos que algumas pessoas vão adorar e outras vão desprezar, ou mesmo achar desagradáveis. Isso não quer dizer que um negócio não deve oferecer também serviços adotados universalmente. Coss ajuda os clientes a perder peso, ganhar músculos e seguir seus planos, mas faz isso de maneira única. Possui uma base de clientes fanaticamente leais. Bem mais do que a metade deles são mulheres, e todos acham atraente sua abordagem direta e sem frescuras. Ele também afirma que muitos clientes lhe dizem que gostam da experiência de fazer algum bem social enquanto estão malhando. Eles estão ajudando na reabilitação de Coss e dos outros egressos.

A ferramenta mágica que permitiu a Coss pegar sua maior desvantagem e transformá-la em sua força única é uma história a ser contada. Ele conta bem sua história, e sua academia de ginástica — com uma estética parca, como uma prisão — reforça essa história. Os membros de sua equipe contribuem para a narrativa geral com suas próprias histórias. Todos nós temos histórias. Talvez algumas não sejam tão dramáticas quanto a de Coss, mas existe algum público que achará a história de cada pessoa significativa. Se Coss pode fazer isso, todo mundo pode.

CAPÍTULO 7

A lição Amish

Como os Amish aprenderam a encontrar o verdadeiro valor da tecnologia

A fábrica da Pioneer Equipment fica junto a uma estrada rural nas terras agrícolas de Dalton, Ohio, a noventa minutos de Cleveland, ao sul, de carro. O dia de trabalho começa pouco antes das seis da manhã, quando chegam as primeiras carroças puxadas por cavalos. Do lado de fora ainda está um breu. Todas as casas dessa estrada, assim como as carroças, pertencem a famílias Amish, portanto não há luz elétrica.

Em pé no escuro, eu mal podia distinguir os agricultores da vizinhança que seguravam pequenas lanternas e se encaminhavam para seus celeiros a fim de ordenhar vacas e alimentar cavalos. Os funcionários da Pioneer demoraram algum tempo para chegar em carroças, desarrear os cavalos, guiá-los até o grande celeiro e lhes dar um pouco de ração, talvez uma cenoura. Não fosse a grande área reservada para carregar caminhões, junto à fábrica, um visitante poderia pensar que havia sido transportado de volta ao século XIX.

Às 6:15, a fábrica está ganhando vida. A Pioneer produz equipamentos agrícolas puxados por cavalos — uma grande variedade de timões, arados, capinadeiras, rastelos e outras necessidades de agricultores Amish e outros não Amish que, por hobby, utilizam cavalos e mulas. São grandes objetos de aço, tipicamente com metade do tamanho de uma camionete e várias partes afiadas projetadas para fora, feitas para cavar a terra, plantar sementes, arrancar ervas daninhas, colher produtos agrícolas e realizar uma série de outras tarefas essenciais ao funcionamento de uma fazenda. Para produzir esses equipamentos, os funcionários da Pioneer — algumas dezenas de homens Amish, com suas obrigatórias barbas longas, chapéus de palha, suspensórios e calças que abrem uma aba na frente — operam máquinas enormes que cortam barras de aço no devido tamanho e as soldam uma na outra. (Os Amish podem usar ferramentas de energia pneumática ligadas a geradores.) Algumas jovens Amish solteiras trabalham no escritório; elas usam toucas brancas e vestidos compridos modestos. Há uma quase constante cacofonia de serras de metal estridentes, máquinas de estampagem retinindo e centelhas brilhantes saindo de postos de soldagem como pequenos fogos de artifício em rápido movimento. Embora um olhar atento possa notar que este não é o século XIX, a fábrica é limpa, segura e incrivelmente eficiente.

Eu vim aqui porque a Pioneer Equipment é o lugar ideal para exemplificar um ponto crucial da economia do século XXI: o sucesso nessa economia exige permanecer na vanguarda da tecnologia de seu campo, mesmo para pessoas e empresas que a usam muito pouco. Ao contrário de praticamente qualquer outra fábrica nos Estados Unidos, a maquinaria da Pioneer não é movida por um computador; nem seus trabalhadores usam designs criados com softwares de engenharia. A empresa não tem site; poucas pessoas aqui nem sequer sabem o que é Twitter e poucas já viram o Facebook. Poucas andaram de avião, tiveram carro ou smartphone. Embora escondida de visualizações casuais, esta é uma empresa que prova ser, de todas as maneiras que importam, totalmente moderna e profundamente definida pelo século XXI.

Apesar das aparências, a Pioneer, liderada pela notável família Wengerd, é uma das empresas mais inovadoras que visitei. Os Wengerd desenvolvem vários produtos novos e estimulantes todo ano. (John Wengerd, da Pioneer, referiu-se a seu elegante implemento agrícola Pioneer Homesteader como sendo "o iPhone dos equipamentos agrícolas". Ele nunca teve um iPhone, mas um amigo não Amish o deixa brincar com o dele de vez em quando.) Os Wengerd são incrivelmente focados no cliente e saem de seu caminho para compreender as necessidades em constante transformação das pessoas que compram seus produtos. No fim das contas, não importa que durante a maior parte do tempo eles administrem seu negócio com caneta e papel, um telefonema ocasional e muitas visitas pessoais. (Há computadores no prédio, usados para contabilidade, e-mails básicos e — numa unidade em separado — alguns projetos que têm ajuda de computador.) As lições que aprendi observando o negócio deles pode se aplicar a qualquer um de nós.

A Pioneer foi fundada em 1975 por Wayne Wengerd, que fala com uma voz suave e ponderada de quem reflete com cuidado sobre tudo o que vai dizer. A palavra "fundada" parece, porém, um pouco grandiosa para o que Wayne fazia naquela época, algo muito mais parecido com um hobby estranho. Em meados dos anos 1970, quando tinha vinte e poucos anos, Wayne, um mecânico nato, apoderou-se de um canto do celeiro de seu pai e, depois de cumprir suas tarefas, mexia nos equipamentos agrícolas. Com o tempo, isso se tornou um pequeno negócio em que ele consertava arados, timões e outras máquinas para seus vizinhos Amish. De início, fazia isso porque era divertido; gostava de descobrir como as máquinas agrícolas funcionavam. Logo, porém, compreendeu que havia uma enorme necessidade exatamente dos serviços que oferecia. Os fazendeiros Amish viviam uma crise de equipamentos.

Wayne tem uma mistura de paixões que em qualquer época anterior da vida Amish teriam sido inteiramente incompatíveis entre si. Ele adora a igreja Amish. A religião Amish é um desdobramento medieval do anabatismo, um movimento que sustenta que apenas adultos devem ser batizados, porque bebês não podem tomar uma decisão verdadeira de aceitar Jesus como seu Senhor. Nos anos 1500 e 1600, nas vilas montanhosas da região onde a Suíça, a Alemanha e a França se cruzam, os Amish e seus antepassados menonitas foram perseguidos e, com frequência, mortos, porque sua crença era vista então como herética. A maior parte dos Amish se mudou para os Estados Unidos nos anos 1700 e 1800. Eles passaram a acreditar que a maneira mais segura de levar uma boa vida cristã (pelo menos para eles) é se submeter a uma igreja e uma comunidade. As colônias Amish são divididas em distritos da igreja. Cada distrito tem aproximadamente trinta famílias que se reúnem domingo sim, domingo não para celebrações realizadas em casas de membros da igreja. Uma família Amish não pode morar a uma distância maior do que a de uma viagem de carroça de outros membros do distrito de sua igreja; morar mais longe que isso exigiria ir de carro para a igreja, o que é proibido. Os Amish usam as mesmas roupas, moram em casas semelhantes e geralmente evitam qualquer exibicionismo que faria uma pessoa parecer superior às outras.

Wayne adora ser Amish e leva muito a sério seu compromisso com a igreja. Ele quer que seus filhos, netos, bisnetos e tataranetos mantenham o modo de vida Amish. Wayne adora outras coisas também. Adora mexer em coisas mecânicas, como arados e outros equipamentos agrícolas. Adora viajar e conhecer pessoas de comunidades distantes, Amish e não Amish. (Wayne e alguns de seus filhos me visitaram uma vez em Nova York, numa viagem de descoberta incrivelmente rápida. Ele ficou exultante com tudo o que aprendeu e todos que conheceu, embora também muito feliz por voltar para casa depois.)

Wayne também tem paixão por negócios. Ele não é motivado pela acumulação de riqueza. Seu negócio é extremamente bem-sucedido, mas Wayne continua a ter uma vida modesta. Para ele, um negócio é como um imenso e fascinante enigma. Há uma estratégia de longo prazo que precisa ser identificada, questionada, reformulada. Essa estratégia também necessita ser desmembrada no trabalho diário das operações. Isso é um enigma que nunca é resolvido, já que novos desafios e oportunidades sempre aparecem. Suas paixões foram transmitidas para os filhos. Passar um tempo com os Wengerd é um prazer porque todos eles parecem alegremente comprometidos com seus trabalhos, suas famílias e sua comunidade. Suas paixões são tão palpáveis e estão tão entrelaçadas com a vida Amish que é estranho pensar que seu negócio poderia ter sido visto como uma heresia por muitos de seus ancestrais.

Durante a maior parte da história, os Amish foram, em sua grande maioria, agricultores. A agricultura é uma profissão feita sob medida para seus valores. Exige que uma família inteira trabalhe junta e permaneça perto de sua terra. Em qualquer área, os agricultores estão, geralmente, sujeitos ao mesmo clima e às mesmas forças econômicas, para que os Amish possam permanecer razoavelmente uniformes em seus níveis de sucesso e enfrentar juntos desafios comuns. Se Wayne tivesse nascido algumas décadas antes, não poderia ter combinado sua paixão pelo modo de vida Amish com suas paixões por negócios, consertos mecânicos e viagens. Naquela época, se quisesse continuar sendo Amish, é quase certo que teria sido agricultor. Se quisesse abrir um negócio, viajar e aprender sobre maquinaria, teria tido que deixar a comunidade Amish.

Isso não era verdade só para os Amish. Antes de aproximadamente 1900, as pessoas eram, em sua maioria, agricultoras e tinham poucas opções além de passar os dias trabalhando tanto quanto podiam, junto aos membros da família, para produzir calorias suficientes para sobreviver. Quando os Estados Unidos se tornaram urbanizados e industrializados, durante a economia de ferramenta de rápido crescimento do século XX, pessoas que não eram Amish deixaram a agricultura. No início, isso foi bom para os Amish, que continuaram sendo agricultores. Eles puderam adquirir mais terras e sempre podiam obter equipamentos agrícolas puxados por cavalos. Antes da Segunda Guerra Mundial, a maior parte da agricultura americana era realizada com equipamentos puxados por cavalos, o que significa que havia pouca diferença entre agricultores Amish e não Amish. Vários grandes fabricantes produziam um fluxo constante de máquinas agrícolas confiáveis movidas por animais. Quando a produção e o uso de tratores tiveram um rápido aumento entre os não Amish, em meados do século, os agricultores não Amish descartaram suas máquinas não motorizadas antigas, perfeitamente boas. Isso foi maravilhoso para os Amish. Durante mais de uma geração, os agricultores Amish não precisaram gastar muito em equipamentos porque havia muitos disponíveis, em essência, de graça.

Nos anos 1970, porém, essa época de muitos equipamentos agrícolas movidos por animais estava acabando. Poucos novos equipamentos agrícolas movidos por animais haviam sido fabricados nas décadas anteriores, e todas aquelas máquinas antes gratuitas estavam começando a enferrujar, deteriorar e quebrar. No início, Wayne sabia que podia ganhar bem a vida consertando os produtos antigos. Logo, porém, ficou claro que os reparos não eram suficientes. Alguém teria que começar a produzir novos equipamentos agrícolas puxados por cavalos. As grandes empresas, como a John Deere, certamente não iriam perder tempo com esse negócio secundário. Bem que poderia ser Wayne também. Ele poderia juntar suas muitas paixões. Afinal de contas, criar um negócio focado em equipamentos agrícolas puxados por cavalos ajudaria a comunidade como um todo, e não a enfraqueceria, permitindo a outros Amish continuar na agricultura.

★ ★ ★

Wayne não percebeu isso na época, mas, ao se tornar um empresário, ele fazia parte de uma revolução que estava transformando os Amish. Ao longo do século anterior, as principais comunidades Amish no interior agrícola da Pensilvânia, Ohio, Indiana e Illinois ficavam a mais ou menos oitenta quilômetros das grandes cidades, como Filadélfia e Cleveland. Antes do crescimento dos sistemas de rodovias, esses oitenta quilômetros representavam um deslocamento impensável para qualquer pessoa que trabalhasse em uma cidade. Porém, o maior número de rodovias, combinado com um movimento para fora da periferia das cidades nos anos 1970 e até os anos 1990, significou que o interior agrícola estava sendo engolido pelos empreendedores imobiliários. Pessoas estavam dispostas a suportar um deslocamento um pouco maior em troca de casas maiores e mais baratas do que aquelas disponíveis mais perto das cidades. Essa nova demanda elevou cada vez mais os preços das terras agrícolas.

Ao mesmo tempo, os Amish estavam vivendo um rápido aumento da natalidade. A população dobrou entre 1970 e 1990 e dobrou de novo em 2010. A retenção — o número de crianças Amish que optam por permanecer Amish quando adultos — também cresceu mais de 90%. Isso parece ser um efeito colateral da disparidade cada vez maior entre a vida Amish e a vida não Amish. Antes da Segunda Guerra Mundial, um Amish com educação até o oitavo ano e um arado movido por mula não era tão diferente de muitos de seus vizinhos não Amish. Para os filhos dos Amish, isso tornava razoavelmente fácil sair da comunidade e ainda ganhar a vida de maneira decente. Hoje, é claro, os Estados Unidos estão muito mais urbanos e nossa economia recompensa a educação e o envolvimento com tecnologia. Um jovem Amish que considere deixar a igreja é confrontado com uma disparidade muito maior.

Outro fator estava mantendo os Amish dentro da comunidade: havia muitas outras maneiras de ganhar a vida. Os pais Amish já não esperavam que todos os seus filhos se tornassem agricultores. Esses jovens não podiam fazer isso, porque a matemática era clara: as famílias Amish são geralmente bem grandes e, com o preço das terras aumentando, muitos jovens não tinham condições de se tornar agricultores. Outros perceberam que não queriam particularmente ser agricultores e preferiam a ideia de abrir um negócio baseado em trabalho manual, como construção, gestão de paisagem, carpintaria e coisas assim.

A vida Amish, por tradição e definição, é comunitária. Um Amish precisa viver numa comunidade com outros Amish, senão não é Amish. Os Amish não são contra a tecnologia em si, mas contra as que poderiam destruir a comunidade. É por isso que não dirigem carros nem andam regularmente de avião — porque fazer isso lhes permitiria viver longe um do outro. Não convidam computadores e telefones para suas casas porque perturbaria o tempo em família. Muitos não permitem tratores motorizados porque a agricultura deve incentivar as famílias a trabalhar juntas, construindo um negócio sustentável mas modesto. Tratores motorizados, máquinas de alimentação automáticas, sistemas de ordenha automáticos e coisas assim incentivam um crescimento maciço e um tipo de eficiência que permite a um agricultor lidar sozinho com centenas de hectares, sem serviços para os filhos. A modernidade adicionou uma certa elasticidade a essas regras: muitos Amish andam regularmente de carro como passageiros e usam telefone celular com propósitos de negócio (e, em especial entre os jovens, para se socializar). Várias empresas — algumas pertencentes a Amish — vendem computadores que foram alterados para impedir a exibição de imagens ou qualquer conexão com a internet. (Num salão de comércio Amish, vi estandes de várias dessas empresas, todas elas destacando como seus computadores são capazes de fazer pouco.)

Muitos Amish iniciaram comunidades em áreas ainda rurais no norte do estado de Nova York, Wisconsin, Wyoming e Kentucky (os Amish vivem hoje em 26 estados americanos e na província de Ontário, no Canadá) para poderem focar principalmente em agricultura, e muitos escolheram fazer o que Wayne fez: entraram num negócio. Assim como a Pioneer, alguns desses negócios se tornaram bem grandes (pelo menos para os padrões Amish), empregando dezenas deles em trabalhos estáveis que pagam mais do que a agricultura poderia.

Hoje, dizem-me os Wengerd, menos de 10% dos Amish têm a agricultura como principal meio de vida. A cultura, porém, continua a considerar a agricultura central para a vida Amish, e muitos deles que têm negócios também trabalham cultivando produtos suficientes para alimentar suas famílias. Para aqueles que iniciaram comunidades "filhas" em áreas rurais para poder se dedicar à agricultura em tempo integral, as margens de lucro são pequenas e os equipamentos inovadores essenciais.

É estranho, hoje em dia, imaginar que há muitas inovações a serem feitas na tecnologia de aragem, uma das mais antigas no mundo. A primeira aragem de campo conhecida ocorreu em Kalibangan, capital da antiga civilização do Vale do Indo, no extremo norte do que é hoje a Índia. Há aproximadamente um século, arqueólogos descobriram um campo de 2800 a.C. preservado que parecia muito com os campos agrícolas modernos. Ainda havia restos de sulcos no solo, feitos por algum tipo de arado, dispostos numa estrutura de grade. O arado em si nunca foi encontrado. Os arados eram empurrados por pessoas ou conduzidos por animais de carga — bois, touros e, com o tempo, cavalos e mulas. O formato e função básicos de um arado foram estabelecidos, em essência, 3 mil anos atrás. Os arados de então pareciam muito com os de agora. Tinham um ângulo entre 120 e 180 graus, mais pronunciado para solos espessos. Eram curvados de maneira a que a terra fosse arrastada e disposta em uma linha ordenada, reta. Esses são os fundamentos.

As grandes inovações vieram dos materiais dos quais são feitos o arado, que se tornaram cada vez mais fortes, permitindo uma aragem muito mais rápida, em especial em solos rochosos. O maior avanço veio no alvorecer da Idade do Ferro (por volta de 1200 a.C.) e vários outros se seguiram por volta de 1100 d.C., quando a agricultura se tornou mais tecnologicamente avançada no norte da Europa. Os desafios que os agricultores enfrentavam ali seriam familiares aos agricultores de hoje. Havia solos rochosos e terras cultiváveis bem menos férteis do que as fazendas à margem de rios do antigo Oriente Próximo e do Vale do Indo. Quando os ferreiros desenvolveram aços mais fortes, os arados se tornaram melhores para cavar solos duros. As pedras ainda eram um grande problema, porém: podiam impedir um arado com uma força capaz de lançar um agricultor pelos ares. No início dos anos 1900, um novo modelo de arado ajudou a passar por cima de pedras quando estas eram atingidas, mas não era à prova de defeitos e algumas pedras ainda danificavam tanto os arados que estes se tornavam imediatamente inutilizáveis.

Considerando a extensão da história da agricultura, é impressionante quanta inovação Wayne Wengerd, e agora seus filhos, foram capazes de trazer para os equipamentos agrícolas não motorizados. Isso não porque eles e seus funcionários são engenheiros brilhantes e muito instruídos. Assim como todos os Amish, eles interromperam os estudos depois da oitava série. A inovação provém de algo muito mais simples: eles fazem uma tonelada de perguntas e prestam arrebatada atenção às respostas.

Nos anos 2000, Wayne tinha uma família de 12 filhos — o que é razoavelmente comum entre os Amish. A maioria dos filhos trabalha na empresa. Desde o primeiro dia de trabalho, Wayne lhes ensinou a ouvir com atenção o que os clientes têm a dizer. Cada vez que um cliente — seja um agricultor que usa o equipamento ou um distribuidor que o vende — menciona algo de que não gosta num equipamento da Pioneer, alguém escreve e põe numa pasta. O mesmo acontece com características que os clientes gostariam que fossem incorporadas ao equipamento. É um sistema simples. Às vezes ocorre via telefonema. Às vezes acontece pessoalmente, num dos muitos encontros de agricultores Amish dos quais eles participam ou na anual Horse Progress Days, a principal exposição de agricultura com cavalo nos Estados Unidos, que os Wengerd ajudam a organizar. Os comentários de clientes e distribuidores são anotados em pedaços de papel ou num guardanapo, enfiados numa carteira e mais tarde jogados numa pasta no escritório. Algumas vezes por ano, Wayne e os rapazes se reúnem. Eles pegam todas as reclamações e sugestões anotadas e têm uma longa conversa sobre quais delas devem atender, quais devem adiar e quais não fazem o menor sentido.

Talvez o maior sucesso dos Wengerd, motivado por clientes, seja a solução para o problema de solo rochoso em Camden, Michigan. Camden é uma das últimas comunidades Amish ideais. A maior parte das duzentas famílias ali ganha a vida trabalhando em agricultura em horário integral. Nem sempre foi assim. Durante algum tempo, jovens residentes de Camden estavam seguindo a tendência Amish de deixar a agricultura para trabalhar numa fábrica ou em construção. Ao longo dos últimos quinze anos, eles voltaram à agricultura por um motivo: abóboras.

Camden fica a alguns quilômetros da Premier Melon, um dos maiores distribuidores de melancia do país. Josh Bailey não é Amish. Dificilmente seria confundido com um Amish, já que adora sua camionete e está o tempo todo ao celular. Ele não conhecia os Amish antes de transformar completamente a comunidade de Camden.

Bailey abriu a Premier Melon em 2004, depois de crescer numa família de agricultores no sul de Michigan e vender melancias para o negócio de seu tio, que ele estava convencido de que podia funcionar melhor. Isso o levou a fundar a Premier Melon, cujo sucesso provou rapidamente que ele estava certo. Como são grandes, pesadas, redondas e tendem a quebrar, as melancias são um produto de difícil distribuição no país. Jogue algumas delas numa caixa, ponha a caixa num caminhão e há uma boa chance de várias delas racharem e abrirem. Se o caminhão precisa percorrer uma longa distância, essas melancias quebradas irão apodrecer, a podridão se espalhará e todo o carregamento será arruinado. Bailey teve algumas ideias brilhantes. Ele desenvolveu um contêiner especial acolchoado onde pode apinhar muitas melancias sem risco de danos. Também criou uma rede de agricultores por todos os Estados Unidos e América do Sul para poder ter sempre um abastecimento estável de melancias tão próximo quanto possível de seus vários clientes. Seu negócio explodiu quando ele se tornou o principal fornecedor de melancias do Walmart, do Kroger e de outros grandes varejistas nacionais.

Então Bailey teve outra ideia. Tornara-se tão bom em transporte de melancias, pensou. *Por que não entrar no negócio de abóboras?* Abóboras também são grandes, pesadas e redondas. Ele sabia que as terras agrícolas daquela parte de Michigan eram perfeitas para abóboras, embora não fossem assim tão boas para muitas outras coisas. Ao falar com um vendedor de sementes, ele soube da comunidade Amish em Camden, inclusive que eram trabalhadores esforçados e estavam desesperados por um cultivo que pudesse sustentar seu modo de vida. Agricultores de Camden, abóboras, Bailey: foi a combinação perfeita. Hoje, se você compra uma abóbora numa grande loja nos EUA, há uma boa chance de que os Amish de Camden a tenham cultivado e vendido para esse varejista por meio de Josh Bailey.

O negócio de abóboras transformou a vida dos Amish de Camden. Eles vinham abandonando a agricultura porque sempre haviam sido principalmente criadores de gado leiteiro e o preço baixo do leite tornara extremamente difícil ganhar a vida desse jeito — em especial porque precisavam ordenhar manualmente, em vez de usar as máquinas automáticas que os criadores de gado não Amish haviam adotado. Portanto, os laticínios tinham sido descartados. As abóboras, por outro lado, provavam ser extraordinariamente lucrativas para os agricultores Amish. Quer dizer, quando eles conseguiam superar um problema muito grande: pedras no solo.

Um arado puxado por cavalo é um veículo relativamente simples. Um cabo liga os arreios do cavalo ao que se assemelha, de certa maneira, a um triciclo reverso, com duas rodas na frente e o arado em formato de cunha agindo com a terceira roda atrás. Em vez de um guidom, algumas alavancas ajustam a altura e direção do arado. O assento, posicionado acima do arado, é de metal, mas tem contornos para dar conforto; o agricultor senta ali, segurando as rédeas dos cavalos. Um cavalo forte pode ganhar uma boa velocidade enquanto o arado corta o chão, arrancando as raízes mortas das plantas do ano anterior, bem como qualquer mato que tenha crescido, e desenterrando o solo mais fértil abaixo a fim de prepará-lo para novas sementes; mas, se os cavalos estão indo muito rápido e o arado atinge uma pedra, todo o corpo do arado se lança para cima, arremessando o agricultor pelos ares. "Nós chamamos [as pedras] de batatas duras", contou-me, rindo, Henry Graber, um dos primeiros agricultores de Camden a cultivar abóboras. "Temos algumas pedras aqui." Ele descreveu como você sabe que atingiu uma pedra: Você está no arado, amarrado a seis cavalos, avançando, aproveitando o dia, e de repente acaba deitado na terra em outro canto.

"Aquilo pode jogar você para fora do arado", disse-me Henry. "Ou você pode subir e cair sobre o metal. Meu garoto, quando tinha 15 anos, foi jogado e caiu de cabeça. Ficou ali deitado, nocauteado por algum tempo. Um homem de 60 anos estava arando aqui um mês atrás, atingiu uma pedra à direita e ela o jogou para fora. Ele bateu forte no chão. Quebrou as costas. Teve que ir para o Ann Arbor Hospital e foi operado."

Para os agricultores Amish de Camden, isso era um sofrimento. Eles finalmente tinham uma terra para cultivar, mas os filhos estavam dizendo aos pais que não queriam trabalhar num solo rochoso — não queriam ser mutilados ou mortos arando os campos de abóbora. Acontece que Henry Graber tinha uma ocupação secundária como negociante local da Pioneer Equipment e começou a exortar os Wengerd, sempre que tinha uma chance, a inventar, por favor, alguma solução para aquelas pedras miseráveis.

De início, o problema do solo rochoso estava na lista dos Wengerd de coisas que "não fazem o menor sentido". Eles não sabiam como começar a lidar com o problema e, mesmo que pudessem, imaginaram que isso era um problema de apenas algumas comunidades. Entretanto, Henry Graber continuou ligando, muitas vezes por ano, e insistindo com os Wengerd em cada evento em que os encontrava. Eles começaram com uma pesquisa informal, telefonando para agricultores Amish e seus distribuidores em algumas colônias remotas do país. Logo constataram que havia muita gente em novas colônias no norte do país — particularmente em Nova York, Wyoming e outros lugares onde a agricultura vinha desaparecendo antes de os Amish se mudarem para lá —, onde as pessoas estavam batendo com seus arados naquelas "batatas duras" e sendo atiradas para longe. Os Wengerd rapidamente viram que, se *conseguissem* encontrar uma solução para o problema de Henry Graber, poderiam vender algumas centenas de arados resistentes a pedras a cada ano. Como os arados geralmente custam em torno de 6 mil dólares, isto seria um sólido investimento de seu tempo.

Mas como a Pioneer poderia fazer uma estrutura de arado que pudesse resistir ao impacto de uma pedra? Os arados da Pioneer — que estão entre os mais fortes equipamentos agrícolas puxados por cavalos já feitos — podiam deformar ao atingir uma pedra. A pedra não destruía a máquina, mas a entortava o suficiente para nunca mais funcionar direito. Ela podia ficar oscilante ou inclinar para um lado, dificultando a puxada do cavalo e impossibilitando a limpeza das linhas de cultivo. Linhas desiguais significavam que uma parte grande demais da terra era subutilizada.

Por acaso, o irmão mais novo Eddie Wengerd, que gerenciava a fábrica, soubera de grandes avanços num tipo de aço usado em carros e aviões — um aço de alta resistência e baixa liga. Como os fabricantes de carros

— por motivos legais e de marketing — haviam se comprometido a reduzir drasticamente a quilometragem por litro de gasolina, eles precisavam encontrar maneiras de reduzir o peso dos carros sem reduzir sua força. Isso levara a um grande esforço de pesquisa, envolvendo universidades, empresas siderúrgicas, laboratórios químicos e outros em busca de um aço de alta resistência e baixo peso.

É claro que ninguém envolvido nesse esforço estava pensando em plantadores de abóboras Amish e seus solos rochosos. Ainda assim, as soluções que aquelas empresas siderúrgicas inventavam significavam que a Pioneer poderia fabricar um arado de aço forte o bastante para passar por solos rochosos mas flexível o suficiente para não ser permanentemente danificado ao atingir uma pedra grande.

Sempre que a Pioneer considera um novo produto, um dos irmãos o desmonta e pesquisa cada parte para descobrir se outros fabricantes já estão fazendo um produto que funciona bem. Embora não use a internet, a Pioneer tem uma grande rede de fornecedores de metal bruto, rodas, equipamentos de soldagem e coisas assim. Perguntando a esses vendedores, a Pioneer pode permanecer no topo das tendências e saber sobre potenciais parceiros em um novo produto. O grande avanço seguinte veio quando os Wengerd descobriram que um de seus fornecedores, uma empresa norueguesa, a Kverneland, fazia um componente de arado planejado especificamente para solos rochosos. Este consistia do fundo do arado — a parte que parece o fundo de um navio e que cava a terra —, bem como do descanso. O descanso do arado da Kverneland tinha um mecanismo de mola que permitia ao fundo balançar para cima de maneira independente, sem transferir a força para o arado em si (sobre o qual o agricultor senta). Feito de um metal forte mas flexível e preso a uma mola, o fundo do arado da Kverneland podia passar por um solo rochoso sem oferecer nenhum perigo ao agricultor.

Não é coincidência que a Kverneland seja uma empresa europeia. Nos Estados Unidos, as pesquisas sobre arados foram encerradas em grande parte por volta da Segunda Guerra Mundial, quando os agricultores americanos começaram a usar tratores pesados, juntamente com substâncias químicas, para fertilizar e semear seus campos. Como a aragem é uma maneira essencialmente mecânica de matar ervas daninhas e revolver o solo para que os nutrientes entrem na terra, o uso de substâncias químicas nos campos americanos tornou a aragem, em grande parte, redundante. As fazendas europeias tendem, porém, a ser bem menores que as americanas, e as regras europeias para uso de substâncias químicas são bem mais rígidas. Como resultado, a tecnologia de aragem continuou a ser pesquisada por algumas empresas da Europa, lideradas pela Kverneland. Pesquisadores da Kverneland desenvolveram tecnologias de endurecimento que lhes permitiram fabricar novos tipos de aço ainda mais resistentes. O resultado é um arado que pode cortar a terra praticamente como uma lâmina de barbear.

No entanto, a Kverneland não faz arados puxados por cavalos; faz arados sofisticados para pessoas que usam tratores. Seus arados teriam que ser modificados para trabalhar com cavalos. De um ponto de vista puramente financeiro, não faria muito sentido a Kverneland gastar tempo e esforço adaptando seus arados para alguns agricultores Amish. A empresa vende 5 mil arados por ano a agricultores do mundo inteiro. Para uma multinacional como a Kverneland, a Pioneer dificilmente valeria o tempo.

Os irmãos Wengerd calcularam, porém, que valia a pena tentar. David telefonou para a Kverneland e logo ele estava falando com Dominik Haselhorst, um executivo sênior encarregado dos arados (bem como de rastelos e capinadeiras). Haselhorst acabara de assumir duas grandes fábricas da Kverneland na Noruega e era responsável pelas vendas em dezenas de países. A Kverneland foca seus esforços de venda na Europa, África, Canadá e partes da Ásia onde a aragem ainda é comum. Faz relativamente pouco nos Estados Unidos. Ainda assim, Haselhorst ficou imediatamente curioso com esse telefonema de uma empresa Amish em Ohio. Ele ouvira falar dos Amish e os achava fascinantes. Quase imediatamente, viu que trabalhar com os Amish poderia dar à Kverneland uma forte mensagem de marketing a todos os seus clientes. Parte da estratégia da empresa é criar arados projetados para cortar a terra com um mínimo de força de tração; os agricultores que compram arados da Kverneland estão à procura de tratores pequenos, com eficiência de combustível, e não daqueles gigantes necessários em fazendas de tamanho industrial. Se os Amish começassem a usar arados da Kverneland com cavalos, pensou Haselhorst, outros clientes potenciais reconheceriam o quanto estes seriam eficientes quando puxados por um trator.

Depois de alguma pesquisa, Haselhorst percebeu que precisava apenas que sua fábrica acrescentasse uma conexão diferente para o fundo do arado para adaptá-lo às necessidades da Pioneer. Ele também precisava se certificar de que os corpos dos arados fossem pretos; a pintura vermelho forte típica da Kverneland seria considerada espalhafatosa demais por alguns Amish conservadores. Logo, havia um fluxo constante de componentes de arado da Kverneland a serem entregues primeiro à Pioneer e depois a agricultores Amish de todo o país e a entusiastas não Amish da agricultura com cavalo na América do Norte e até na Europa.

Passei uma quantidade de tempo quase absurda aprendendo os detalhes das técnicas de agricultura Amish, do negócio de abóboras e da indústria global de arados porque vejo nisso tudo uma série de lições cruciais e altamente otimistas sobre como entender nossa economia moderna. Ouvimos com muita frequência que a tecnologia está substituindo as pessoas, que aqueles que não entendem de tecnologia estão condenados a sair da força de trabalho e que há mérito nesses argumentos. Porém, a história do sucesso da Pioneer deixa claro que é possível inovar até mesmo sem ter acesso a cada nova tecnologia ou ferramenta de marketing ou sem ter conhecimento delas.

A lição aqui não é que devemos rejeitar a tecnologia, nem aceitá-la totalmente. É que devemos lembrar que qualquer forma de tecnologia é uma ferramenta para resolver problemas. É resolvendo problemas e satisfazendo clientes que uma empresa se torna bem-sucedida. A tecnologia sem soluções sempre estará perdendo para as soluções sem tecnologia.

Outra lição é que todos nós podemos acessar a muitas das mais importantes tecnologias sem precisarmos nos tornar especialistas ou mesmo saber muito sobre elas. Nenhum dos Wengerd sabe os princípios metalúrgicos que tornam o aço de alta resistência e baixa liga tão forte e flexível. Eles têm acesso a especialistas que podem lhes fornecer soluções, portanto podem focar nas soluções que eles sabem como fornecer a seus clientes.

Um exemplo perfeito, e que se aplica a qualquer pessoa com um negócio que produza bens físicos, é a revolução na logística e no despacho, que ocorreu nos últimos quarenta anos. Para a Pioneer, tem sido muito difícil encontrar despachos baratos e confiáveis. A empresa faz produtos grandes, volumosos, que precisam ser transportados para comunidades Amish amplamente espalhadas por lugares remotos, rurais, em toda a América do Norte. Durante a maior parte dos últimos quarenta anos, os despachos vieram avançando para uma uniformidade: paletes de tamanho uniforme que cabem em contêineres de tamanho uniforme e são transportados em caminhões de tamanho uniforme e vagões de trem de tamanho uniforme para armazéns de tamanho uniforme e depois para seu destino final. Foi essa uniformidade que permitiu primeiro ao Walmart e depois à Amazon subverter o varejo nos Estados Unidos. Durante bem mais de um século, o desafio aparentemente simples de levar coisas de um vendedor para um comprador definiu grande parte daquilo que consideramos a arquitetura básica da vida americana. Levou às ferrovias e à localização das cidades ao longo destas, ao crescimento das lojas de departamento e dos catálogos para compras pelo correio, à construção de rodovias interestaduais, portos e navios imensos, cheios de contêineres, que abastecem o comércio global.

Essas muitas soluções para o problema de levar mercadorias do vendedor para o comprador têm sido realmente benéficas para os grandes negócios e não tão boas para os pequenos. Seja a Montgomery Ward enviando tecidos e outras mercadorias para todo o oeste dos Estados Unidos no fim dos anos 1800 ou a Nike e a Apple produzindo mercadorias na China e depois as vendendo em quase todas as cidades do planeta, ser enorme tem sido uma enorme vantagem. Assim você pode encher um vagão ou um navio porta-contêiner com seus produtos e usar uma rede nacional ou global de armazéns, caminhões e aviões para movimentar suas mercadorias pelo mundo. Em contraste, o proprietário de um pequeno negócio tem tido apenas um pequeno número de opções caras disponíveis: na maioria das vezes o FedEx, a agência de correios e a insuportável confusão dos despachos internacionais, envolvendo uma quantidade atordoante de formulários de alfândega e cotas tarifárias em que sempre se cobra o máximo do pequeno empresário pelo pior serviço.

O que se constata é que as vantagens de logística que as grandes empresas têm sobre as pequenas são resultado de algo um tanto surpreendente: um dos mais desafiadores problemas de matemática, um problema que muitos acreditam nunca poder ser totalmente solucionado. Os matemáticos o chamam de Problema do Caixeiro-Viajante e falam tanto disso que tem até sigla: PCV. O problema é o seguinte: um vendedor precisa visitar um monte de clientes espalhados por várias cidades. Qual é a rota que lhe permitiria visitar esses clientes mais rapidamente? Isso parece um problema razoavelmente trivial e pragmático, que poderia ser resolvido com um mapa, uma régua e talvez um pouco de barbante. Computadores, é claro, poderiam resolvê-lo numa fração de segundo.

Bem, não é assim. O que se constata é que se você faz mais de vinte paradas, torna-se impossível encontrar uma rota que seja, sem dúvida, o melhor caminho. Se tiver 12 paradas, há 19.958.400 rotas possíveis. Se são vinte paradas, esse número se torna 2 quintiliões (1 bilhão de vezes 1 bilhão). Com quarenta paradas, o número possível de rotas é 1 quindecilião, ou 1 seguido de 48 zeros. Os números continuam subindo a quantidades absurdas. Grandes empresas, como Walmart, UPS, Nike e Amazon, estão fazendo milhões de paradas todos os dias, pelo mundo inteiro, usando aviões, navios, trens e caminhões, e logo estarão empregando drones. Se ninguém pode descobrir a maneira mais rápida e mais barata de fazer quarenta paradas, então o milhão de paradas que a UPS faz todos os dias está completamente além da possibilidade de uma otimização ideal. Foi essa matemática que levou à criação de nosso sistema de distribuição existente.

Um dos propósitos dos armazéns e das rotas fixas de trens, navios, aviões e caminhões é simplificar o problema reduzindo o número de paradas possíveis. A cada ano, essas empresas buscam maneiras de melhorar suas rotas (sabendo que elas nunca serão perfeitas) e sempre encontram enormes economias. A UPS, por exemplo, economizou milhões de litros de combustível melhorando *levemente* suas rotas, e a empresa espera continuar a economizar mais dinheiro a cada ano aperfeiçoando constantemente esses cálculos.

Vamos esquecer, por um momento, os imensos desafios dessas grandes corporações multinacionais e olhar para a Pioneer Equipment. A Pioneer tem 73 agentes, cada um deles numa comunidade Amish diferente, espalhadas por toda a América do Norte e grande parte delas em áreas rurais remotas. Os desafios de despacho da Pioneer são maiores, porém, porque seus despachos variam muito de um dia para o outro. Numa segunda-feira, por exemplo, os Wengerd podem precisar enviar alguns arados Homesteader relativamente compactos; na terça, terão que enviar vários arados grandes, de formatos irregulares. Em muitos dias, eles enviam esses dois tipos de arado para locais distantes uns dos outros. Durante a maior parte do século XX, esses desafios de despacho estavam tão abaixo na lista de prioridades e eram tão difíceis de lidar que empresas como a Pioneer tinham que gastar uma pequena fortuna para enviar suas mercadorias e recebiam os piores níveis de serviço. Isso não era um problema pequeno. Significava que não havia muitas empresas pequenas fabricando itens grandes, volumosos, que exigiam despachos complexos. Em vez disso, havia uma consolidação de alguns grandes fabricantes, como John Deere e Caterpillar. O Problema do Caixeiro-Viajante não é o único motivo pelo qual as grandes empresas se saíram tão bem no século XX. Muitas economias de escala as ajudaram a crescer e esmagar os concorrentes menores. Mas a logística, a distribuição e a cadeia de abastecimento contribuíram bastante para a grandeza do século XX.

Nenhum dos Wengerd conhece o Problema do Caixeiro-Viajante. Tudo o que eles sabem é que nos últimos anos tiveram muito mais e melhores opções de despacho. Eles puderam fazer parcerias com empresas de logística que podem garantir despachos imediatos e baratos até mesmo das mercadorias mais volumosas para seus clientes, não importando o quão longe estejam.

A umas poucas horas de carro a sudoeste dos Wengerd, em Columbus, está Chris Elliott, um gerente de consultoria que ajuda empresas a melhorar suas operações de logística. Ele lembra que ainda recentemente, em 2004, a logística era um jogo de adivinhação. Despachantes de caminhões usavam mapas de papel, sua experiência e seus instintos para dizer aos motoristas aonde ir. Depois veio o GPS, que substituiu os mapas de papel mas não ajudou muito no planejamento de rotas. Hoje, explica Chris, avançados softwares de computador, que usam modelos matemáticos complexos e inteligência artificial, podem explorar opções de rota suficientes para melhorar tremendamente a capacidade de levar mercadorias de um lugar para dezenas ou mesmo centenas de pontos. Para a Pioneer, isso significa que todos os dias os Wengerd podem despachar mercadorias por preços bem mais baixos do que podiam anos atrás. Este é mais um grande avanço tecnológico sobre o qual eles pouco sabem mas que transforma seu negócio.

Penso nos Wengerd com frequência quando ouço pessoas dizerem temer que a tecnologia moderna, em especial a inteligência artificial e a robótica, destrua negócios e elimine empregos, que apenas uma pequena elite de tecnogênios ricos será capaz de prosperar. Os Wengerd construíram um negócio baseado na solução de problemas reais para um grupo de pessoas que eles entendem com grande intimidade. Focando nos desafios centrais de seu público-alvo e solucionando-os, os Wengerd podem ver todos esses avanços tecnológicos como ferramentas maravilhosas para favorecer seu negócio, não como ameaças.

Os Wengerd podem sustentar um negócio razoavelmente grande — empregando dezenas de pessoas, produzindo milhares de tratores a cada ano — servindo a um pequeno subconjunto de um dos mais obscuros subgrupos dos Estados Unidos. Existem menos de meio milhão de Amish no mundo e, de acordo com o pessoal da Pioneer, menos de 10% deles são agricultores. O público-alvo dos Wengerd são cerca de 25 mil pessoas dispersas por alguns dos cantos mais remotos do país, pessoas que não usam smartphones ou sites na internet e com as quais é extremamente difícil se comunicar.

De início, pensei que os Wengerd eram bem-sucedidos porque seu público-alvo era tão pequeno e obscuro que ninguém mais pensaria em vender para ele, mas isso não é verdade. Existem seis fabricantes de equipamentos agrícolas Amish e várias empresas não Amish que reformam máquinas agrícolas com tomada de força para serem usadas com cavalos. Parecia quase impossível várias empresas prosperarem com uma base de clientes tão pequena, até eu perceber que cada um desses 25 mil agricultores Amish opera um negócio que tem, no mínimo, 500 mil dólares em capital. Isso significa que a maquinaria coletiva dos agricultores Amish vale mais de 12 bilhões de dólares. É dinheiro mais do que suficiente para sustentar com conforto a dúzia de grandes negócios que servem a eles, em especial quando a tecnologia moderna reduz o custo das matérias-primas e do transporte e permite que esse dinheiro seja gasto de maneira direcionada em maquinaria que aumenta a produtividade.

Os Wengerd ilustram várias regras. Algumas delas reforçam aqueles princípios que já aprendemos: foque em seu cliente central; não forneça coisas que outros podem fazer de forma mais barata; peça retorno ao cliente e responda. Em suma: a tecnologia pode ser sua amiga se você se concentra simplesmente em solucionar os desafios de seus clientes centrais.

Neste livro, uso a palavra "paixão" em seu sentido moderno, coloquial, como um entusiasmo intenso. Gosto que a palavra conote uma emoção forte, quase arrebatadoramente positiva, que pode impulsionar a vida inteira de uma pessoa. Os Wengerd, porém, me lembram que a palavra "paixão" tem uma história bem mais complexa. Ela vem do latim *passionem*, que significa "sofrimento". Passou a ser associada a um caso específico de sofrimento: o sofrimento de Jesus na cruz (daí o termo "Paixão de Cristo"). Como acontece com as palavras, "paixão" evoluiu. Na Idade Média, passou a significar o sofrimento de qualquer mártir religioso; depois, a se referir a qualquer tipo de sofrimento. Há cerca de quinhentos anos, "paixão" significava qualquer sentimento forte, bom ou ruim, experimentado por qualquer pessoa. De acordo com o Oxford English Dictionary, a palavra assumiu o significado que atribuo a ela nos anos 1620: "Um intenso desejo ou entusiasmo por algo; a busca ardente de um objetivo."

Gosto do fato de que, para Wayne e sua família, a palavra "paixão" se aplica a um sentido mais completo. Sim, ele tem o tipo moderno de paixão. Adora negócios, adora mexer em máquinas, adora trabalhar com a família. Mas o antigo significado é importante também. Porque Wayne, um cristão Amish devoto, jamais deve se permitir esquecer o sofrimento de Jesus e a salvação que esse sofrimento proporcionou. Não há nenhuma contradição aqui. A própria ideia da fé Amish é imbuir cada momento da vida de trabalho diário de uma percepção consciente de Jesus e Deus.

Pessoalmente, sou um judeu não praticante e passo pouco tempo pensando em Deus ou coisas espirituais. Entretanto, constatei que quanto mais adiro uma abordagem de Economia da Paixão ao meu trabalho, mais significativo ele se torna. Vejo isso em muitas pessoas descritas neste livro. Algumas são explicitamente religiosas, e sua paixão pelo trabalho e sua paixão espiritual reforçam uma à outra. Algumas são ateias ou agnósticas. Ainda assim, cada pessoa neste livro constata que seu negócio lhe traz algo muito mais rico e mais existencialmente gratificante do que apenas um pagamento. Para algumas delas, isso significa que estão mais conectadas a Deus e a sua fé; para outras, significa que elas têm um sentimento maior de bem-estar psicológico e emocional. Talvez sejam apenas maneiras diferentes de entender o mesmo fenômeno. Ficamos melhor quando fazemos coisas que amamos.

CAPÍTULO 8

A fábrica da Carolina do Norte que deixa a China fazer a parte barata

Conheça seu usuário final

Em uma certa manhã no início dos anos 2000, Allen Gant Jr. estava sentado em seu escritório bem decorado, balançando o joelho esquerdo, tamborilando com os dedos e tentando parar de imaginar o apocalipse. Na cidadezinha industrial de Burlington, na Carolina do Norte, ele crescera acostumado a ver muitas vendas por falência — máquinas de fiar, teares e quilos de linhas de costura encaixotados e despachados para alguma nova fábrica no México, na China, em Bangladesh ou em outro país onde os trabalhadores produziam têxteis por uma pequena fração do salário de seus colegas nos EUA. Agora Gant visualizava isso acontecendo com a própria empresa, e acontecendo logo.

Não era para ser assim. Durante quase toda a vida, Gant havia sido o retrato da nobreza sulista. Todo dia, ele vestia uma calça social passada a ferro, uma camisa de botão engomada, um cardigã de cor viva e um paletó com lenço afofado no bolso do peito. Abria um largo sorriso e cumprimentava cada funcionário pelo nome quando entrava nos amplos e luminosos escritórios da Glen Raven, a empresa têxtil que sua família possuía há bem mais de um século. No caminho para o escritório, Gant passava por retratos a óleo dos outros três homens que haviam dirigido a firma: seu avô, o Chefe, que fundou a Glen Raven pouco depois da Guerra Civil; seu tio, o Major, que a transformou numa potência têxtil nacional gigante; e seu pai, que o criou para ser um cavalheiro refinado facilmente confiante. O próprio escritório de Gant era um lembrete da boa sorte que tornara a Glen Raven uma força perene no negócio têxtil de quase um trilhão de dólares. Ficava aninhado entre o rio Haw, que dera energia às primeiras fábricas da Glen Raven, e os trilhos da ferrovia que levavam os fios, tecidos e meias femininas da empresa desde a pequena e antiga Burlington até Nova York, Chicago e pontos a oeste. Agora, temia Gant, tudo estava prestes a acabar.

Como todas as gigantes, a Glen Raven começou modestamente. Nos anos 1850, o Chefe se mudou para um canto remoto da Carolina do Norte como parte de um fluxo de jovens famintos, sem nenhum pedigree, que buscavam fazer fortuna na fronteira. Vinham da região de Piedmont — o meio do estado, entre a costa e as Montanhas Apalaches — porque havia um boom econômico emergente, e qualquer pessoa disposta a trabalhar duro podia lucrar com isso. As fábricas têxteis estavam se mudando para o sul.

Burlington parecia ter sido criada precisamente para a produção têxtil. Suas colinas eram íngremes o bastante para que a descida do Haw pudesse criar uma enorme força bruta, mas não a ponto de impossibilitar a criação de grandes fábricas. A cidade ficava perto de Raleigh, um grande porto comercial, e era cercada por milhares de agricultores pobres que esperavam ganhar um pouco mais de dinheiro num trabalho mais seguro do que labutar na terra. No início, não havia nenhuma riqueza local para financiar essas novas fábricas. Todo o dinheiro vinha de famílias da indústria têxtil de Nova York e Nova Inglaterra, que estavam indo para o sul a fim de evitar os salários crescentes e os primeiros estágios da sindicalização que encolheria os lucros das fábricas no norte. Com o tempo, porém, algumas pessoas locais aprenderam o bastante e pouparam o suficiente para abrir os próprios negócios. Em 1880, depois de anos aprendendo o comércio, o Chefe criou a própria fábrica sobre o Haw. Em 1901, ele passou a chamá-la de Glen Raven.

Se Burlington era a localização ideal para a Glen Raven produzir seus têxteis, os Estados Unidos do século XX eram o lugar perfeito para vendê-los. A Glen Raven era um protótipo da empresa americana para o século americano. Em 1900, a maioria dos americanos vivia em áreas rurais, onde as mães com frequência costuravam as roupas de suas famílias. Uma pessoa típica tinha dois trajes: o de trabalho ou da escola e o de domingo, o melhor. Com frequência, ambos eram passados para as gerações seguintes e remendados durante anos.

A ascensão da indústria têxtil no sul foi uma dádiva extraordinária para essas famílias. Logo, o custo médio do metro de tecido estava caindo, o que significou que as famílias podiam comprar mais roupas, o que por sua vez significou que as fábricas podiam empregar mais trabalhadores, que podiam comprar ainda mais roupas. Agora aquele americano médio tinha muitos trajes. Categorias inteiras foram inventadas — roupa esportiva, roupa casual, roupa de ficar em casa, roupa de praia, roupa formal — e o americano aspirante tinha que ter roupas de todas elas. O enorme aumento das compras levou a uma explosão de lojas e outros negócios, a maioria dos quais precisava de têxteis para coisas como toldos e uniformes. A Glen Raven e a indústria têxtil como um todo se tornaram um microcosmo de um círculo virtuoso sem precedentes que estabeleceu as bases para o Sonho Americano. Quando os negócios cresceram, pagaram mais aos trabalhadores, e esses trabalhadores compraram mais, permitindo aos negócios crescer ainda mais rápido. Esse ciclo significou que cada geração se tornou bem mais rica que a de seus pais.

A inovação, ou a ideia de criar constantemente novos produtos e serviços, tornou-se uma importante palavra-chave de nossa moderna economia. Afinal de contas, empresas como a Apple estão continuamente tentando encontrar seu novo produto revolucionário antes que um concorrente as supere. Durante o século XX, entretanto, a inovação geralmente era evitada. A Glen Raven — assim como todos os grandes negócios americanos do século XX, como já observei — fez sua fortuna fabricando o mesmo produto, repetidamente, durante anos e anos, com frequência ajustando o processo de produção para torná-lo mais barato e mais eficiente. A lógica econômica do século XX é resumida pela ideia de "curva de experiência": quando uma empresa fazia algo repetidamente — resolvendo imperfeições, aprimorando a produção, erradicando qualquer custo extra, desenvolvendo uma mão de obra experiente —, o custo de cada unidade diminuía na proporção direta do número de unidades feitas. O objetivo de qualquer executivo ambicioso era ganhar participação no mercado. Quanto mais unidades uma empresa pudesse vender, mais baixo seria seu custo. Isso, por sua vez, permitia investir em máquinas cada vez mais rápidas, o que reduzia mais o custo. A chave para o sucesso não era inventar coisas novas para vender; estava na eficiência da operação usada para fazer um produto padrão. Os vitoriosos em áreas cruciais do mercado não eram aqueles que tinham os produtos mais originais, mas as empresas com os melhores sistemas para fabricar produtos padronizados. Os cereais da Kellogg's superam os da Post; uma barra de chocolate da Hershey's supera uma de Charleston Chew; a General Motors devorou a empresa de David Dunbar Buick. Em cada caso, e em milhares de outros, não era o produto superior ou a maior inovação que vencia. Era a empresa com o sistema mais eficiente para produzir em massa e de forma barata os mesmos produtos.

No século XX, o risco no mercado era evitado com frequência. Para se tornarem eficientes, as fábricas eram administradas de acordo com regras rígidas em que todos sabiam seus lugares e seguiam um conjunto claro de instruções. Novos produtos e ideias tinham tanta probabilidade de estragar uma empresa quanto de beneficiá-la. Se os trabalhadores precisassem aprender constantemente novas formas de trabalhar, se as máquinas tivessem que ser constantemente restauradas, aquela eficiência crucial seria perdida e a empresa perderia participação no mercado, o que significa que perderia lucro.

A Glen Raven em geral se mantinha afastada da introdução de novas ideias. Uma exceção ocorreu no início, quando o Chefe desenvolveu um sistema para produzir lonas resistentes nas quais era fixada uma tintura durável. Era o tecido perfeito para toldos de lojas, e a procura era enorme; o país estava se urbanizando, lojas sendo abertas em quase todos os quarteirões das cidades e cada uma delas precisava de um toldo. Outro avanço pode ser creditado a um dos filhos do Chefe, que as pessoas chamavam de Major e que foi um dos primeiros a ver o valor de fibras artificiais, como o raiom, que eram mais baratas e mais duráveis que o algodão. Em 1953, o Chefe estava numa viagem a trabalho com a esposa quando notou sua crescente frustração enquanto ajustava as meias e as ligas. Num lampejo, ele imaginou uma combinação de calcinha e meias que não exigiria ligas. Ele a chamou de Panti-Legs. Foram necessários seis anos para aperfeiçoar o produto. Este chegou no momento perfeito, quando as mulheres estavam entrando na força de trabalho e precisavam de uma cobertura confortável para as pernas que pudesse ser usada o dia inteiro sem ajustes constantes.

Quando a Glen Raven oferecia novos produtos, estes eram mais semelhantes a ajustes superficiais, como lonas em novas cores ou Panti-Legs em tecidos levemente diferentes. A empresa era a versão têxtil da General Motors criando muitos modelos diferentes de automóvel, cada um deles para suprir um mercado diferente a partir de um pequeno conjunto de carcaças padronizadas. Ou da Frito-Lay, que usa a mesma "plataforma" — neste caso, batatas fritas — para criar variedades de sabor como "sal e vinagre" ou "churrasco". Independentemente do que os grandes fabricantes faziam durante o século XX, todos eles competiam da mesma forma. A concorrência com frequência era amistosa, já que parecia haver negócios suficientes para cada grande concorrente aproveitar sua fatia. Isso era particularmente verdade na indústria têxtil. De poucos em poucos anos, uma empresa ou outra obtinha uma vantagem — uma nova máquina, um novo processo, um ajuste num produto antigo —, mas logo todas as outras a alcançavam. No fim das contas, a indústria têxtil era pequena o bastante para todos se conhecerem, acompanharem um ao outro e se encontrarem algumas vezes por ano para falar de negócios em meio a uísque, charutos e pôquer.

No início dos anos 1990, porém, essa velha ordem começou a mudar. Allen Gant Jr. começou a ouvir clientes falarem sobre fios acrílicos baratos vindos do México. Disseram-lhe que exportadores mexicanos estavam oferecendo fardos de fios acrílicos de 45 quilos por menos de dez dólares, quase a metade do que a Glen Raven cobrava. Isso permitia a empresas americanas produzir tecidos muito mais baratos com esses fios, levando à disponibilização de roupas com grandes descontos nas lojas.

Gant ficou ansioso de início, mas, quando um cliente lhe enviou um pouco desse produto mexicano, ele imediatamente se tranquilizou. Os fios mexicanos eram terríveis. Esta foi uma primeira reação comum a mercadorias importadas baratas (como já vimos com a indústria de escovas): elas eram de qualidade inferior, então os fabricantes americanos as descartaram como ameaça. Os fios acrílicos mexicanos eram irregulares: eram grossos em algumas partes e em outras afinavam demais, o que significa que obstruiriam máquinas de costura. Os clientes que decidiram se arriscar a mudar para fabricantes mexicanos por causa do preço menor se viram retornando à Glen Raven depois que muitos pedidos não chegaram no prazo ou nunca chegaram.

No fim dos anos 1990, porém, as empresas mexicanas estavam produzindo fios de qualidade muito maior e entregando o produto de forma mais constante e confiável. Agora os clientes começavam a falar sobre fios ainda mais baratos vindos da China — sete dólares por um pacote de 45 quilos! —, mas estes tinham problemas de qualidade também. Então Gant fez a única coisa que seus anos de negócio mandavam: apostou na curva de experiência para aumentar a produção. Fez um empréstimo de 12 milhões de dólares e reequipou sua fábrica de fios com uma linha nova em folha de máquinas de fiação para fios acrílicos. O volume permitiria à Glen Raven vender fios por seis centavos a menos por libra [465 gramas]. Um ano depois, porém, as fábricas chinesas começaram a despachar fios por dez centavos a menos por libra.

Em resposta, Gant apostou novamente. Comprou mais máquinas novas, incentivou seus engenheiros a reduzir o desperdício em cada processo e implorou aos fornecedores para baixar o custo de suas matérias-primas. Com o tempo, viu que o círculo virtuoso do século XX dera lugar a um círculo vicioso. No início dos anos 2000, Gant percebeu que os chineses basicamente tinham imitado o que o Chefe fizera um século antes — haviam manobrado sua imensa população de agricultores ambiciosos e pobres para uma crescente mão de obra que arruinou as maiores empresas têxteis, incluindo muitos vizinhos de Gant. Ele não sabia ao certo o que a Glen Raven podia fazer para competir com isso. Ele não podia diminuir os custos ainda mais. Ao que parecia, as coisas que a Glen Raven sabia fazer simplesmente não tinham mais valor.

Isso levou àquela triste manhã no escritório de Gant, quando ele estava sentado balançando a perna e contemplando o possivelmente inevitável fim do negócio de sua família. Levou a uma sensação de desespero e pavor. Depois, levou a alguns raciocínios sérios e muito importantes. Durante décadas, a empresa tivera sucesso seguindo a lógica central do século XX: encontrar mercados enormes nos quais poderia vender quantidades maciças da mesma coisa e lucrar com o volume. Agora, percebia ele, a nova economia estava lhe mostrando que precisava subverter esse modelo e encontrar mercados muito menores onde não havia concorrência e onde a Glen Raven poderia lucrar cobrando um prêmio. Ele estava tendo o tipo de pensamento que Scott Stern, o professor do MIT, desejou que seu pai, o fornecedor de cópias baratas da Nike, tivesse tido. Gant viu que o negócio de volume alto e custo baixo acabara e não voltaria a Burlington. Talvez pudesse mudar para a estratégia oposta: vender um número menor de produtos mas cobrar bem mais por eles. Para fazer isso, ele teria que transformar a empresa em algo diferente da firma de ferramenta típica que fazia a mesma coisa da forma mais rápida e barata possível. Teria que ensinar sua equipe a se tornar uma empresa que aprendia, que se adaptava, que experimentava e, às vezes, fracassava. Os produtos óbvios, aqueles que têm um valor claro e conhecido, são rapidamente inseridos na economia de ferramenta. Para fazer produtos da Economia da Paixão, a Glen Raven teria que ir além do óbvio, do conhecido. Gant não tinha certeza, porém, se ele ou sua equipe seriam capazes de fazer a mudança.

Gant se levantou da mesa de trabalho e caminhou até uma sala ocupada por seus gerentes mais experientes. Ele explicou que durante gerações, em seu negócio de *commodity* padronizado particular, ninguém fizera a simples pergunta sobre o que o cliente queria. A Glen Raven não tinha nenhum contato com as pessoas que, no fim das contas, pagavam por seus produtos. A empresa era uma peça de uma cadeia de abastecimento. A Glen Raven fazia fios acrílicos que eram vendidos a outras empresas, que, por sua vez, faziam suéteres ou ternos e depois os vendiam a um atacadista, que os venderia a um varejista, que os venderia a um cliente final. Agora, disse ele, era hora de descobrir o que o cliente final queria e por qual produto estava disposto a pagar um prêmio, e só então a Glen Raven decidiria o que produzir. Explicando de outra forma, eles não fariam mais *commodities* — produtos praticamente idênticos aos que seus concorrentes faziam, com lucros dependentes de sua capacidade de competir no preço. Em vez disso, só fariam produtos para os quais não havia nenhuma concorrência. Identificariam as necessidades dos clientes que não estavam sendo atendidas. Além disso, a aversão ao risco do passado acabara — eles tentariam e falhariam até acertar.

Gant explicou sua nova compreensão. No século XXI, as empresas americanas não podiam ganhar dinheiro tendo as operações mais baratas, mais rápidas, mais eficientes. Economias emergentes, com suas forças de trabalho baratas, dominavam agora esses negócios. O dinheiro real para uma empresa como a Glen Raven não estava em fazer coisas, mas sim em ter ideias para coisas, antes de mais nada. Ele disse à equipe para vasculhar o mundo em busca de ideias para novos produtos que eles pudessem fazer, novas maneiras de produzir têxteis que satisfizessem alguma necessidade que ninguém tivesse descoberto. Isso poderia significar até necessidades que os consumidores ainda não sabiam que tinham.

"A Glen Raven está morta", disse ele. "Somos uma nova empresa agora. Então o que fazemos?"

Um dos principais diretores de Gant, Harold Hill, estava sentado atrás, com um terno elegante. Hill, que crescera no Piedmont, nunca deixara de apreciar o bom algodão da região. Ele já trabalhara em Wall Street e voltara para a área. Ele levantou a mão.

"Acho que tenho uma ideia", disse.

Harold Hill tinha raízes nos negócios têxteis. Seu pai, contramestre de uma fábrica têxtil, trabalhara duro e ganhara um salário decente durante o último período do auge da indústria. Embora esse salário tenha ajudado o filho a fazer faculdade e mestrado em administração, Harold nunca se sentiu realmente confortável em Wall Street. Não visualizava uma carreira lidando com títulos de dívidas ou trabalhando em fusões e aquisições. Como disse aos amigos, queria um trabalho viril. Então, Hill, que tem um físico de atleta, voltou para a Carolina do Norte para reingressar na indústria têxtil, no lado gerencial.

Seu trabalho na Glen Raven, porém, não era exatamente o que ele negociara. Dirigia uma operação conhecida como Park Avenue Plant, que fornecia tingimentos sob encomenda e serviços de finalização a fabricantes de roupas. (Um fabricante de pijamas infantis poderia pedir que uma substância química capaz de retardar o fogo fosse impregnada no tecido, por exemplo, ou uma empresa de meias esportivas poderia pedir substâncias químicas que combatem o odor.) O trabalho básico era o mesmo, não importando a substância aplicada: enormes tubos de tecido eram bobinados num recipiente longo e raso contendo a substância química apropriada.

O tecido ficava então por um tempo específico passando pela substância antes de ser levado para um aquecedor bem comprido — basicamente, um forno elétrico gigante — que firmava as moléculas. Era um negócio estável, mas não muito lucrativo. Parecia também, assim como muitas outras linhas da Glen Raven, à beira da commodificação. Várias outras empresas nos Estados Unidos tinham equipamentos semelhantes e podiam produzir facilmente e em quantidade um produto comparável. O negócio de Hill só poderia ter êxito se fosse capaz de tingir e finalizar os tecidos por um preço um pouco mais baixo que o de seus vizinhos. Ele conseguia, mas sabia que era apenas uma questão de tempo para que uma empresa da China ou de Honduras entrasse no mercado, alcançasse seu nível de conhecimento e batesse seu preço. Nesse momento, seu negócio estaria acabado.

Enquanto dirigia uma fábrica moribunda, Hill percebera um problema com o negócio geral da Glen Raven. A empresa prosperara durante pouco mais de um século exercendo um papel fundamental na cadeia de abastecimento, que ia desde a matéria-prima até o produto têxtil finalizado. Agora, já não podia ser uma intermediária. Produtores de *commodities* mais baratas estavam devorando esse negócio. Em vez disso, concluiu ele, a Glen Raven tinha que encontrar uma maneira de se conectar com seus clientes diretamente, e isso exigia um foco em design. Ele e sua equipe examinaram publicações da indústria têxtil, relatórios de pesquisas e dados do governo em busca de ideias sobre os cantos da indústria têxtil que ainda existiam nos Estados Unidos.

Havia diversos nichos de mercado, mas o mais atraente era o negócio de carros. A indústria automobilística, informou-se ele, estava gastando centenas de milhões de dólares em têxteis fabricados nos Estados Unidos. Embora os carros sejam feitos principalmente de metal, é claro, há, na verdade, um bocado de tecido na cabine e no porta-malas. Depois de um pouco de pesquisa, Hill percebeu que grande parte dos tecidos era usada em algo que a indústria automobilística chama de "*headliner*", ou a parte interna do teto de um carro. Embora esta seja uma área de menos de um metro quadrado, são produzidos tantos carros a cada ano que o negócio de *headliners* sozinho chega facilmente a muitas dezenas de milhões de dólares. A maior parte desse dinheiro estava indo para uma empresa, a BASF, que dominava o negócio há trinta anos. A BASF criara um tecido de nylon especial que atendia a todos os regulamentos do governo — era resistente ao fogo e não emitia nenhum vapor nocivo — e vinha em módulos criados especialmente para quase todos os carros fabricados nos Estados Unidos.

A pesquisa de Hill, que começou em meados dos anos 2000 e se estendeu por anos, indicou que o produto da BASF tinha problemas. Em primeiro lugar, era feio; a gíria da indústria para a fibra de nylon escovada era "pelo de rato", e gerações de motoristas haviam simplesmente se acostumado a algo que parecia uma toalha suja assentada sobre suas cabeças. Hill rapidamente identificou uma variante de poliéster que poderia ser usada para fazer um *headliner* mais *clean*, mais elegante. Ele estava confiante no produto, mas não tinha a menor ideia de como entrar no mercado. Não tinha nenhum contato entre os grandes fabricantes de automóveis e soubera que eles eram extremamente avessos a riscos e geralmente não se dispunham a aceitar reuniões com empresas desconhecidas que alegavam ter algum novo produto revolucionário. Afinal de contas, se aceitassem essas reuniões, não fariam mais nada. Logo ele ficou sabendo que o negócio de *headliners* era mais complexo do que a indústria de roupas. Qualquer coisa que se torna parte de um carro é submetida a uma série de regulamentos complexos, bem como a exigências de controle de qualidade extremamente severas e preços cuidadosamente administrados. Como a indústria automobilística adotara o sistema de produção *just in time*, as entregas tinham que ser feitas dentro de parâmetros rígidos. Isso explicava por que, historicamente, muito poucas empresas de outras indústrias podiam entrar na cadeia de abastecimento de automóveis e por que a BASF conseguia controlar o negócio de *headliners* havia tantas décadas.

Hill estava vibrando. Aquele projeto era perfeito para alguém com as suas paixões. Ele adorava ciência e pesquisa, mas também adorava ser um azarão, enfrentando grandes concorrentes estabelecidos no mercado e manobrando-os. Gostava de ser capaz de levar uma pessoa da indústria automobilística a acompanhar suas ideias e vê-la abandonar um ceticismo desdenhoso para concordar com ele, encantada. Depois que Hill convenceu um executivo da GM a se reunir com ele, o *headliner* da Glen Raven foi escolhido para a nova plataforma de caminhões da GM, a GMT900, que constitui o cerne dos Chevrolet Silverado, Tahoe e Suburban; dos GMC Sierra e Yukon; e do Cadillac Escalade. Na época, era a plataforma de veículos mais usada no mundo. Logo, a Glen Raven estava recebendo pedidos de todas as empresas automobilísticas.

O negócio de *headliners* sugeriu um modelo de como a Glen Raven poderia prosperar no século XXI. Era o oposto de uma *commodity* de cadeia de abastecimento. A Glen Raven não vendia diretamente para o consumidor final — um proprietário de carro não escolhia o *headliner* instalado —, mas podia convencer importantes fabricantes de automóveis de que podia ajudá-los a fabricar o produto que mais agradaria aos compradores de seus carros. Em vez de fazer intermináveis carretéis de produtos idênticos, como no passado, a Glen Raven tinha que desenvolver soluções personalizadas para cada modelo e cor de carro e caminhão que usava seus *headliners*. A Glen Raven não estava mais simplesmente obtendo sua receita com a venda de têxteis em quantidade. Hill ajudara a mudar a empresa da economia de *commodity* para a economia de conhecimento. O valor real da Glen Raven era o que ela entendia seus clientes. Isso começou com algum conhecimento amplo, básico: as pessoas preferem um *headliner* de aparência mais *clean* e elegante, se puderem escolher. Essa informação levou a um *know-how* extremamente técnico. A empresa se tornou especialista em interação de substâncias químicas que retardam o fogo e tinturas permanentes. Aprendeu os ângulos e formatos precisos dos tetos de todos os grandes modelos de carro e como fazer os tecidos aderirem melhor ao interior dos carros. Também sabia fazer esses tecidos parecerem lisos e contemporâneos. Seria extremamente difícil reproduzir todo esse conhecimento, o que significa que poucas outras empresas, se é que alguma, seriam capazes de competir com a Glen Raven. Apenas alguns anos antes, a empresa vinha concorrendo passo a passo com dezenas de outros produtores. Agora, a Glen Raven encontrara um nicho estreito que era atendido por poucos no mundo.

As lições aprendidas com os *headliners* de automóveis eram claras. A Glen Raven teria que encontrar outros mercados estreitos, mercados que exigem muito conhecimento e que não fossem bem atendidos pelos fornecedores existentes. Harold Hill e sua equipe começaram a varrer o mundo em busca de outros candidatos, incluindo indústrias que poucas pessoas pensam que têm alguma relação com têxteis. Uma equipe pesquisou a indústria de filtros de água para uso municipal e desenvolveu uma tela que retinha poluentes com muito mais eficácia que os produtos de qualquer concorrente. Um dos engenheiros de Hill ficou obcecado pela indústria de mineração, observando todo tipo de problema que poderia ser resolvido por têxteis.

A maioria das minas é formada por dezenas ou centenas de túneis separados, que em sua maioria foram cavados inteiramente e já não são usados. As minas precisam ser ventiladas por sistemas de ar-condicionado inacreditavelmente grandes e caros. Isso é especialmente custoso porque grande parte do ar é gasta em túneis abandonados. A Glen Raven desenvolveu a MineMaster, uma cortina de nylon espessa e flexível que pode cobrir as entradas de túneis abandonados e ser dobrada em funis para direcionar o ar diretamente para os mineiros que estão trabalhando. O MineMesh, outro novo produto, é um tecido de poliéster grosso com uma cobertura adesiva que pode ser aplicado a paredes de minas para impedir desmoronamentos.

Gant decretara que não queria estar no negócio de roupas. Roupas, determinara ele, sempre seriam uma *commodity*. Porém, Hill soube de uma área de vestuário que não cairia nessa armadilha: as roupas de proteção para trabalhadores de serviços públicos. Os trabalhadores que consertam cabos de energia ou fazem manutenção em refinarias de petróleo precisam, de acordo com o regulamento do governo, usar uniformes que retardem o fogo. A DuPont controlava havia muito tempo esse negócio de nicho especializado. Isso pareceu potencialmente perfeito para a Glen Raven: um produto têxtil altamente técnico que não passava por inovações havia anos. Hill encomendou uma pesquisa sobre o usuário final — seu cliente, o trabalhador de serviço público — para descobrir o que ele queria no uniforme. Ficou sabendo que esses trabalhadores não gostavam do produto da DuPont. Era grosso, áspero e abafado. Era desconfortável e, em dias quentes, quando os homens estavam trabalhando ao sol, absolutamente insuportável. Era comum os homens tirarem o uniforme e trabalharem de camiseta e short, embora isso significasse violar o regulamento. As empresas eram multadas. Era uma confusão.

Uma equipe de químicos e engenheiros da Glen Raven determinou rapidamente que o produto da DuPont era criado apenas para dar segurança, sem nenhuma consideração pelo conforto. Afinal de contas, a DuPont estava vendendo para gerentes de empresas de serviços públicos, e não para as pessoas que vestiam aquilo. Os engenheiros da Glen Raven, pensando no usuário final, criaram uma nova fórmula de fibra que retardava o fogo da mesma maneira mas era consideravelmente mais fina e maleável. Até respirava. A venda de uniformes protetores da GlenGuard tem sido extraordinária, em especial na Europa e na América Latina.

Essa exploração acabou levando a Glen Raven para um negócio que Gant jamais teria imaginado quando fez sua declaração e que o Chefe nunca teria compreendido: os geotêxteis, ou o uso de um tecido de poliéster pesado para construir estruturas de concreto. Normalmente, o concreto para a fundação de um prédio ou para o arcabouço de uma ponte é derramado num molde de madeira e metal. A construção desse molde é, na verdade, a parte mais cara e mais demorada da edificação de uma estrutura de concreto. Os geotêxteis oferecem uma alternativa mais rápida e mais barata — uma lâmina de tecido rígido que pode ser dobrada no formato muito mais rapidamente do que o tempo necessário para martelar e aparafusar um molde típico.

Quando Hill soube desse produto, a indústria ainda era pequena e dominada por um pequeno grupo de firmas especializadas sem nenhuma outra experiência em têxteis. A Glen Raven, com sua expertise em fabricação têxtil e nas várias coberturas necessárias para criar um tecido resistente a água e sol, pôde entrar no mercado e rapidamente dominá-lo. O negócio de geotêxteis da Glen Raven só chegou ao auge quando Gant assinou um acordo para fabricar e distribuir o produto na Índia, uma economia emergente louca por construções. Hoje, os produtos da Glen Raven estão entre as soluções mais usadas para novas pontes na Índia. Recentemente, Gant assinou outro acordo, este com uma empresa no Brasil.

Essa nova estratégia foi talvez melhor manifestada pela decisão da Glen Raven de entrar no negócio de design. Na época que Gant pediu uma transformação da empresa, a Glen Raven tinha uma marca conceituada junto ao consumidor, a Sunbrella. Esse tecido especial para toldos estava presente na maioria dos guarda-sóis de quintais e pátios americanos. O Sunbrella era diferente dos outros produtos porque era feito de uma fibra especialmente formulada, totalmente impregnada de uma tintura ricamente colorida. Se você penetrar em quase todos os tecidos coloridos — sua camisa, sua calça, seu lençol, seu estofado — verá que cada fio tem uma fina camada de tintura na superfície cobrindo uma fibra branca ou cinza. Gant gostava de observar que o tecido tradicional é como o rabanete: a cor está na superfície, mas por baixo é branco. O Sunbrella é como a cenoura: a cor está em toda parte. Isso significa que o Sunbrella pode ser exposto ao sol e à chuva durante anos, pode ser alvejado e esfregado com solventes industriais, e ainda manterá sua cor viva original.

O Sunbrella já tinha uma presença substancial no mercado de móveis para áreas externas e tecidos para toldos. Nos anos 2000, a empresa o via como um negócio sólido, mas sem espaço para crescer — pelo menos até Gant convocar uma reunião para proposição de ideias e um executivo perguntar: "Por que não levamos o Sunbrella para dentro?"

Várias pessoas riram. Desde os anos 1950, os móveis externos e internos eram indústrias completamente diferentes. Tinham diferentes feiras de comércio e diferentes publicações comerciais; eram vendidos em lojas diferentes. A Glen Raven sabia tudo sobre o mundo dos móveis externos e tinha profundas ligações ali. Ninguém conhecia ninguém no mundo dos móveis internos. Eles reconheceram, é claro, que aquele era um mundo imenso — muitas vezes maior que o dos móveis externos — e a única chance de o Sunbrella crescer.

Gant pediu a alguns membros da equipe do Sunbrella para pesquisar o mercado de móveis internos. O relatório deles foi desanimador. Assim como o negócio da moda, trata-se de um mercado construído em torno de design. As pessoas em busca de sofás e cadeiras estofados para ambientes internos recebem amostras de tecido de uma variedade aparentemente infinita: listras, flores e formas geométricas em todos os tons e tecidos imagináveis. Bem, quase todos os tons. Ninguém estava comprando móveis internos com as cores básicas do Sunbrella para ambientes externos, como verde-floresta ou bege. Além disso, o argumento principal de venda para a maioria dos tecidos para estofados era o conforto. O tecido para toldos Sunbrella era, por outro lado, criado para ser grosso e duro. Pior: as empresas de estofado desse mercado tinham uma enorme vantagem sobre a Glen Raven, pois usavam fios incolores, que compravam em quantidade e depois tingiam de quaisquer que fossem as cores ou padrões populares em qualquer época específica. Os fios do Sunbrella tinham as cores em sua constituição, portanto a empresa se comprometia com, digamos, cinco mil quilos de fibra azul com vários meses de antecedência, e esse azul não podia ser tingido de outra cor.

Para competir em ambientes internos, o Sunbrella tinha que ser mais macio e maleável e era preciso prever melhor as tendências de cores. Essas eram duas grandes advertências, mas Gant queria ir adiante, mesmo que custasse dinheiro e tempo. Ele estava convencido de que o Sunbrella tinha uma carta na manga. A equipe do Sunbrella encomendou uma série de pesquisas para responder a algumas perguntas simples sobre os potenciais consumidores: Quem estava comprando sofás? Quem não estava comprando sofás mas compraria se o produto certo aparecesse? O que as pessoas querem de um sofá?

O que eles descobriram foi animador. O sofá é uma compra importante, com frequência o item mais caro do lar, depois da própria casa. O estofado deste móvel, quando feito da maneira certa, pode representar metade de todo o custo. Um enorme segmento do mercado era formado por pessoas que não estavam comprando um novo sofá quando queriam ou compravam um sofá barato quando, na verdade, queriam um melhor. Em geral, eram pais ou donos de animais de estimação que temiam que o filho de seis anos ou o poodle destruísse as almofadas. Esta, percebeu a equipe, era a vantagem do Sunbrella: um tecido que podia ser limpo de maneira muito mais fácil do que qualquer outro tecido de estofado. No entanto, para que isso funcionasse, a Glen Raven tinha que combinar sua expertise técnica na indústria têxtil com algum aprendizado rápido sobre o negócio da moda. Os engenheiros tinham que descobrir como produzir uma série totalmente nova de tipos de tecido, como *chenille* e *bouclé*. Tinham que reformular o processo de fiação para criar um fio mais solto e felpudo e um tecido mais flexível. De repente, suas decisões mais importantes seriam baseadas em algo tão imensurável quanto "maciez". As pessoas pegam um pedaço de tecido e o esfregam entre os dedos para ver se a sensação é boa. Os engenheiros e gerentes de operações são horríveis nesse tipo de decisão instintiva. Gant percebeu que seus prédios estavam cheios de cientistas e gerentes de fábrica, mas o que ele precisava era de um novo tipo de expertise. A Glen Raven precisava de designers.

Uma equipe de nove designers foi logo trazida para Burlington e solicitada a desenvolver uma linha completa de tecidos Sunbrella a ser vendida para ambientes internos. Como seriam necessários pelo menos dois anos para desenvolver novas cores de fibras e no mínimo esse tempo para reestruturar a maquinaria que tece as fibras e as transforma em tecido, eles precisavam se tornar especialistas em prever os tipos de forro de sofá que as pessoas iriam querer comprar nos anos seguintes. Gant enviou esses designers para lugares dos quais nenhum funcionário da Glen Raven havia ouvido falar, que dirá visitado. Eles foram, em massa, para a mais importante feira de móveis do mundo, realizada todo o mês de abril em Milão, o Salone Internazionale, mas logo descobriram que as cores de móveis e os temas de design acompanhavam as cores da moda, que mudavam mais rapidamente. A Glen Raven, pela primeira vez, começou a enviar pessoas às grandes feiras de moda em Nova York e Paris, onde anotavam as inspirações. Elas consultavam a Associação de Cores dos Estados Unidos e tentavam dar sentido a suas previsões anuais sobre as tendências de cor que dominariam o mercado nos anos seguintes. Cada observação era acompanhada de uma "história da cor" própria.

Hoje, o Sunbrella é um produto padrão para estofados, disponível na Crate & Barrel e na Room & Board, bem como em quase todos os outros varejistas de móveis de níveis médio e alto nos EUA. A empresa está prosperando, embora seus tecidos custem o dobro da maioria das outras opções para estofados.

Como Allen Gant Jr. esperava, a Glen Raven se tornou uma empresa inteiramente diferente. Quando observada em linhas gerais, parece quase incompreensível que uma empresa focada na produção de fios acrílicos para suéteres baratos esteja hoje criando e fabricando pontes em todo o mundo, sofás sofisticados em Nova York e Paris e os mais conceituados uniformes protetores para trabalhadores de serviços públicos no mundo. Gant diz que a transição foi, na verdade, bem simples: em vez de perguntar como fazer a mesma coisa de forma mais barata, a Glen Raven, como vimos, começou a perguntar o que as pessoas queriam. Afinal de contas, se elas queriam, pagariam um preço razoavelmente mais alto.

Depois que começou a pensar em seu cliente final, a Glen Raven passou a fazer todo tipo de coisa de maneira diferente. Antes, uma medida crucial da empresa era se certificar de que todas as suas máquinas estavam trabalhando perto da capacidade máxima por tantas horas por semana quanto possível. Mas os clientes não se importam com a utilização das máquinas, e estas podem ser utilizadas cem por cento do tempo para fazer produtos que ninguém quer. Hoje, cada um dos principais produtos da Glen Raven — os geotêxteis, os *headliners* de automóveis, os estofados da Sunbrella — envolveu experimentação e investimento. Isso significou intermináveis dias de maquinaria ociosa e meses de tempo da equipe dedicado a pesquisas que, no fim das contas, fracassaram e não trouxeram nenhuma receita. Esse tipo de paciência é angustiante para pessoas treinadas num mundo focado em operações. É preciso coragem para continuar a investir em novos produtos que podem nunca se tornar lucrativos. Isso é ainda mais difícil quando o processo é determinado por imponderáveis como "maciez" e "história da cor". Não é de admirar que tão poucas empresas tenham feito essa mudança antes. Como me disse o chefe de marketing da Glen Raven, Hal Hunnicutt: "A maioria das empresas têxteis continuou fazendo a mesma coisa segura até quebrarem."

Gant me disse que a maior surpresa, do outro lado dessa grande mudança, foi que, depois de abandonar o modelo de negócio de seu pai, seu tio e seu avô, ele não apenas sobreviveu, como está prosperando. Ele também comentou que é muito mais divertido dirigir uma empresa focada no cliente. É constantemente surpreendido pelas ideias que chegam borbulhando. "Alguns anos atrás, eu não tinha a menor ideia de que estaríamos fazendo pontes na Índia", diz ele, sorrindo. "Eu não tenho a menor ideia do que estaremos fazendo daqui a alguns anos."

ESTUDO DE CASO: MORGENSTERN'S FINEST ICE CREAM

Não concorra com grandes empresas; faça coisas que elas não podem fazer

Nicholas Morgenstern é alto, magro e olha diretamente em seus olhos com uma intensidade que pode ser convidativa (ele está completamente concentrado em você), mas também um pouco intimidante. Nicholas é aquela pessoa que vive sua paixão de forma mais profunda e visível entre todas as pessoas com as quais conversei para este livro. Ele trabalha 81 horas por semana em sua sorveteria em Greenwich Village, Nova York. Sabe o número exato porque tem conhecimento de tudo de sua vida com esse nível de precisão. Acabou de fazer quarenta anos e decidiu não namorar sério porque entende que o compromisso que está assumindo com o sorvete não lhe permite ser um bom marido ou pai nesse momento.

A paixão de Nicholas é fazer o sorvete americano perfeito. Para ele, isso não significa criar um sorvete especialmente saboroso ou que venda mais. Deseja entender a essência da mais americana das sobremesas. Quer que os clientes provem seu chocolate e imediatamente reconheçam que essa versão de chocolate — ou baunilha, chocolate com nozes e marshmallow, banana split — é a mais autêntica expressão da essência. Para chegar a isso, Nicholas estudou o sorvete de todas as maneiras imagináveis. Não leu um livro ou dois; dedicou anos à investigação. Isso significou, sim, ler cada livro escrito sobre o assunto, mas também encontrar receitas antigas e reproduzi-las, além de viajar para visitar cada sorveteria bem conceituada no mundo e muitas ainda não descobertas.

O sorvete, acredita Nicholas, é essencialmente americano. Numa mordida, pode-se provar a história e cultura específicas desse país individualista, capitalista, que se fez por esforço próprio. Os predecessores do sorvete começaram nas cozinhas da realeza europeia como sobremesas ostentosas, esmeradas, disponíveis a apenas poucas pessoas. Naquela época, nada que fosse congelado podia viajar para longe, o que significa que pessoas que não tinham vacas só podiam consumir laticínios na forma de produtos conservados, como queijo e iogurte. Era basicamente assim nos Estados Unidos até meados dos anos 1800, com grande parte das fazendas de gado leiteiro do país distantes pelo menos um dia ou mais das grandes cidades do leste. Na época da Guerra de Secessão, porém, vagões primitivos e refrigerados de trens já podiam transportar creme fresco por milhares de quilômetros sem risco de estragar. Algumas dessas fazendas cultivavam beterrabas, o que lhes permitia ter adoçantes baratos, disponíveis até mesmo aos pobres, pela primeira vez na história. Os primeiros aparelhos produzidos em massa para bater sorvete à mão — um preferido dos consumidores no catálogo da Sears — significaram que até mesmo os pais mais modestos dos conjuntos habitacionais de Nova York ou dos prados do Kansas podiam preparar uma guloseima deliciosa para a família. Isso acontecia pela primeira vez na história humana. Nunca antes pessoas pobres haviam tido um acesso tão rápido a uma sobremesa tão luxuosa.

No século XX, sorvetes estavam sendo produzidos em massa em fábricas enormes e despachados, prontos, para todo o país. Não há um motivo óbvio para o rico conjunto de sabores e receitas caseiras ter dado lugar a um pequeno número de clássicos: baunilha, chocolate, morango. Mais tarde, combinações mais complexas entraram na lista: manteiga de pecã, chocolate com nozes e marshmallow, creme com calda de chocolate. (Nicholas diz que você pode identificar a idade de alguém lhe fazendo uma pergunta: Qual é a combinação clássica de sabores de sua juventude?)

Nicholas gosta de estudar cardápios de restaurantes antigos e livros de receita famosos. Observa que diversas sobremesas foram passageiras ou permaneceram regionais, nunca se tornando ícones nacionais, como *baked alaska*, torta de melaço e *cheesecake*. No entanto, desde os anos 1860 todo mundo em todo lugar dos Estados Unidos parece adorar sorvete e, em especial, um pequeno número de sabores e combinações clássicos. Ainda assim, acredita Nicholas, a industrialização do sorvete influenciou a maioria dos produtores a tomar decisões de negócio que levaram a uma diluição da essência do produto. Fábricas injetam estabilizadores, como goma guar ou goma de celulose, para que os sorvetes possam ser despachados com segurança para o mundo inteiro. Inevitavelmente, alguns sorvetes derreterão e congelarão de novo ao passarem pela complexa cadeia de abastecimento, mas a goma guar impede a formação de cristais de gelo em excesso. São usados também monoglicerídeos e diglicerídeos ou gema de ovo e outros emulsificadores para assegurar que esse sorvete feito rapidamente pareça suave à boca. Mais do que qualquer outra coisa, os produtores industriais de sorvetes injetam muito ar em seus produtos para minimizar o uso dos ingredientes reais e maximizar o lucro. (As receitas mais novas da Breyers estão tão distantes da ideia original de sorvete que são chamadas de "sobremesas lácteas congeladas".)

De forma semelhante, sorveterias fazem concessões que afetam a experiência do sorvete. Usam tubos gigantes e os deixam abertos para que os clientes possam ver o sorvete, mas isso resseca o produto. A maioria dos sorvetes é produzida em outro lugar e enviada para a loja, exigindo a adição daquelas várias substâncias químicas. Grandes marcas tipicamente fazem uma base universal — uma receita de creme, açúcar e emulsificadores — em quantidade e depois acrescentam um pouco de aromatizante para produzir chocolate, baunilha, morango ou qualquer que seja o sabor. Trabalhando a partir de uma base comum, as grandes fábricas não precisam se preocupar em manter um estoque de bases separadas para cada sabor e não precisam encomendar diferentes tipos de sorvete. É muito mais fácil e mais barato usar uma base para tudo.

Nicholas tem evitado obsessivamente cada uma dessas concessões determinadas por negócios. Não é que ele seja exigente (bem, não é só que seja exigente). Nicholas explica que os emulsificadores mudam o sabor do sorvete, os estabilizadores mudam a textura e todo aquele ar reduz drasticamente a intensidade do gosto. Usando uma base comum para todos os sabores, os fabricantes de sorvete em massa não levam em consideração as necessidades específicas de cada tipo de sorvete. O chocolate contém proteínas que a baunilha não tem, então uma base de chocolate deve ter menos proteína, o que significa um creme menos gorduroso. Como resultado dessas muitas escolhas industriais racionais, os fabricantes de sorvete não estão produzindo um sabor ideal, e, assim, a maioria dos americanos nunca pôde experimentar esse gosto perfeito.

A primeira vez que fui à Morgenstern's, pedi chocolate e disse a um amigo: "Este é o sabor perfeito de chocolate que eu nem sabia que estava perdendo." Eu estava com meu filho, que apreciou o perfeito chocomenta. Foi maravilhoso. Penso sorrindo nesse momento com meu filho e imediatamente me lembro de ir com meus pais e meu irmão à sorveteria quando criança e de como ficávamos felizes.

Nicholas teve muito pouco de uma infância americana normal. Seus pais eram errantes pobres desorientados que assumiam uma responsabilidade mínima pelo filho. Atravessaram um divórcio sofrido quando ele era pequeno, e Nicholas passou a juventude em uma sucessão de apartamentos periféricos — alguns pouco mais do que barracos — em San Francisco. Antes de iniciar o ensino médio, sua mãe entrou numa seita e desapareceu, levando seu irmão mais novo com ela. Ele não sabe onde estão ou o que houve com eles. Algumas vezes, quando era pequeno, Nicholas passava o verão com os avós no sul de Ohio. Com frequência eles iam juntos a uma sorveteria local. Esses foram os melhores momentos — talvez os únicos realmente bons — de sua infância.

Nicholas começou a trabalhar em restaurantes quando ainda estava no ensino médio e, basicamente, vivendo por conta própria. Ele ingressou numa escola de culinária, tornou-se especialista em doces e acabou trabalhando em alguns dos melhores restaurantes de Nova York, incluindo o Gramercy Tavern, o Nice Matin e o Gilt. Juntamente com um sócio, ele abriu o próprio restaurante no Brooklyn, o General Greene, e começou a fazer experimentos com sorvete. Logo, os sorvetes se tornaram uma obsessão. Ele viu que havia uma experiência alimentar específica que queria recriar: tomar o sorvete perfeito, de preferência com membros da família.

As ambições de Nicholas não são modestas. Ele quer transformar o modo como as pessoas em todo o país e no mundo vivem a experiência do sorvete. Deseja aprofundar nossa conexão com o passado, reproduzindo a versão ideal daquelas receitas icônicas. Quer também ajudar a conduzir o sorvete para o futuro. Ele faz experimentos constantes com sabores originais surpreendentemente deliciosos — salva queimada, geleia de limão com cardamomo, abacate — e apresenta novos sabores todo ano. Nicholas espera que, um dia, seus sorvetes estejam disponíveis em mercearias de todos os lugares. Ele foi procurado por todos os grandes fabricantes de sorvete e por inúmeros investidores, que lhe oferecem recursos para se tornar uma marca global. Diz que pode ser que um dia aceite, mas não está pronto. Ainda não acertou os sabores. Ele me contou, recentemente, que quando imagina sua vida perfeita não está voando em aviões para se reunir com investidores e discutir estratégias de distribuição e planos de marketing. Está no porão de sua loja, inventando novos sabores e, depois, em cima, na fila, vendo o que os clientes adoram e o que desejam que fosse um pouco melhor.

Uma forte intuição me diz que Nicholas está não apenas tomando a decisão certa para sua qualidade de vida, mas que também está fazendo uma escolha inteligente de negócio ao rejeitar uma produção em massa e em escala até estar totalmente pronto. Ele está entendendo cada vez melhor o que falta numa produção em grande escala e o que os consumidores mais querem (mesmo que não percebam que desejam até dar a primeira lambida). Seus sorvetes estão bem em alta neste momento. Sua loja matriz foi considerada uma das melhores sorveterias do país por quase todos os escritores de gastronomia importantes. Ele abriu uma segunda loja, e as duas vivem cheias de clientes ávidos. Poderia vendê-las por um bom dinheiro, considerando que está na moda. No entanto, Nicholas está em sua busca movida pela paixão e, quando estiver satisfeito por ter cumprido sua jornada — ou por ter chegado tão longe quanto alguém consegue —, será mais do que apenas uma pessoa bem-sucedida que está na moda. Ele estará em posição de definir como seus sorvetes, e talvez todos os sorvetes, serão feitos no futuro. Espero que ganhe bastante dinheiro, mas que alcance algo ainda maior: proporcionar essa experiência perfeita a inúmeras outras pessoas.

CAPÍTULO 9

Não seja uma *commodity*

*Como uma fábrica de lápis em Jersey City mudou
minha vida e pode mudar a sua também*

Eu me deparei pela primeira vez com a mais importante regra para prosperar no século XXI quando segurei um lápis nº 2 na mão e escutei o homem que o fabricava explicar a história particular daquilo. De início, esse lápis parecia comum. Era amarelo e hexagonal, com uma faixa de metal — a virola — fixada numa extremidade, envolvendo a borracha rosa-claro. Parecia exatamente os lápis com os quais cresci, nos anos 1970, quando usava um nº 2 para marcar as respostas na folha de gabarito de testes padronizados. A única diferença nesse novo lápis, ao que parecia, é que ele era assustadoramente caro: custava o preço de uma caixa inteira na papelaria mais próxima. Mesmo assim, estava vendendo feito água. O Semi-Hex Nº 2 da General Pencil não era novidade. Na verdade, eu o estava segurando na bonita sede da General Pencil, com vista para os edifícios de Manhattan, num dos imóveis mais caros do planeta.

Como a General Pencil estava indo tão bem? Há meses eu não conseguia tirar esse enigma da cabeça. Lápis são a suprema *commodity*: para a grande maioria de nós, um lápis é tão bom quanto qualquer outro. Os lápis que eu usava décadas atrás no sistema de ensino público de Nova York são indistinguíveis daqueles que você pode encontrar atualmente nas salas de aula de Toledo ou Tashkent. Os lápis também são um exemplo perfeito do que os economistas chamam de lei do preço único, que sugere que todos os produtos idênticos devem custar mais ou menos o mesmo valor. Lápis, afinal de contas, também se tornaram uma espécie de tecnologia antiquada por si só. Hoje em dia, a maioria de nós costuma escrever digitando. Se visitasse agora um anfiteatro de faculdade ou uma sala de aula de escola, é possível que visse muitos estudantes anotando num aparelho que ainda não havia sido inventado quando eu era criança. Quanto mais eu pensava nisso, menos fazia sentido: Como a General Pencil ainda estava ali? Por que estava indo tão bem? O que estava acontecendo?

Deu um certo trabalho, mas por fim minhas perguntas foram respondidas. Além disso, as lições que aprendi nesse edifício não eram específicas apenas da indústria de lápis. Passei a pensar nelas como uma exemplificação da regra mais importante para prosperar numa economia do século XXI. A regra se aplica a fabricantes, mas também a banqueiros, artistas, professores e gerentes de nível médio em grandes corporações. A regra é simples: Não seja uma *commodity*. Não seja facilmente comparável a outras pessoas que têm, grosso modo, o mesmo conjunto de habilidades e os mesmos antecedentes. A regra pode ser simples, mas sua história e suas implicações são incrivelmente ricas.

Vamos começar com uma análise. *Commodity* é uma coisa à venda que é praticamente idêntica a todos os semelhantes. Um saco de arroz branco é uma *commodity*, assim como uma tábua na loja de construção e um peito de frango no supermercado. Para a maioria de nós, os contadores são *commodities* — imaginamos que qualquer um deles calculará nossos impostos tão bem quanto qualquer outro. As empresas aéreas tentam desesperadamente não ser *commodity*, mas a maioria delas é. As *commodities* se encaixam em alguns critérios cruciais. São indiferenciadas. Isso significa que as pessoas que as compram não veem nenhuma diferença qualitativa entre versões concorrentes. Em vez disso, as *commodities* são compradas com base no preço e na conveniência. A maioria das pessoas é atraída a comprar o detergente mais barato, a tábua mais barata ou a lâmpada mais barata em vez de uma versão mais cara na mesma prateleira. A própria existência de *commodities* mostra o quanto nossa economia mudou nos últimos duzentos anos.

Durante a maior parte da existência humana, comprar era um exercício de escassez absoluta. As pessoas não tinham uma série de opções de arroz, tábua, roupa ou, claro, lâmpada. Tinham sorte por terem a chance de comprar alguma coisa. Só os ricos ou a minoria que morava em cidades movimentadas podia comprar artigos em lojas. A palavra *"commodity"* existe em inglês desde os anos 1400, mas seu significado, durante séculos, era simples: algo de qualquer valor. Só em 1842 houve a necessidade de uma nova palavra para expressar um novo tipo de arranjo econômico que revolucionaria a vida de todos nós.

Joseph Dart não tinha nenhuma intenção de transformar o mundo. Muito pelo contrário. Passou a maior parte da vida procurando uma maneira mais confiável de se sustentar. Dart nasceu em 1799, numa pequena fazenda junto ao rio Connecticut. Sua vida se tornou ainda mais difícil porque seus pais continuaram tendo filhos. Suas irmãs tiveram dificuldade de encontrar marido, então a casa era cheia de estômagos famintos. Aos vinte anos, Joseph se mudou para o mais longe de casa que era possível na época sem sair dos Estados Unidos, para o que era chamado de Fronteira Noroeste — Buffalo, Nova York. Era uma cidade rude, um lugar para onde caçadores de peles do norte canadense levavam suas peles a fim de vendê-las para mercadores, que as despachavam então para o sul, para as grandes cidades de Boston e Nova York. Essas rotas de expedição eram por terra, exigindo transpor montanhas e viajar por territórios inseguros onde bandidos com frequência saqueavam quem passava.

Joseph chegou em 1821, conseguiu um emprego numa loja especializada em chapéus e peles e, com o tempo, tornou-se sócio no negócio. Imaginou que todos aqueles caçadores do norte e mercadores do sul e do leste quisessem um chapéu bom e firme para protegê-los da chuva e do vento. Seu negócio não se saiu lá tão bem. As pessoas em Buffalo, assim como ele, tendiam a ser pobres e não queriam gastar muito dinheiro num chapéu novo. Joseph passava grande parte do dia à toa, do lado de fora de sua loja na rua principal, que vinha a ser exatamente o caminho entre o porto de Buffalo, no lago Erie, e o mais importante mercado de grãos, no centro da cidade. O negócio de grãos era fraco, como se esperaria numa cidade de fronteira esquecida. Agricultores do noroeste de Nova York e das poucas áreas habitadas de Ontário entravam vagarosos na cidade, com uma mula ou duas carregando alguns sacos de trigo. De vez em quando chegava um barco transportando produtos agrícolas vindos de tão longe quanto Toledo ou Detroit, situadas a margens distantes do lago Erie, mas havia poucos agricultores do Meio-Oeste na época, e os poucos que havia não viam muito motivo para arcar com a despesa de despachar suas mercadorias para alguma cidade lamacenta em terras agrestes do estado de Nova York.

Então, em 26 de outubro de 1825, aconteceu algo que transformaria Buffalo e, com o tempo, os Estados Unidos e até o mundo. Depois de quase uma década de construção, o Canal Erie foi inaugurado. Foi, na época, um dos maiores feitos de engenharia da história, um canal artificial com 584 quilômetros de extensão, passando por granito e montanhas e ligando Buffalo a Albany, no estado de Nova York, e os Grandes Lagos ao rio Hudson. O custo do despacho de uma tonelada de grãos de Buffalo para a cidade de Nova York caiu de cem para dez dólares, e o tempo foi reduzido à metade. Isso significava que qualquer agricultor à distância de uma viagem de mula de um dos Grandes Lagos podia enviar suas mercadorias de maneira rápida e barata para a cidade de Nova York e dali para a Europa. O canal teria um papel crucial na transformação dos Estados Unidos, que deixariam de ser uma nação pobre de colônias agrícolas isoladas para se tornar uma economia nacional e uma força econômica global. Também ajudou a cidade de Nova York a substituir a Filadélfia como centro de poder econômico da nação, embora isso tenha ocorrido pelo menos uma década depois.

De início, na verdade, o Canal Erie teve muitos problemas. Teve sérios vazamentos ao longo de todos os seus 584 quilômetros, e seu leito era raso demais, forçando barcas a viajar bem mais devagar do que o esperado. Foi apelidado de "Vala de Clinton", num deboche a DeWitt Clinton, governador de Nova York e principal proponente do projeto. Por fim, mais de dez anos depois da infeliz inauguração, o canal foi alargado, a um custo enorme. À medida que seu sucesso aumentava, agricultores da Nova Inglaterra e do norte da Europa começaram a se mudar para lugares antes remotos do Meio-Oeste americano, sabendo que poderiam comprar terra barata ou, como colonos beneficiados pela lei de propriedade rural, obter terra de graça e despachar suas mercadorias para Buffalo e depois para resto do mercado global.

Joseph Dart viu tudo isso acontecer na frente de sua loja de chapéus em dificuldade. Como descreveria mais tarde, ele notou que o lento movimento de grãos no lombo de mulas aumentou gradualmente até haver mulas demais para contar. Dart viu que todo o sistema era incrivelmente ineficiente. Os grãos chegavam em mulas ou barcos, em sacos de aniagem. Estivadores carregavam cada saco, um a um, para uma área central. Um comprador de uma empresa de grãos usava uma faca afiada para cortar o saco, pegar um punhado de grãos e oferecer um preço. O vendedor e o comprador então regateavam e, depois disso, o saco era arrastado até uma carroça e puxado por uma mula até o canal, onde era carregado para uma barca. Era um processo tedioso, custoso e demorado. (E para frustração e espanto de Dart, ninguém parecia querer comprar chapéu!)

Como quase todo mundo naquela época, Dart sabia quem era Oliver Evans, o brilhante engenheiro autodidata que revolucionou a moagem de cereais descobrindo como usar uma máquina a vapor de alta pressão para automatizar o moinho. Os moinhos já estavam usando energia a vapor para realizar tarefas como triturar grãos, peneirar o produto resultante e encher sacos com a mercadoria final. Evans foi o primeiro a perceber que o maior custo eram todas as pessoas carregando o material de uma máquina para outra. Ele criou um sistema de baldes e correias transportadoras que cuidava de mover os materiais. Apresentada em 1790, sua automação de moinhos logo o tornou rico e famoso.

Olhando para trás, é um tanto surpreendente que ninguém, nem mesmo o próprio Evans, tenha pensando em aplicar esse sistema de baldes a outras partes do transporte de grãos. Não até Dart ter uma epifania ao observar carroças pesadas de grãos passando enquanto se esforçava para convencer os cidadãos de Buffalo de que eles precisavam de chapéus. Dart comprou uma terra situada exatamente entre o Lago Erie e o Canal Erie; depois, trabalhando com um engenheiro e copiando o sistema de baldes de Evans, que já existia havia cinquenta anos, ele criou o primeiro elevador de grãos automático do mundo. Baldes recolhiam os grãos dos porões dos navios no lago e os transportavam para um enorme silo elevado. Dali, ajudados pela gravidade, os grãos podiam correr por uma grande tubulação de madeira até as barcas no canal.

Dart não foi imediatamente reconhecido como gênio. De acordo com reportagens de jornais, muita gente zombou dele, ridicularizando seus planos para esse aparelho bizarro, usado pela primeira vez em 12 de junho de 1843. Como poderia aquela estranha geringonça, erguendo-se a 15 metros do nível da água, apanhar todos os grãos que chegavam? Naquele primeiro dia, a escuna *Philadelphia* chegou com uma enorme carga de grãos no porão. O elevador de Dart a esvaziou antes do anoitecer e logo a *Philadelphia* estava longe. Nenhum estivador de Buffalo, com seus dias de trabalho longos e difíceis, era páreo para o elevador de Dart, que podia lidar com mais de 1,7 milhão de litros de grãos num dia. Buffalo rapidamente se tornou o centro de grãos do país. Alguns anos antes, Buffalo via cerca de 280 mil litros de grãos por ano. Um ano depois da invenção do elevador, mais de 100 milhões de litros estavam passando pela cidade anualmente.

A invenção de Dart foi rapidamente copiada e aprimorada. Uma década depois, havia imensos elevadores de grãos em Toledo, Filadélfia, Nova York e, mais importante, Chicago. Esse sistema de elevador de grãos chegou juntamente com outras evoluções nos transportes: mais canais estavam sendo cavados e ferrovias se espalhavam pelo país. Logo os Estados Unidos eram o celeiro do mundo, produzindo bilhões de toneladas de trigo, milho e centeio, que fluíam para qualquer que fosse o mercado global disposto a pagar o melhor preço. Essa enorme demanda de grãos inspirou milhões de pessoas a se mudar para cada vez mais longe, entrando pela fronteira americana. Pessoas ambiciosas, insatisfeitas com suas condições na Irlanda, Alemanha, Rússia ou China, eram atraídas pelas histórias da crescente riqueza na América, e, de fato, incontáveis pessoas puderam trocar a mera subsistência e séculos de uma miséria do tipo feudal por algo que, na época, parecia riqueza. Houve perdedores, é claro. Os estivadores não viram a mudança chegando e seu modo de vida desapareceu rapidamente, embora muitos tenham constatado que podiam conseguir empregos ainda melhores — pagamentos maiores com menos danos às costas — em muitas indústrias que explodiram juntamente com os elevadores de grãos.

Não é de admirar que tão poucos tenham visto a mudança chegando: foi profundamente radical. Durante milênios, grãos e outros produtos agrícolas haviam sido vendidos em mercados da Inglaterra medieval ou em postos comerciais ao longo da Rota da Seda, na antiga Assíria. Cada fardo de mercadoria era avaliado por seus próprios méritos e os preços eram negociados, com frequência durante longos períodos, por homens que bebiam chá ou café lentamente, saíam enfurecidos ou elevavam a voz no meio da negociação e se orgulhavam de brigar pelo tempo quanto fosse preciso para obter o melhor acordo. Essa maneira de comprar e vender parecia ser parte inextricável do comércio.

Logo depois que Dart construiu seu elevador, os comerciantes perceberam que tinham um novo problema. Os grãos estavam chegando tão rápido que eles não conseguiam negociar um preço distinto com cada agricultor, ou mesmo com cada dono de barca. A solução apareceu em Chicago, sobre o piso da Câmara de Comércio. Os comerciantes, cercados de grãos e sacos de aniagem cortados, passavam o dia inteiro, todos os dias, oferecendo preços, negociando tão rápido quanto possível. Ainda assim, as pilhas de grãos sem preço aumentavam, com agricultores às vezes esperando dias para descobrir quanto receberiam pelos grãos que haviam trazido para o mercado. Isso era impraticável — uma tampa na grande enxurrada que estava estimulando o crescimento econômico americano.

Então um grupo de comerciantes se reuniu e inventou uma solução simples e elegante, ainda em uso hoje. Criaram cinco graus de qualidade e estabeleceram preços para cada um deles. Agora, todos os grãos que chegassem num saco ou numa barca ou numa carroça puxada por cavalo seriam rapidamente classificados e teriam seu preço estabelecido. Grãos roliços e intactos receberiam a cotação máxima, grau 1. Aqueles um pouco mais finos, com alguns pedaços quebrados em cada punhado, seriam de grau 2, e assim por diante. Cada carga de grãos poderia ser classificada com relativa rapidez e enviada ao local de armazenamento apropriado. O preço seria padrão. Se seu trigo fosse de grau 1, receberia exatamente o mesmo preço de todos os outros trigos de grau 1. Não importava que você tivesse cuidado atentamente de seu produto em Minnesota e o outro saco tivesse vindo de um agricultor preguiçoso do Kansas. Uma vez classificados, todos os grãos se tornavam clones econômicos, suas histórias únicas desapareciam. Isso foi o nascimento da commoditização.

A commoditização foi uma solução tão elegante para os problemas do início da industrialização que rapidamente se espalhou por produtos básicos. Tábuas, cortes de carne, ferro, aço, tudo foi commoditizado. Os produtos receberam níveis de qualidade estabelecidos e preços fixos. Isso permitiu que enormes volumes de coisas fossem produzidos e comercializados com rapidez e eficiência.

A commoditização também proporcionou mais segurança financeira e previsibilidade. Logo os agricultores estavam podendo não apenas comprar e vender os grãos que traziam para o mercado, mas também vender futuros grãos — uma promessa de entregá-los alguns meses ou mesmo alguns anos depois. Isso lhes permitiu planejar melhor. Eles sabiam, antes de plantar uma única semente, quanto dinheiro ganhariam quando seus produtos fossem colhidos. Essa pré-venda lhes permitiu investir em mais terras, mais equipamentos, mais fertilizantes.

Outro benefício notável da commoditização veio com o desenvolvimento do mercado futuro. Uma década depois da Guerra Civil, a Câmara de Comércio de Chicago desenvolvera um mercado futuro maduro. Os agricultores podiam vender um contrato para entregar grãos seis meses ou um ano ou três anos depois. Isso lhes permitia obter dinheiro, hoje, por um produto que ainda não haviam sequer plantado. Alguns também comprariam contratos futuros de grãos de outros agricultores, para ter certeza de que teriam uma colheita grande o bastante mesmo que suas plantações fossem atacadas por insetos ou granizo. Padeiros podiam comprar grãos futuros para assegurar que teriam um suprimento estável a um preço previsível.

Não demorou para que houvesse contratos futuros para carne de boi, carne de porco e quase todo tipo de grão. (Por motivos obscuros, a cebola é o único grande produto agrícola que não pode ser transformado em contratos futuros.) Embora os futuros financeiros possam parecer estranhos e perigosos — as pessoas estão sempre advertindo sobre o impacto desestabilizador da especulação —, em grande medida proporcionaram estabilidade a agricultores e fabricantes de alimentos americanos. As *commodities* asseguraram que empresários pudessem planejar corretamente, proteger-se contra desastres e, em geral, pensar mais a longo prazo. Embora grande parte deste livro rejeite a commoditização como estratégia para a maioria das pessoas hoje, seria errado pensar que ela sempre foi negativa. A commoditização ajudou a criar o mundo moderno e nos tornou ricos o bastante para começar a imaginar uma economia construída não sobre *commodities*, mas sobre paixão.

A General Pencil, a empresa que ainda produz instrumentos para escrever em Nova Jersey, tem suas origens no extremo fim da Idade Média europeia. Em 1823, quando Edward Weissenborn nasceu em Rheinbach, uma cidadezinha do que é hoje o oeste da Alemanha, a fabricação de lápis era uma arte antiga. Exigia-se de mestres fabricantes de lápis que concluíssem vários anos de aprendizado antes de serem considerados peritos o bastante para moldar uma pedra de carbono em uma barra fina e colar um invólucro de madeira em torno dela. Cada região tinha seu próprio estilo de lápis e cada mestre tinha suas técnicas pessoais. Os lápis do sul da Alemanha tendiam a ser um pouco mais curtos e grossos. Os ingleses tendiam a ser mais longos, com barras de carbono espessas.

Quando jovem, na Alemanha, Weissenborn trabalhou na I. I. Renbach Lead Pencil Company, um dos primeiros fabricantes de lápis do mundo que tinha uma fábrica como base. Ele se tornou um assistente inestimável no departamento de engenharia, desenvolvendo projetos para novas máquinas de moer grafite e moldar madeira a fim de produzir lápis finalizados em máquinas. Weissenborn não era membro da abastada família Renbach, porém, e percebeu que nunca poderia crescer num país que ainda se desvencilhava de regras aristocráticas. Então, assim como muitos jovens brilhantes e ambiciosos nascidos na família errada, Weissenborn zarpou para a América. Seu primeiro trabalho, nos anos 1860, foi ajudar a projetar e construir o *USS Monitor*, um navio de guerra encomendado para lutar na Guerra Civil. Nesse trabalho, Weissenborn ganhou dinheiro suficiente para abrir uma fábrica de lápis em Jersey City.

Naquela época, as máquinas que podiam fabricar lápis automaticamente eram o máximo da inovação tecnológica e vistas como uma espécie de milagre. Weissenborn, um astuto negociante, certificou-se de entregar seus produtos nas mãos dos políticos mais poderosos do país, para que eles pudessem atestar que seus lápis eram bem mais uniformes e confiáveis do que a antiga versão feita à mão. (Isso era uma versão do século XIX de trabalhar com "influenciadores" do Instagram.) Ele recebeu, e exibiu com orgulho, cartas de quatro membros do gabinete de Abraham Lincoln, do prefeito de Nova York e do governador do estado de Nova York. Com sua família em rápido crescimento, Weissenborn ajudou a desenvolver o conjunto de maquinaria automatizada que produzia lápis de maneira incrivelmente rápida e barata, incluindo misturadores gigantes que combinavam pedra de grafite pulverizada com argila e outros aditivos; fornos industriais que assavam a mistura resultante para criar a mina do lápis; as máquinas que cavavam sulcos em ripas de cedro para criar espaço para a grafite; e as máquinas de modelagem que transformavam essas ripas em hastes hexagonais. A General Pencil foi uma das primeiras fábricas a adotar a cor amarela que, nos anos 1890, se tornara o símbolo universal de um lápis com qualidade de fabricação. Durante algum tempo, a General Pencil, situada numa colina com vista para Manhattan, foi a maior e mais avançada fábrica de lápis do mundo.

Quando Weissenborn passou sua empresa para o filho e, com o tempo, para o neto, a economia dos EUA estava vivendo sua própria transformação. O desenvolvimento do processamento de imensos lotes pavimentou o caminho para enormes economias de escala. Nos anos 1910, a correia de transmissão aumentou incrivelmente a velocidade de produção até mesmo das máquinas mais complexas, como o automóvel. Nos anos 1920, vieram as corporações totalmente modernas, com seus gerentes de nível médio e suas hierarquias amplamente compreendidas. Cada década trouxe novos e imensos avanços — o avião, o caminhão, o sistema de rodovias, o computador, a química moderna e o plástico. Cada dia trazia avanços menores também. Essas revoluções tecnológicas significaram que a economia americana estava se tornando cada vez mais produtiva. Cada hora trabalhada rendia muito mais. Durante a maior parte do século XX, empresas cresceram tão rápido que precisaram contratar um enorme número de trabalhadores, então competiam por salários crescentes. Os trabalhadores, ganhando mais dinheiro, compravam mais coisas, o que significava que as empresas tinham um desempenho ainda melhor, pagavam mais e o círculo virtuoso continuava. Para muitos americanos, foi um século de ouro. Empresas ficaram maiores e mais ricas fazendo produtos de forma mais barata. O poder de compra do americano médio disparou e nossas vidas melhoraram. As pessoas se tornaram mais cultas e, como ficavam períodos mais longos na escola, também precisavam de mais lápis. Na virada do século, menos de 10% dos americanos cumpriam o ensino médio; nos anos 1950, quase todos.

Tudo isso significou que havia uma enorme demanda por lápis. Só em Nova Jersey, o número de crianças em escolas disparou de uns poucos milhares, em 1900, para 2,2 milhões em 2000. Cada uma dessas crianças usava muitos lápis. Com razoável rapidez, a General Pencil estava recebendo tantos pedidos de tantos distritos escolares que já não precisava estar na vanguarda das inovações.

O negócio de lápis nos EUA se tornara a essa altura o que os economistas chamam de maduro. Era um negócio estável em que várias dezenas de fabricantes americanos detinham parcelas razoavelmente fixas do mercado, com base principalmente na geografia. Uma vez que os lápis eram um produto relativamente barato, não era economicamente vantajoso despachá-los para muito longe, e os clientes não viam muito sentido em tentar pressionar seus fornecedores para economizar alguns centavos aqui ou ali.

Edward dirigiu a empresa até os anos 1890; depois, um de seus filhos, Oscar, assumiu e ficou no comando da firma até 1927, quando entregou as rédeas a Oscar Jr. Em 1979, quando o quarto Weissenborn a liderar a General Pencil, Jim, tornou-se o chefe, a empresa que ele dirigiu era bem parecida com aquela que seu bisavô havia aberto. Nunca houve mais do que cinquenta funcionários. No porão, os tambores para misturar grafite comprados em 1875 ainda giravam a seis revoluções por minuto, durante quase todos os minutos do dia. Eram rodados por correias de couro que, instaladas em 1904, eram movidas por um antigo motor a diesel comprado em algum momento durante a Primeira Guerra Mundial. Tecnologia e velocidade já não eram os principais fatores no sucesso da General. Ter longas e profundas relações com distritos escolares era a ferramenta competitiva essencial que assegurava que centenas de milhares de lápis fossem encomendados a cada mês.

Esse mundo sossegado viveu uma reviravolta nos anos 1990, quando algo inteiramente novo começou a acontecer. Navios chegavam a Port Newark, na vizinhança, com enormes contêineres cheios de lápis feitos na China. Esses lápis pareciam idênticos aos da General. Eram amarelos e tinham o mesmo grafite nº 2, tubo de metal e borracha na ponta, mas havia uma enorme diferença: custavam uma fração do preço dos lápis da General. As escolas públicas podiam comprar uma grosa — 144 unidades — por 1,50 dólar. Com razoável rapidez, as relações de Jim Weissenborn com distritos escolares do país, construídas ao longo de um século, desapareceram. Primeiro o distrito de Kearney telefonou e disse, desculpe, mas eles não podiam continuar comprando os lápis da General. Com a economia obtida com os lápis baratos da China, podiam gastar mais na educação das crianças. Depois vieram os telefonemas de Trenton e Asbury Park. Logo, não veio mais nenhum telefonema. Os distritos simplesmente pararam de comprar. A perda mais difícil foi quando Jersey City — sede da General Pencil e o distrito onde Jim Weissenborn, seus pais, seus filhos e quase todos os seus funcionários haviam estudado — cancelou seu pedido.

As notícias no informativo da Associação de Fabricantes de Instrumentos para Escrever confirmaram que a mesma coisa estava acontecendo em todo o país. A Dixon Ticonderoga transferiu a maior parte de suas operações para a fonte de todos os problemas: China e México. Parecia claro, pensou Jim, que esse seria o fim da história para a General Pencil também.

Jim Weissenborn sempre supusera que seria o último membro da família a dirigir a General Pencil. Embora sua filha, Katie, adorasse ir à fábrica quando era pequena — com frequência apanhando carvão vegetal ainda morno no forno —, ela pareceu perder o interesse pelo negócio à medida que cresceu. Quando terminou a faculdade, Katie disse ao pai que não tinha nenhum interesse em descobrir como tirar mais uma fração de centavo na maquinaria ou como elevar em 8% a produção de lápis por hora. Depois, ela participou de uma reunião de marketing e percebeu que adoraria passar os dias desenhando e descobrindo como contar a história da General Pencil a lojistas e clientes.

Um dia, quando estava comprando material de arte, Katie notou que a loja só tinha lápis baratos — uma dúzia por um dólar, importados da China. Katie os odiava. Ela se ressentia por aqueles lápis terem destruído o negócio de sua família, mas também os odiava pela grafite inferior, que levava a um risco fraco e inconsistente. Odiava que eles fossem feitos com madeira barata do Vietnã, que tinha uma probabilidade maior de lascar e possivelmente estragar para sempre a paixão de uma criança por desenhar. A única alternativa eram os lápis para desenho profissional, desenvolvidos cientificamente na Alemanha, que custavam mais de 2 dólares cada.

Naquele momento, Katie percebeu que se deparara com um enorme buraco no mercado americano de lápis. Não era possível que ela fosse a única pessoa que quisesse um utensílio sólido e confiável para desenhar, algo entre duas opções extremas. Os pais, ela sabia, pagariam alegremente um pouco mais por lápis feitos especialmente para seus filhos. Ela pegou o telefone, ligou para o pai e lhe ofereceu uma ideia que poderia salvar o negócio da família.

Katie acabou criando uma linha de kits que incluía material para desenhar e livros de instrução baseados em suas aulas. Havia kits para ensinar meninas pequenas a desenhar pôneis e borboletas e kits para meninos que quisessem desenhar caminhões de bombeiro e aviões. (Katie, porém, sempre gostava mais quando um menino apanhava um kit de borboletas ou quando uma menininha desenhava alegremente um caminhão de bombeiro.) Havia kits com fileiras inteiras de lápis coloridos e kits com carvão vegetal para adolescentes que tinham objetivos mais ambiciosos e desejavam desenvolver habilidades mais abrangentes. A grande maioria continha um Semi-Hex nº 2 amarelo da General Pencil.

Os kits de Katie foram introduzidos ao público-alvo preciso com pouca ou nenhuma concorrência. As empresas que despachavam contêineres com cargas de lápis chineses eram grandes e distantes demais para se preocupar com um mercado de nicho como esse. Ainda estavam satisfeitas vendendo *commodities*. As empresas alemãs, que precisavam manter sua reputação profissional, estavam relutantes em diluir sua imagem de marca focando em crianças. Foi por isso que Katie pôde cobrar um dólar por cada um de seus lápis. Os pais que compram kits da General Pencil para seus filhos ficam felizes por pagar mais, já que estão adquirindo um produto criado precisamente para eles.

P assei a pensar no "teste do lápis" sempre que sou confrontado com uma pergunta sobre qual a melhor forma de prosperar numa economia global que muda rapidamente. Não há produto mais commoditizado e mais facilmente reproduzível do que o simples lápis nº 2, mas a General Pencil foi capaz de sair da concorrência de *commodity*. Conseguiu prosperar e lucrar identificando um público específico com necessidades claras e atendendo criteriosamente a esse público. Quase todos os negócios nos Estados Unidos e todas as pessoas com um emprego nos Estados Unidos estão num lado ou no outro do teste do lápis. Ou são uma *commodity* ou estão adicionando um valor específico para um público específico que os grandes concorrentes de *commodities* nunca poderiam adicionar.

Ser o líder de um negócio de *commodity* certamente pode ser lucrativo, mas há tão pouco lucro em *commodities* que as empresas precisam vender volumes enormes para ter lucro. Esse é o modelo do Walmart, em que o lucro provém de cortar implacavelmente cada centavo do custo e expandir o mercado o mais rapidamente possível. Mesmo para empresas enormes, essa não é uma maneira fácil de ganhar a vida. Barreiras geográficas costumavam impedir que negócios de *commodity* competissem entre si, e o desenvolvimento mais lento da tecnologia significava que os negócios de *commodity* não se transformavam com tanta frequência. Hoje, porém, não existe, basicamente, nenhuma barreira para qualquer grande negócio de *commodity*. As *commodities* fluem, de maneira rápida e barata, pelo mundo inteiro. E a tecnologia muda com tanta rapidez que os negócios de *commodity* se transformam rapidamente e com frequência. Competir num negócio de *commodity* hoje em dia requer bilhões de dólares, a vanguarda do desenvolvimento tecnológico e ligações comerciais com o mundo inteiro. A maioria das pessoas não possui esses recursos.

Então elas precisam sair completamente do jogo de *commodity*. Precisam encontrar uma maneira de adicionar valor ao preço da *commodity* para um público específico disposto a pagar esse preço.

Isso pode exigir coragem. Anos atrás, Katie disse a Jim que eles deveriam parar de vender para o Walmart, uma vez que o grande varejista os forçaria constantemente a baixar os preços. Jim ficou apavorado. O Walmart representava uma enorme porção de suas vendas. Katie lhe assegurou que, mudando para uma estratégia de preço não baseada em *commodity* e reduzindo aquele alto volume, a estratégia de baixo custo lhes daria mais dinheiro a longo prazo. Um ano depois, foi o que aconteceu.

Katie, a atual presidente da General Pencil, cresceu com a firme resolução de nunca, jamais, trabalhar na empresa da família. Claro, ela gostou do processo de desenvolver aqueles kits para crianças e sempre era divertido visitar a fábrica, mas Katie era muito mais uma artista do que uma industrial. Sua paixão era desenhar a natureza, não olhar planilhas, preocupar-se com o custo crescente da grafite e com o gargalo do distribuidor no Meio-Oeste. Isso eram coisas que seu pai adorava e que nunca seriam para ela.

No entanto, quando trabalhou com o pai desenvolvendo os kits de lápis, ela se viu fascinada por algumas das próprias coisas que supunha odiar. Distribuição, percebeu, não é só uma palavra empresarial chata, mas uma maneira de fazer os lápis chegarem às mãos de crianças e artistas. Finanças não são planilhas terrivelmente chatas, mas uma linguagem que lhe permite tomar decisões melhores sobre os experimentos que quer realizar e que a orienta quando ela inventa diferentes tipos de kit e avalia quais deles tiveram o êxito de encontrar um mercado. Ela nunca faria da distribuição e das finanças o cerne de seu trabalho. A General Pencil tem muitos especialistas nessas áreas. Mesmo assim, Katie aprendeu que pode haver muita alegria e criatividade nos negócios assim como há na arte. Bem, talvez não tanto, mas o bastante para valer a pena. Quando seu pai, Jim, ficou mais velho e achou a carga diária de dirigir um negócio de lápis exaustiva demais, Katie ficou chocada ao perceber que queria assumir. Ela nunca se divertiu tanto na vida.

CAPÍTULO 10

O mundo numa barra de chocolate

*Quando um jesuíta e um piloto agnóstico da Marinha
se juntam para transformar o mercado de doces*

Assisti a um vídeo de um homem chamado Denis Ring descrevendo a alegria de um caramelo puxa-puxa, cremoso, do tipo que deixa os dedos grudentos quando você come e enche a boca de uma combinação de açúcar derretido, manteiga queimada e creme espesso. Ele faz isso com uma intensidade tão sutil — um sorriso no rosto, paixão na voz — que concluí que aquilo não era apenas um anúncio de sua empresa de doces, mas uma expressão de algo mais profundo. Telefonei para Ring — o fundador da OCHO Candy, que faz, entre outras coisas, uma barra de caramelo de chocolate — e, cara, não imaginei que fosse tão profundo.

A OCHO Candy é um fabricante de doces pequeno, mas que cresce rápido, em Oakland, Califórnia. Denis é um homem alto, magro, de 63 anos, com modos gentis e um jeito de falar suave, lento e preciso. É fácil imaginá-lo como pediatra ou instrutor de ioga. Fundou a empresa com um amigo mais jovem, Scott Kucirek, que, em termos de comportamento, é o seu oposto. Scott fala rápido, caminha rápido, despeja uma enxurrada de informações. É fácil ver como a parceria funciona. A OCHO Candy começou com um sentimento que Denis tinha, uma paixão que — como logo veremos — foi motivada tanto por um anseio espiritual como por uma busca de lucro. Ele representa o cerne suave, tranquilo, espiritual do negócio. Scott é o executor, a força energética que supervisiona a operação, gerencia a equipe, cuida dos números e geralmente assegura que os doces da OCHO estejam disponíveis em todos os lugares onde as pessoas possam querer uma guloseima rápida.

A OCHO Candy jamais poderia ter existido num momento anterior da história. Simplesmente não havia os tipos certos de conhecimento técnico, maquinaria, instrumentos financeiros e estruturas de cadeia de abastecimento para transformar a paixão de Denis num produto disponível em prateleiras de todo o país. Sempre houve pessoas idealizando um tipo particularmente maravilhoso de doce, e muitas delas foram capazes de vendê-lo para um pequeno grupo de fãs locais. No entanto, nada que se tornava nacional ou internacional — Snickers e Twix, M&M's e Reese's Peanut Butter Cups — era resultado das paixões únicas de uma pessoa. Eram produtos industriais, criados — e realmente planejados — para serem produzidos em massa de maneira rápida e barata. Quem come Snickers (que, é claro, é uma delícia) está provando industrialização, o produto de uma série de concessões baseadas no custo e na disponibilidade de matérias-primas, a química de alimentos altamente processados, as exigências físicas de um doce feito em quantidade por máquinas e a criação de uma cadeia de abastecimento global. Quem come uma barra de caramelo e amendoim da OCHO (que é ainda mais deliciosa) está provando a manifestação física da busca apaixonada de um homem durante toda a sua vida.

Denis diz que era um típico adolescente irlandês-americano como os que havia nos Estados Unidos por volta de 1970. Ele cresceu no leste de San Francisco, mas não tinha nenhuma consciência da revolução social que ocorria sobre as colinas e a baía. Não que sua família fosse tão religiosa ou conservadora; eram simplesmente americanos normais que tinham mais em comum com os habitantes de cidadezinhas do Meio-Oeste do que com o carnaval de sexo e drogas livres ali tão próximo. Seu pai era advogado, sua mãe era dona de casa. Ele praticava esportes, não especialmente bem, e era um bom aluno, mas nada excepcional. Sua família ia à igreja todo domingo e depois não dedicava nenhum tempo a pensar na fé durante o resto da semana. Hoje, relembrando décadas atrás, ele acha que um indício de seu futuro caminho na vida era o tempo que passava observando o riacho atrás de sua casa fluir suavemente; às vezes, ele se via fazendo uma oração que ouvira na igreja.

Em 1974, Denis foi para a Universidade de Santa Clara, uma escola jesuíta a uma hora a sudeste de San Francisco. Era uma época agitada para ser universitário. A contracultura, a essa altura, perdera as ambições ideológicas e espirituais (por menos claras que sempre tivessem sido; o que, exatamente, é a Era de Aquário e o que aconteceria se vivêssemos nela?) e se tornara mais focada nos prazeres imediatos da carne. Aos poucos, Denis passou a ver que tinha uma alma profundamente apaixonada, que ansiava por algo real. Ele via outros universitários fumando maconha e tomando pílulas, sabia sobre a promiscuidade sexual deles e sentia repulsa. Não era por um conservadorismo moralista que se zangava; é que tudo aquilo parecia tão falso, tão desesperado, tão triste e imaterial. Todos à sua volta riam muito, falavam sobre suas experiências loucas, mas não pareciam felizes, realmente felizes. Iam de uma onda rápida para outra.

Muitos professores de Denis eram jesuítas — padres que haviam feito um voto de castidade, pobreza e obediência à igreja. Isso era, é claro, o exato oposto dos valores que prevaleciam à sua volta, mas muitos de seus professores pareciam profundamente felizes. Isso não significa que estivessem chapados e rindo o tempo todo, ou que compartilhassem constantemente sua grande aventura mais recente. Pelo contrário, eles eram quietos e reflexivos. Quando expressavam exuberância, com frequência era por causa de um insight intelectual ou espiritual que haviam tido por meio de estudo atento e orações.

Denis percebeu que essa versão jesuíta da fé católica era bem diferente daquela na qual fora criado. Quando era criança, a igreja lhe parecia uma experiência de mão única. A missa era como um pacote que já vinha pronto, criado por pessoas muito distantes e muito tempo atrás, que Denis deveria simplesmente aceitar passivamente. Isso o fez pensar em seus pais e na vida confortável de classe média que levavam. Eles também acreditavam que ter uma boa casa, dois carros e uma casa para os feriados era tudo o que precisavam para serem felizes. Igreja, casa, drogas, sexo: de certa maneira, era tudo igual para Denis. Aquelas coisas deveriam ser fontes de felicidade pré-aprovadas, e ninguém parava para pensar se tornavam as pessoas felizes. Se não tornavam, o que tornaria?

Ele estava aprendendo que a abordagem jesuíta não era buscar uma solução que já vinha pronta e depois esperar ser feliz. Os jesuítas viam suas vidas inteiras como uma jornada de contínua descoberta da fonte da verdade, da profunda felicidade — o que, para eles, era o amor de Deus. O momento mais profundo de Denis foi quando ele encontrou um livro, *Novas sementes de contemplação*, de Thomas Merton, um monge trapista. Denis leu o livro repetidamente e se deu conta de que aquele era o tipo de fé que vinha procurando. Esse livro, percebeu, seria um guia essencial para ele pelo resto de sua vida. Descrevia uma vida fundamentada na ideia de que Deus ama verdadeiramente as pessoas, e se elas se entregam verdadeiramente a esse amor, isso proporciona uma felicidade eterna a que nenhuma outra fonte pode se igualar. A questão é que nem sempre é fácil encontrar o amor, e isso exige uma real dedicação. Na tradição trapista, assim como na jesuíta, deve-se dedicar momentos específicos do dia à oração e buscar ativamente a presença do amor de Deus no mundo. Os trapistas são, porém, mais isolados que os jesuítas, vivendo como monges, afastados da sociedade, e buscam Deus por meio das coisas que fazem em seus mosteiros — por meio das preces, mas também de tarefas simples, como assar pães ou fazer queijo ou vinho.

Quando se formou na faculdade, Denis estava pronto para dedicar toda a sua vida a se entregar ao amor de Deus por meio da prática espiritual. Ele se tornou jesuíta. Isso significou se mudar para uma casa com outros jesuítas e fazer os votos necessários. Não é um passo simples. Eles exigem que os potenciais noviços passem por uma série de exames psicológicos e intensas conversas espirituais para se assegurar de que apenas aqueles verdadeiramente dispostos a essa vida desafiadora sejam admitidos. Denis tinha um dom natural. Assim como todos os jesuítas, acordava bem antes do amanhecer e passava a primeira hora do dia em prece silenciosa. Em seguida, ele e seus companheiros jesuítas se reuniam para o café da manhã e, geralmente, conversavam abertamente sobre o que quer que estivessem lendo ou pensando ou rezando. Havia excelentes padeiros e chefes de cozinha que consideravam o preparo de refeições saudáveis e deliciosas e estar à mesa juntos coisas fundamentais para sua conexão espiritual com o amor de Deus.

Os jesuítas, diferentemente dos monges trapistas, acreditam em estar presentes no mundo, servindo diretamente às pessoas em público. Denis trabalhou como servente num hospital, depois serviu comida a pessoas sem-teto e mais tarde lecionou numa escola de ensino médio jesuíta. Planejava se tornar padre, o que significava que deveria ter estudado. Ele foi para a Fordham University, uma escola jesuíta em Nova York, e estudou para um mestrado em filosofia. Embora a vida jesuíta seja comprometida com a obediência à igreja, e todos os jesuítas devam aderir a certas regras, a ordem também incentiva cada um a encontrar seu próprio caminho espiritual. Quando estava na escola de pós-graduação, Denis começou a acreditar que a comida era fundamental para seu caminho religioso. Quando pensava em seus dias mais preciosos, sempre se lembrava das refeições compartilhadas com a comunidade jesuíta. Ele passou a pensar numa comida boa e saudável como uma conexão direta com Deus. Era, um tanto literalmente, levar uma pouquinho da criação amorosa de Deus para dentro de seu corpo, e cada refeição lhe oferecia uma oportunidade ou de se abrir para o amor de Deus ou de devorar cegamente o que estivesse no prato, talvez carregado de açúcar ou sal suficientes para lhe dar uma excitação momentânea. Esse interesse por comida levou Denis a outra paixão, uma fascinação pela espiritualidade e ética dos negócios.

Com bastante frequência, pensou ele, os negócios são vistos como completamente isolados das relações espirituais. Entretanto, os negócios dominam nossas vidas. Trabalhamos num negócio e compramos em outros negócios, usando o dinheiro que ganhamos num negócio. É absurdo, pensou ele, imaginar que nos despimos de nosso eu espiritual quando entramos no escritório ou numa loja e depois o vestimos de novo quando vamos embora. Um mentor de Denis, um padre jesuíta com Ph.D. em psicologia, incentivou-o a entrar numa escola de administração. Um padre sem nenhum conhecimento de como os negócios funcionam não teria nenhuma credibilidade e, portanto, nenhuma influência sobre pessoas de negócios. Denis gostou da ideia e logo se matriculou na Yale School of Management. Aprendeu bastante sobre negócios, o que o ajudou em seu trabalho seguinte: lecionar administração em cursos da Loyolla Marymount, uma universidade jesuíta em Los Angeles. Ele tinha 29 anos e seu compromisso espiritual com o caminho jesuíta nunca havia sido tão forte. Quando estava prestes a iniciar o processo de ordenação para se tornar padre, ele hesitou. Decidiu que não podia fazer isso. Sabia em seu coração que queria uma esposa e filhos.

Com surpreendente rapidez, Denis deixou os jesuítas — deixou tudo o que conhecera como adulto, todos os seus amigos, sua casa, até sua fonte de comida. "Eu estava vivendo sob um voto de pobreza havia sete anos", recorda ele. "Não tinha carro, terno, cama ou apartamento. Não tinha dinheiro. Não tinha nada." Ele telefonou para um amigo da escola de administração, que telefonou para seu pai empresário, que contratou Denis para um trabalho de "estratégia" numa grande empresa telefônica. Três anos depois, estava casado, tinha uma casa e, logo, ele e sua esposa teriam filhos. Denis mantinha sua prática espiritual rezando por conta própria, passando algum tempo com amigos jesuítas e servindo a vários conselhos diretores de organizações jesuítas, mas de muitas maneiras estava vivendo justamente a vida que, em determinado momento, tentara evitar com tanta determinação. Estava trabalhando numa indústria pela qual não tinha um interesse particular, fazendo um trabalho que achava inteiramente distante de sua vida espiritual. Ele decidiu deixar a indústria de telecomunicações para poder trabalhar com alimentos. Abriu mão de um bocado de riqueza provável ao fazer isso, mas sabia que precisava seguir sua paixão.

Depois de alguns empregos em supermercados no início dos anos 1990, ele ficou com uma fixação no Whole Foods Market, na época ainda uma rede relativamente nova, pequena, que alcançava apenas a Califórnia. Denis adorava que o Whole Foods oferecesse uma ampla variedade de alimentos naturais deliciosos, saudáveis. O próprio projeto das lojas demonstrava uma abordagem mais amorosa dos alimentos do que a do típico supermercado industrial, mas o Whole Foods era tão caro — "Pagamento Integral", brincavam os compradores — que Denis achava que estava fora do alcance da maioria das pessoas e, portanto, não fazia uma diferença de verdade. Por acaso, ele tinha um amigo que era próximo de John Mackey, o fundador do Whole Foods, e logo ele se viu sentado no escritório desse amigo explicando sua visão a Mackey. Mackey o desafiou: O que ele faria diferente? Denis respondeu que criaria uma marca própria para o Whole Foods, uma variação de marcas genéricas vendidas com frequência em supermercados com grandes descontos. Mackey lhe disse para ir em frente, e assim, de repente, Denis era o fundador e coproprietário da Whole Foods 365, uma empresa que ele possuía juntamente com a rede de supermercados. Essa empresa criou uma linha inteira de produtos feitos de ingredientes naturais, minimamente processados, e que deveriam ser vendidos a preços acessíveis.

Denis e sua pequena equipe dirigiram a empresa durante os primeiros cinco anos, aprenderam bastante sobre o negócio de alimentos e notaram uma tendência clara. As alternativas mais saudáveis, orgânicas, às marcas de alimentos tradicionais estavam fazendo um ótimo negócio, mas com uma condição crucial: tinham que ter um sabor realmente bom. As alternativas naturais comparativamente sem graça, sem gosto, dos anos 1970 e 1980 (minha mãe me dava biscoitos de alfarroba que eu tinha certeza de que eram feitos de serragem), nunca conquistaram uma grande participação no mercado. Já os alimentos orgânicos do fim dos anos 1990 e início dos anos 2000 se saíram muito bem. A Honest Tea, as refeições congeladas Amy's, o macarrão com queijo Annie's, sorvetes orgânicos e os produtos Bob's Red Mill eram não apenas melhores, mas também mais lucrativos e cresciam mais rápido que as marcas tradicionais.

Isso não deveria ser uma surpresa. As marcas tradicionais — os nomes familiares produzidos por P&G, Unilever, aveia Quaker, Kellogg's e outros — são indústrias maduras. Tiveram seu período de crescimento explosivo e agora competem por pequenas mudanças de participação no mercado. É improvável que milhões de pessoas descubram uma paixão antes desconhecida por, digamos, cereais Cheerios ou chá Lipton. Em vez disso, essas marcas estão numa espécie de guerra de trincheiras com sua concorrência, lutando para dominar o espaço nas prateleiras das lojas e inventando mensagens para aumentar sua participação num mercado já saturado. Novas marcas — em especial aquelas que têm uma abordagem radicalmente nova para um alimento familiar — podem alcançar um enorme crescimento. Isso foi especialmente verdade para os produtos orgânicos. Em poucos anos, categorias inteiras de compradores, dominadas por pais bem de vida, trocaram marcas de alimentos tradicionais por produtos contendo menos substâncias químicas. Isso abriu um amplo espaço para crescimento e lucro. O setor orgânico também estava num momento excelente para os empreendedores: grande o bastante para dar dinheiro mas pequeno o suficiente para não ser um foco importante de grandes empresas (pelo menos no início).

Denis recorda um verão em que ele e sua família estavam de férias na praia. Ele desenvolveu uma rotina: quando o sol estava mais forte, ia até um sorveteiro e comprava algumas barras de Snickers congeladas para os filhos. Certa tarde, enquanto comiam o doce, ele leu a embalagem e mal conseguiu conter um grito diante dos ingredientes nada naturais, altamente processados. Por que havia tantos aromatizantes artificiais e tanto óleo de soja parcialmente hidrogenado (uma fonte de gordura trans, que é um dos alimentos menos saudáveis que comemos)? Ali, na areia quente, ele proclamou que alguém criaria uma alternativa orgânica à barra de Snickers com um sabor melhor, ingredientes mais saudáveis, e venderia muito. Denis nunca pensou que pudesse ser ele. (Depois disso os produtos Snickers deixaram de ter tanta gordura trans.)

Vale a pena fazer uma pausa por um instante para estudar a barra de Snickers e seus vários primos: Twix, Crunch, Chunky, Charleston Chew, York Peppermint Pattie, Heath, KitKat, Reese's Peanut Butter Cups, Almond Joy. Assim como grande parte das coisas que passaram a fazer parte da nossa vida, a barra de chocolate é uma invenção relativamente nova, uma ferramenta que se tornou parte da economia de ferramenta. A barra de Snickers foi criada em 1930 como parte de uma batalha entre duas empresas industriais gigantes, a Hershey e a Mars. A Hershey dominava. Tornara-se especialista em comprar chocolate do mundo inteiro com os maiores descontos no preço e desenvolver a maquinaria que podia transformar de forma rápida e barata esse chocolate numa barra sólida.

Em Minnesota, um pai e um filho muito ambiciosos, mas até então malsucedidos, chamados Mars, viam a Hershey com uma inveja raivosa. (A família Mars mais tarde se rompeu, com pai e filho em empresas diferentes e competindo amargamente entre si.) Frank e seu filho, Forrest Mars, tinham uma pequena empresa de fabricação de doces na qual longas fileiras de mulheres imigrantes escandinavas — esposas de agricultores — faziam uma grande variedade de docinhos vendidos por peso em lojas próximas à fábrica. Isso não era suficiente para os Mars — eles queriam ser tão grandes quanto a Hershey; não, queriam ser maiores, os fabricantes de doces dominantes no país e depois no mundo.

Foi o filho, Forrest, quem elaborou o plano original. Ele sabia que seu processo manual de fazer doces era lento e caro demais para lhe permitir competir. Teve dois grandes insights que transformariam o modo como os americanos consomem doces. O primeiro foi que a Hershey estava cometendo um erro caro ao criar barras de chocolate *sólido*. O chocolate é um material temperamental e trabalhar com ele em condições industriais estava provando ser um desafio. Era preciso muito tempo para derretê-lo para que fosse possível derramá-lo num molde e depois resfriá-lo para torná-lo sólido. Pior ainda: durante o processo de despachá-lo para os distribuidores e depois para os varejistas, o chocolate podia derreter e se tornar invendável. A segunda coisa que Forrest percebeu foi que o chocolate era caro, difícil de comprar e, quando a empresa se industrializou, tornou-se mais caro porque exigia trazer as sementes de cacau de lugares cada vez mais remotos, portanto a Hershey estava tornando as coisas difíceis para si mesma.

Forrest imaginou uma barra feita de uma fina camada de chocolate em torno de um produto muito mais barato e mais fácil de produzir, que não exigisse todo aquele resfriamento e não derretesse em trânsito. Experimentou todo tipo de recheio — coco, creme mentolado, manteiga de amendoim — e chegou à receita que agora conhecemos tão bem. Há uma camada de nugá, uma camada de caramelo, algumas nozes e então a cobertura mais fina possível de chocolate. Os ingredientes escolhidos eram bem mais baratos e volumosos que o chocolate, permitindo uma barra rechonchuda de aparência bem mais substancial do que a barra fina da Hershey.

O nugá era uma escolha obscura. De acordo com o livro *All Kinds of Nougat*, de Marie Josèphe Moncorgé, a primeira referência ao nugá está num livro de culinária de mil anos, de Bagdá. Mais tarde, o doce se espalhou para a Espanha e Itália, lugares onde é conhecido como *turrón* e *torrone*, respectivamente. Tradicionalmente, é feito de açúcar derretido, clara de ovo, baunilha, cítricos ou outros aromatizantes e algum recheio saboroso, como nozes, frutas secas ou chocolate. É mastigável, rico e complexo. A ideia é misturar vários sabores improváveis para criar um gosto surpreendente. Não foi isso que atraiu Forrest Mars. Seu nugá é um produto quase sem sabor produzido em massa, feito com leite em pó e proteína extraída de ovos. Foi criado puramente para ser um recheio espesso, barato e de fácil produção, que daria alguma textura e volume.

A camada de caramelo é uma transformação industrial semelhante a de um doce tradicional. Em sua forma original, o caramelo é um líquido viscoso, feito de açúcar derretido, que pode ser derramado sobre uma sobremesa, como pudim. Mais tarde, em terras americanas, acrescentou-se leite para torná-lo mais espesso. Em *Uma casa na floresta*, Laura Ingalls Wilder recorda que derramava um caramelo meloso e morno feito por sua mãe numa panela cheia de neve, o que resultava num doce mastigável que ela adorava. Para Forrest, porém, o caramelo, assim como o nugá, precisava ser firme o bastante para ser cortado por serras circulares em rápido movimento — do tipo criado para cortar madeira em serrarias. O recheio do tamanho de uma barra podia então ser empurrado através de uma cascata de chocolate derretido para que este formasse a camada externa do Snickers.

Quando Forrest Mars criou o doce e a maquinaria que o produziria, os americanos adoraram. Ali estava um doce barato, feito de maneira segura, uniforme, e disponível onde quer que as pessoas fizessem compras. Você podia jogá-lo numa sacola e saber que o sabor seria bom horas ou mesmo semanas depois. As barras de Snickers foram lançadas por cinco centavos de dólar durante a Grande Depressão; ofereciam aos consumidores um doce grande e substancioso que quase podia substituir uma refeição inteira. Era uma espécie de milagre. As pessoas gostaram. Por ter desenvolvido a barra perfeita da economia de ferramenta, cuidadosamente planejada para ser feita com rapidez, a Mars pode agora produzir 15 milhões de unidades por dia, setenta por segundo.

O motivo pelo qual o Snickers se tornou a barra mais popular do país e, depois, do mundo não é o sabor. Muitas barras de doce se saem melhor em testes de sabor. O Snickers é o doce mais popular porque está em toda parte.

Não bastava produzir uma quantidade enorme de barras de Snickers. A Mars tinha que encontrar uma maneira de fazer as barras chegarem a cada loja do país que vendesse doces, o que significa que tinha que atrair incontáveis milhares de distribuidores de doce locais. Cada cidade tinha uma e as grandes cidades tinham dezenas de pequenas empresas familiares que compravam doces no atacado e os vendiam para lojas de doces, farmácias locais, mercearias e outras casas do varejo. Foi um trabalho duro. A Mars teve que empregar centenas de vendedores para manter relações com todos aqueles pequenos distribuidores. Cada distribuidor teve que empregar vários de seus próprios vendedores para visitar constantemente todos os pequenos varejistas a fim de verificar os estoques e pedir reposições,

Uma vez construída, a operação de venda e distribuição da Mars se tornou famosa e formidável. Intimidou potenciais rivais. Qualquer pessoa que quisesse competir com o Snickers ou, mais tarde, com M&M's, Twix ou outros doces da Mars teria primeiro que construir a própria grande rede de distribuição. Para a Mars, sua imensa rede foi se reforçando. Como podia vender doces em cada loja apropriada do país, a empresa tinha uma receita grande. Essa receita lhe permitiu continuar a crescer, investindo continuamente numa fabricação de doces cujo custo era cada vez mais compensador, comprando ou construindo máquinas maiores e mais rápidas por toda parte. Como a empresa cresceu em tamanho, pôde obter maiores descontos em suas matérias-primas, como pó de cacau, nozes e clara de ovo. Isso significa que a produção de cada barra de doce custava menos, o que permitiu aos gerentes da Mars oferecer maiores descontos aos distribuidores e lojas que promoviam seus doces. Isso também lhes deu recursos para lançar grandes campanhas de propaganda.

A empresa foi ficando cada vez maior. O foco da Mars em produção e distribuição em massa lhe permitiu superar sua antiga rival, a Hershey, e se tornar o maior fabricante de doces do mundo, posição que manteve. A Mars era o supremo negócio de ferramenta. Fazia uma variedade de produtos surpreendentemente pequena. Apenas três marcas — Snickers, Twix e M&M's — respondiam por mais da metade de suas vendas. As inovações passaram a ser lentas, se é que houve alguma. Uma barra de Snickers hoje é praticamente a mesma que era produzida em 1930. O M&M's teve pequenas inovações. Lançado em 1941, teve o icônico *m* impresso em cada pedacinho em 1950 e, em 1954, criou-se uma versão com amendoim. Durante décadas posteriores, as únicas mudanças no produto foram nas cores: foram acrescentadas laranja e azul, e castanho e violeta saíram. Como clássica linha de produtos da economia de ferramentas, o M&M's permaneceu bastante estável; os executivos focaram quase todas as suas inovações no aprimoramento da produção interna da linha, descobrindo maneiras de fazer exatamente a mesma coisa por menos dinheiro. Hoje, essa falta de inovações fundamentais está à mostra em cada loja de doces: pequenas variações do mesmo produto criado em 1941. Agora tem M&M's com pretzel, caramelo e chocolate escuro, mas sem nenhum verdadeiro avanço.

Durante grande parte desse tempo, como era típico da economia de ferramenta, o ecossistema da Mars sustentou centenas de milhares de empregos decentes. Sua maquinaria exigia um número enorme de trabalhadores, que se mantinham ocupados arrastando grande sacos de amendoim, carregando bandejas de nugá e monitorando atentamente cada passo da produção para assegurar que cada barra de doce fosse exatamente igual a todas as outras. Da mesma forma, a distribuição da empresa exigia muitas centenas de milhares de trabalhadores: vendedores da Mars; compradores e vendedores de empresas distribuidoras; varejistas, que com frequência tinham as próprias lojas; motoristas de caminhão; agricultores de amendoim e beterraba-branca; e assim por diante. Ao longo do século XX, centenas de milhares de pessoas deveram seu meio de vida decente à empresa Mars e à excelência de sua produção de ferramenta.

A Mars tinha concorrência. Algumas grandes empresas, como a Hershey, competiam nacionalmente e, mais tarde, internacionalmente. Muitos fabricantes de doces regionais competiam em mercados locais. Havia a Sky Bar na Nova Inglaterra, a Goo Goo Cluster no sul, a Mountain Bar da Brown & Haley no Noroeste Pacífico. Esses produtos eram bons e, para muita gente, bem melhores que o Snickers, mas as empresas locais jamais poderiam ter uma ampla distribuição de seus produtos. A fabricação de suas barras era mais cara, e elas não podiam concorrer com a imensa rede de distribuição da Mars.

Se Denis Ring tivesse sonhado com sua barra OCHO nos anos 1930 ou 1950, ou mesmo nos anos 1980, teria tido sorte se houvesse se tornado um concorrente local da indústria de doces da Bay Area. Mais provavelmente, teria uma lojinha de chocolates, não especialmente lucrativa, em Oakland. Como teve sua ideia no século XXI, na Economia da Paixão, ele pôde se tornar um grande fenômeno nacional. A OCHO oferece o perfeito estudo de caso sobre as muitas mudanças em nossa economia que permitem a uma paixão competir diretamente com uma ferramenta.

Denis lançou a Whole Foods 365 em 1997. Foi criada como uma empresa separada, tendo Denis, sua equipe e a Whole Foods como coproprietários. Cinco anos depois, tornara-se um imenso fornecedor de produtos para a rede de supermercados. A Whole Foods decidiu que essa sua ramificação era vital, quis possuí-la por inteiro e fez uma oferta de compra a Denis, que a aceitou. De repente, Denis se viu com algum dinheiro e um bocado de tempo. Como a Whole Foods 365, na verdade, não produzia nada — a empresa contratava fabricantes no país para produzir a linha de alimentos e outros artigos de supermercado —, ele não adquirira praticamente nenhuma experiência nessa área. Entendia as eficiências da produção em massa mas não podia aceitar as concessões que grandes empresas de doces precisam fazer em termos de velocidade e custo. Mas como poderia julgar a Mars se nunca havia produzido produtos de qualidade em escala? Foi quando ele começou a pensar de novo em barras de doces. Uma vez que começou, não conseguiu parar. Ninguém aparecera com uma barra de doce melhor, um produto alimentar realmente bom, feito com carinho, com ingredientes naturais. Parecia que esse alguém precisava ser ele.

Um dia, depois de deixar as crianças na escola, ele começou a conversar com um dos outros pais, Scott Kucirek. Scott havia sido piloto da Marinha, fazendo o notoriamente desafiador e imenso Sea Dragon decolar de navios anfíbios de guerra. Aviadores navais gostam de observar que são diferentes dos pilotos da Força Aérea. Na Força Aérea, os pilotos têm um trabalho: pilotar aviões. Os aviadores navais não podem, porém, só pilotar. Num navio de tamanho restrito, cada pessoa precisa trabalhar em tempo integral para justificar sua cama, então os pilotos da Marinha precisam fazer um monte de outros trabalhos não ligados a pilotagem. Scott diz que esses vários trabalhos lhe deram uma série de lições perfeita para aprimorar as habilidades necessárias para dirigir uma empresa. De maneira mais memorável, ele dirigia três divisões do departamento de manutenção de seu esquadrão de helicópteros, supervisionando duzentos marinheiros responsáveis pela compra e estocagem de inúmeras pecinhas necessárias para manter os helicópteros voando. Isso significava supervisionar mecânicos altamente habilitados e também algumas das pessoas menos motivadas e menos habilitadas da Marinha — aquelas que haviam sido postas de lado, trabalhando no almoxarifado. "Eu aprendi que você pode fazer as pessoas trabalharem vinte horas por dia se elas acreditam na liderança e na missão", disse ele. "E essas mesmas pessoas trabalharão quatro horas mal se não acreditam."

Ele teve que aprender a conectar os trabalhos rotineiros reconhecidamente chatos do pessoal do almoxarifado com a missão maior de manter os helicópteros seguros para que pessoas não morressem e a Marinha pudesse manter o país seguro. Ele aprendeu que havia regras e práticas inacreditavelmente complicadas e sobrepostas governando cada trabalho do departamento de manutenção. Uma imensa parte das pessoas sob sua liderança passava o dia preenchendo papéis e seguindo procedimentos que faziam pouco sentido e nada adiantavam para assegurar a segurança das aeronaves. Scott aperfeiçoou o processo e passava grande parte do tempo deixando claro a cada membro da equipe como seu trabalho específico tinha um papel crucial para assegurar a segurança da tripulação naval e, portanto, do país. Sua unidade de manutenção cresceu tremendamente nas avaliações oficiais. Depois ele comandou um posto de recrutamento em San Francisco, o que, diz ele, deu-lhe um incrível treinamento em vendas. Havia uma linguagem padrão para o recrutamento na Marinha, apresentando as opções educacionais e de carreira disponíveis às pessoas que se alistavam, mas Scott aprendeu que a melhor coisa que um recrutador pode fazer é calar a boca e ouvir. As pessoas têm muitos motivos para se alistar e lhe dirão quais são.

Scott planejara uma carreira na Marinha para toda a vida, mas depois de uma década percebeu que não estava vendo sua família nem de longe o bastante e que, quanto mais alta a patente de um oficial, menos tempo ele parecia ter para ela. Deixou a Marinha e se matriculou na Universidade da Califórnia, na escola de administração de Berkeley. Imediatamente, notou que muitos de seus colegas reclamavam da mesma coisa. Estavam achando insuportavelmente difícil comprar uma casa. Scott falou com alguns corretores e logo viu algo que o fez se lembrar de sua antiga unidade de manutenção na Marinha. O sistema de compra de casas tinha uma quantidade descomunal de documentos absurdos, práticas antiquadas e regras que atrapalhavam o caminho para aquilo que todos queriam, que era transferir a propriedade de uma casa da maneira mais eficiente possível.

Os vendedores queriam que cada comprador relevante soubesse que sua casa estava à venda; os compradores queriam poder ver cada casa que pudesse lhes interessar. O sistema, lamentavelmente, evoluíra de forma que a maioria era representada por corretoras exclusivas. Isso significa que um comprador só podia ver as casas de qualquer que fosse o corretor com o qual trabalhasse e os vendedores só podiam chegar aos clientes desse corretor. Scott achou que isso era absurdo e ia contra a missão central de comprar uma casa. Achou também que a internet poderia fornecer uma solução. Ele e um colega de classe, Juan Mini, começaram a elaborar uma visão de como seria um sistema ideal. Logo, desenvolveram o ZipRealty, o primeiro grande site de imóveis. Foi um enorme empreendimento. A empresa criou corretoras em três dúzias de cidades e acumulou a maior coleção de casas à venda na internet. Scott usou as mesmas técnicas que aprendera na Marinha para manter a equipe focada na missão: obter o melhor preço possível para compradores e vendedores, em vez de defender ciosamente comissões acumulando listagens. Funcionou bem e a empresa prosperou. Scott ganhou um dinheiro razoável. ("O suficiente para abrir uma empresa de barras de doce, não o suficiente para me aposentar", disse-me ele.)

Quando Scott e Denis se conheceram — o ex-aviador naval e o ex-jesuíta, o executor sempre em movimento e o contemplador deliberado —, perceberam, quase por milagre, que podiam formar uma ótima dupla. Eram complementos quase perfeitos um para o outro, precisamente porque eram muito diferentes. Scott vai à igreja algumas vezes por ano, mas a fé não é uma parte importante de sua vida. ("Denis sempre diz, 'Sua religião é o CrossFit'", falou-me Scott, rindo.) Scott não achou particularmente convincentes alguns dos raciocínios mais espirituais de Denis por trás de sua vontade de fazer a melhor barra de doce, mas entendeu facilmente a essência. As pessoas comem barras de doce o tempo todo, incluindo seus filhos. Essas barras são recheadas de ingredientes que não são saudáveis, não são naturais. Os muitos sistemas antiquados e imprestáveis que separavam as pessoas que queriam uma barra de doce boa, sem substâncias químicas, daquelas que poderiam fazê-la, lembraram a Scott os problemas com os quais ele lidara no departamento de reparo e manutenção de helicópteros que funcionava mal, bem como o enlouquecedor negócio de venda de casas. Esse era exatamente o tipo de problema que Scott era perfeito para resolver.

A fábrica da OCHO Candy fica num distrito de armazéns inexpressivo em Oakland, tendo do outro lado da rua um muro alto que bloqueia parcialmente a vista para um ferro-velho. Externamente, a fábrica é cinza, baixa, retangular, rodeada por uma cerca alta de arame farpado. Por fora, poderia ser qualquer tipo de fábrica — um fabricante de rolamentos ou de metais. Somente a placa "OCHO Candy" em cores vivas, na frente, indica que algo muito estimulante está acontecendo por trás das paredes sem janelas.

No dia em que a visitei, fui incentivado a enfiar meu carro num estacionamento superlotado, protegido por essas cercas, porque havia um problema de roubo de carros na área. Eu estava com meu filho de seis anos, que me ouvira fazendo planos de visitar uma fábrica de doces e insistiu para ir comigo. Assim que entramos, Scott nos conduziu por alguns pequenos escritórios, chegando a uma sala onde pusemos protetores nos calçados, vestimos jalecos e toucas (para não contaminar os doces) e entramos na fábrica em si. Era, de fato, um reino encantado. Meu filho exaltava de prazer a cada virada; eu também. Algumas dezenas de pessoas de roupa esterilizada cuidavam de diferentes etapas do processo de produção de doces. Em um canto, um homem estava despejando açúcar, manteiga e creme num grande tonel de cobre e misturando aquele monte de caramelo fresco, num processo que parecia quase ostensivamente planejado para ser o oposto do método industrial do Snickers. O caramelo OCHO é feito à mão com ingredientes naturais — creme e manteiga orgânicos, açúcar mascavo e favas de baunilha —, em contraste com os laticínios e a baunilha em pó altamente processados usados pela Mars e outros fabricantes industriais de doces. Não muito longe dali, alguns trabalhadores estavam preparando uma enorme tina de geleia de framboesa orgânica, usando framboesas de uma fazenda próxima, para fazer a barra OCHO PB&J.

A verdadeira maravilha, porém, era a máquina no centro da fábrica, que combinava vários ingredientes para fazer as barras OCHO. Era mais ou menos do comprimento de alguns ônibus escolares e operada de uma maneira que a família Mars e a Hershey Company jamais poderiam ter imaginado. Na produção em massa dessas barras de doce, o centro firme e sólido do doce é envolvido por um chocolate macio. Já a máquina da OCHO começa derramando um chocolate líquido de alta qualidade em moldes e em seguida prensa o chocolate com retângulos de metal em temperatura de congelamento, solidificando imediatamente o chocolate líquido. Isso cria caixinhas de chocolate sem tampa que conterão o centro das barras — manteiga de amendoim com geleia, caramelo, coco e todos os outros. Dessa maneira, os centros podem ser mais viscosos, mais gostosos do que aqueles feitos pelo método de produção em massa. O próximo passo é o mais complicado. Depois que os recheios foram acrescentados, a máquina precisa aquecer levemente a parte de cima das paredes da caixa de chocolate, de modo a permitir a adesão de uma nova camada de chocolate, e imediatamente resfriar essa parte para que ela não derreta e entre no centro macio.

É um processo minucioso, demorado, em que a máquina precisa dar os vários passos de um balé cronometrado precisamente para produzir cada barra. Leva-se mais de um minuto para fazer uma bandeja com uma dúzia de barras OCHO, em média cinco segundos por barra. Cinco segundos podem não parecer muito tempo para uma barra, mas significam que a OCHO é, em essência, um negócio completamente diferente do Snickers, cuja maquinaria produz setenta barras por segundo. Uma maneira de pensar nisso é que cada barra OCHO precisa pagar um percentual muito maior do custo da empresa — trabalho, maquinaria, imóvel, despacho e outras coisas. A despesa é ainda maior pelo fato de a OCHO usar ingredientes mais caros. A empresa compra chocolate, amendoim e geleia que custam mais. Tudo é orgânico. Faz seu próprio caramelo, o que significa que tem dois trabalhadores que se dedicam a misturar açúcar, creme e baunilha naquelas tinas gigantes o dia inteiro.

Esses custos não são o que há de mais estranho na OCHO: sempre houve fabricantes de doces sofisticados, de luxo. A OCHO, porém, diferentemente desses predecessores, não vende seu produto em um pequeno grupo de lojas especializadas em doces nem limita sua venda à Bay Area da Califórnia ao seu redor. Você pode comprar OCHO nas farmácias Walgreens, no Whole Foods, no Albertsons, no Costco, na Target e em inúmeras outras grandes lojas nacionais. A OCHO ainda é uma empresa pequena cuja divisão de distribuição é composta principalmente por três pessoas que sabem administrar uma conta na UPS e no FedEx, e ainda assim é capaz de pôr seu doce ao lado de barras de Snickers em grandes varejistas. Isso é uma mudança no modo como nossa economia funciona. É um doce de paixão competindo diretamente com um doce de ferramenta. É uma paixão em escala, e isso é inteiramente novo.

A história da OCHO Candy é parte de uma grande tendência no setor da economia conhecido como bens de consumo embalados ou bens de consumo de rápido movimento (geralmente referidos como CPG ou FMCG, nas siglas em inglês). São coisas que você pode comprar a cada ida ao supermercado ou apanhar num impulso quando está na fila do caixa: itens como sabonete, sabão em pó, cereais para o café da manhã, cigarros, refrigerante, sorvete e, é claro, barras de doce. É praticamente tudo que você compra pré-embalado e é feito por uma marca reconhecível. O CPG se tornou uma base das economias americana e global. É uma indústria de 800 bilhões de dólares por ano nos Estados Unidos — uma das maiores — e vale quase 10 trilhões de dólares no mundo. Esses números representam a venda direta desses bens. Trilhões de dólares também são gastos em indústrias que apoiam o CPG, como propaganda, estocagem e distribuição, transporte de caminhão e varejo.

O CPG é a indústria econômica de ferramenta icônica. Não havia bens de consumo embalados produzidos em massa antes dessa economia, mas então eles floresceram, passando rapidamente de não existentes a dominantes. Os bens embalados produzidos em massa e que são de marcas conhecidas saturaram o mercado de CPG por muito tempo, mas agora estão enfrentando desafios cada vez maiores à medida que fazemos a transição para a Economia da Paixão. Isso porque o CPG, na forma como existe historicamente nos EUA, é uma espécie de antítese da paixão.

De uma perspectiva do consumidor, os produtos CPG são bons. A maioria das pessoas adere aos mesmos produtos das mesmas marcas, sabendo que estarão disponíveis em qualquer lugar e sempre que precisarem. Da perspectiva do fabricante, o CPG oferece alguns benefícios e custos distintos. Um benefício importante é que, uma vez estabelecida, uma marca pode produzir um fluxo constante de receita. O comportamento do consumidor — um campo de estudo que surgiu e cresceu passo a passo com o crescimento do CPG — não muda com muita rapidez, portanto as marcas podem contar com compras confiáveis. Podem usar propaganda, distribuição e preço para aumentar as vendas. Tradicionalmente, os CPGs não focam muito em inovação de produtos. Toda a questão dos CPGs no século da ferramenta era assegurar que os produtos fossem uniformes. Muita mudança poderia assustar os clientes leais. O fiasco da New Coke em 1985 é o exemplo icônico. A Coca-Cola encontrou uma nova fórmula para seu refrigerante que, em testes cegos, as pessoas pareciam preferir ao antigo sabor. Mas depois de lançado para substituir a antiga Coca, o produto foi um desastre. Ninguém queria a clássica bebida alterada e, menos de três meses depois, a New Coke foi jogada na lata de lixo da história.

Inovação, para empresas de CPG, tinha mais a ver com fazer exatamente os mesmos produtos de forma mais rápida e mais barata. Era inovação na fabricação, produzindo máquinas mais rápidas e mais confiáveis que usavam mais automação e permitiam às empresas usar bem menos pessoas (e pagar menos!).

Para as grandes empresas de CPG, a economia de ferramenta foi um período incrível de força sempre crescente e lucro cada vez maior. Quanto maiores ficavam, mais elas podiam gastar em máquinas para produzir mais bens com mais rapidez, o que lhes permitia ficar ainda maiores. Elas também podiam gastar mais em propaganda e no desenvolvimento de suas redes de distribuição, assegurando ainda mais crescimento. Melhor ainda: à medida que enriqueciam, os americanos compravam cada vez mais produtos CPG. Ser grande, em si, tornou-se uma vantagem competitiva insuperável. Assim como a Mars, todas as grandes empresas de CPG podiam produzir mais bens, de forma mais barata, e distribuí-los para mais lojas do que um concorrente iniciante poderia. Claro, de vez em quando alguma nova empresa tentava, mas fazia produtos mais caros que menos pessoas conheciam e que não conseguiam espaço nas prateleiras dos supermercados.

A Economia da Paixão não destruiu as grandes empresas de ferramenta CPG. As dez maiores empresas de CPG no mundo — incluindo Nestlé, Procter & Gamble, Unilever e Mars (a antiga rival Hershey é muito menor hoje em dia) — vendem, cada uma delas, quase 20 bilhões de dólares em produtos CPG todo ano. A indústria global de CPG está se tornando cada vez mais desequilibrada em suas proporções, com essas dez maiores empresas concentrando mais da metade das vendas globais.

Essas empresas conduzem um ecossistema de CPG ainda mais inserido na economia de ferramenta. Coletivamente, elas gastam centenas de bilhões de dólares em propaganda todo ano. E as empresas de CPG são os maiores clientes de empresas de transporte, despachando seus bens em caminhões, trens e navios gigantes. Estão ainda entre os maiores compradores de produtos agrícolas e industriais no mundo.

Apesar do crescimento, acabou a era dos CPGs sustentando milhões de empregos no mundo com pagamentos decentes, empregos que podiam ser para o resto da vida, melhorando carreiras continuamente. Hoje, a economia de ferramenta de CPG, assim como tantas outras coisas no século XXI, é uma história de extremos. Um pequeno grupo de executivos, empreendedores e investidores está lucrando com essa grandeza, enquanto muito mais pessoas que trabalham diretamente para empresas de CPG ou indústrias aliadas estão perdendo para a automação e a terceirização.

Essa é a questão da Economia da Paixão. Não é que produtos de paixão, como o doce da OCHO, vão sempre vencer ferramentas como o Snickers. O plano incrivelmente ambicioso da OCHO é chegar a 100 milhões de dólares em vendas por ano. Isso representaria menos de um terço de 1% das vendas da Mars, Incorporated. Mas Scott e Denis não precisam rivalizar com a Mars. Eles estão crescendo rapidamente e adorando fazer isso. Estão pagando bem a seus trabalhadores, oferecendo um ambiente de trabalho seguro e agradável e doando dinheiro e doces a organizações sem fins lucrativos em Oakland.

A OCHO não está sozinha, é claro. Estamos no meio de uma explosão de alternativas de paixão para produtos CPG multinacionais. Entre num supermercado orgânico ou numa Sephora, busque no Google a categoria de doce, petisco ou cosmético que quiser e você verá inúmeros exemplos de produtos de paixão. É quase certo que constatará que um desses produtos de paixão atende a seus desejos mais precisamente do que a ferramenta disponível em seu grande supermercado local. Se vale ou não o preço mais alto, isso depende de você, é claro. (Eu sempre pagarei um prêmio por um chocolate incomum mas não pagaria nada a mais por um chiclete especial.)

Um doce de paixão pode ser vendido em todos os lugares e não precisa nem de longe do número de consumidores de que um doce-ferramenta precisa. Isso significa que pode atrair um público extremamente restrito, aqueles compradores dispostos a pagar um preço muito mais alto por um produto que os atrai entusiasticamente; portanto, esse produto pode ser feito de forma mais lenta, com ingredientes mais caros.

Numa estranha distorção, a "ferramentização" de muitas indústrias de apoio no mundo oferece uma enorme oportunidade para a Economia da Paixão, porque essas mesmas indústrias podem ser imensamente úteis aos produtores de paixão. Inovadores da Economia da Paixão podem alcançar mais clientes por meio de propaganda mais barata e podem fazer seus produtos chegarem às mãos desses clientes por meio de despachos mais baratos. Podem produzir seus bens de forma mais econômica usando avanços em softwares de design e tecnologia de fabricação.

Talvez o maior benefício das empresas de paixão, entretanto, seja a transformação de como elas podem encontrar dinheiro para financiar suas ideias. Scott e Denis abriram a OCHO Candy usando bem mais de suas economias do que se sentiam confortáveis, alugando um armazém, comprando alguns equipamentos de restaurante usados. Foi um processo custoso. Não muito tempo depois, aprenderam duas coisas. Lição número um: As pessoas absolutamente amam suas barras de chocolate. Acham mais deliciosas que as da concorrência e se dispõem a pagar mais que o dobro do que a concorrência cobra por essa qualidade e por uma barra com ingredientes orgânicos (e, a apenas 1,99 dólar, suas barras ainda são bastante acessíveis à maioria dos consumidores). Isso fez Scott e Denis pensarem que tinham um negócio bem-sucedido nas mãos. Então veio a lição número dois: Eles estavam perdendo dinheiro em cada barra. Quanto mais bem-sucedidas eram as vendas, mais rapidamente eles ficavam sem dinheiro.

Não surpreende que seja pouco eficiente fabricar barras de chocolate manualmente. É um negócio lento, confuso. Por isso os chocolates artesanais geralmente são vendidos em pequenas lojas especializadas que cobram uma fortuna por uma caixinha. Denis e Scott poderiam ter aberto uma lojinha em San Francisco e estar levando uma vida modesta vendendo barras extremamente caras a pessoas ricas, mas eles queriam crescer. Queriam vender para todos aqueles que estivessem frustrados com todas aquelas barras cheias de substâncias químicas, produzidas em massa.

Scott calculou o custo de compra da maquinaria que lhe permitiria produzir os doces com mais rapidez e logo entendeu por que certas barras de chocolate têm um recheio duro e um chocolate macio, mole, por fora. A maquinaria usada para fazer um produto assim é razoavelmente barata e fácil de comprar. Quando digitei "máquina para cobertura de chocolate" no eBay, encontrei uma por 1.900 dólares e outra por 3 mil dólares. Só que Scott e Denis não queriam cobertura de chocolate, e sim aquela mordida em chocolate duro. Para obtê-la, teriam que encomendar da Europa uma máquina especial. Essas máquinas usam uma tecnologia nova e complexa, exigindo uma quantidade razoável de energia de computador que, por si só, custaria uma fortuna alguns anos atrás. Basicamente, a máquina faz automática e rapidamente o que Scott e Denis vinham fazendo à mão. Despeja chocolate num molde, onde este é congelado instantaneamente com uma forma de metal ligada a uma tecnologia de resfriamento rápido controlada por computador, permitindo que o recheio cremoso seja despejado e que então mais uma camada de chocolate instantaneamente resfriado seja posta por cima para formar uma barra inteira, fechada. Isso é muito mais rápido do que fazer à mão — derramar o chocolate, pô-lo num congelador, esperar quase uma hora para ele congelar, despejar o recheio e então acrescentar mais chocolate e mais tempo de congelamento.

A questão é que não há nenhuma máquina de congelamento instantâneo de chocolate usada no eBay por alguns milhares de dólares. Elas custam centenas de milhares de dólares. Depois de comprá-la, você precisa ser extremamente cuidadoso com suas receitas. Precisa ter uma espessura consistente tanto de chocolate quanto do recheio cremoso — seja manteiga de amendoim, nugá, menta ou qualquer outra coisa —, porque as máquinas gostam de previsibilidade. Isso significa que você também tem que investir em melhores equipamentos para aquecer e resfriar melhor o chocolate e numa cozinha mais avançada para preparar os recheios. (A OCHO ainda faz os recheios à mão mas usa um equipamento de controle de temperatura para manter a mistura consistente.) Depois de acrescentar à soma todos os equipamentos necessários, Scott percebeu que precisaria alugar uma fábrica muito maior para acomodá-los e também pagar mais a seus trabalhadores para eles sentirem que havia um investimento no nível de qualidade. Até mesmo esses dois caras bem de vida acharam que era impossível financiar o negócio com o qual sonhavam. Se *eles* não podiam fazer isso, quem poderia? Quem poderia oferecer uma alternativa ao Snickers mais saudável e mais deliciosa?

Scott e Denis fizeram uma busca no Google, tentando encontrar investidores de risco e outros que pudessem financiar uma pequena empresa de chocolate que tinha grandes sonhos. O problema é que esses sonhos não eram grandes o bastante. Os típicos investidores de startups de doces querem saber uma coisa: sua estratégia de saída. Querem saber com que rapidez você planeja vender sua empresa para uma das grandes e quanto pensa que receberá por isso. Esse é o modelo do investimento de risco. Scott e Denis queriam ganhar dinheiro, mas não desejavam vender a empresa. Estavam na missão de produzir uma barra de doce mais saudável, mais natural e mais deliciosa num futuro próximo. E entendiam que se vendessem o negócio, é quase certo que aquela empresa maior começaria a diluir seus sonhos.

O conjunto particular de paixões da OCHO aparentemente era incompatível com o conjunto particular de necessidades das grandes empresas de investimento — até eles toparem com a CircleUp. Trabalhar com uma empresa como a OCHO era precisamente o que a CircleUp fazia: ajudar empreendedores apaixonados a ter acesso ao dinheiro de que precisam para realizar seus sonhos. A empresa fora fundada por dois homens cujos caminhos muito diferentes os haviam levado à crença de que o sistema financeiro existente era montado para ajudar da melhor forma possível aqueles que menos precisavam dele, e de que havia uma enorme oportunidade de lucro e melhoria social em facilitar que pessoas com grandes ideias mas sem dinheiro suficiente encontrassem os recursos necessários.

Ryan Caldbeck, o CEO da CircleUp, parece um ator que um agente de elenco escolheria para representar o papel de empreendedor financeiro bem-sucedido e visionário. Ele é alto, bem-arrumado, bonito, com uma confiança fácil. Cresceu no interior de Vermont e teve uma infância que parece saída do século XIX. Corria pelo bosque, fosse na neve ou no verão, com frequência descalço. Seus pais e vizinhos nunca trancavam as portas e o mundo de altas finanças e moderna tecnologia parecia bem distante.

Caldbeck notou que a maioria de seus amigos em sua cidadezinha rural presumia que ficaria ali pelo resto da vida. Uma de suas colegas de sala, uma menina brilhante, foi aceita no Dartmouth College, a duas horas de distância, mas os pais lhe disseram que tinha que ir para uma faculdade próxima, bem inferior. Em outra ocasião, Ryan entreouviu o pai de seu melhor amigo repreender o menino por ele chegar a pensar em faculdade. Por que alguém pagaria para estudar quando podia obter um emprego logo depois de terminar o ensino médio?, perguntou o pai. Os pais de

Ryan, em contraste, disseram-lhe para seguir seus sonhos aonde quer que estes o levassem. Ryan notou que seus amigos eram tão inteligentes quanto ele e igualmente capazes, mas com opções bem mais estreitas por causa dos lares onde cresciam.

Ryan admite prontamente que era um pouco ingênuo, talvez até incauto, ao acreditar em seu infinito potencial. Depois de ser admitido na Universidade Duke, ele quis entrar para o time de basquete campeão da escola, famoso mundialmente. Mas não tinha talento, então se tornou gerente assistente voluntário, ajudando o time. Isso significava varrer o chão do ginásio antes e depois do treino, preparar grandes coolers de Gatorade e servir ao time de outras maneiras. Ele estava inscrito, ia a todos os treinos, trabalhava tanto quanto podia ajudando o time e depois, quando todos iam embora, treinava por conta própria, completamente sozinho. Fazia isso todos os dias. Seus colegas do time e treinadores acabaram notando. Em seu segundo ano na escola, ele estava sendo chamado para substituir jogadores ausentes no treino. Durante um jogo no meio da temporada, o treinador chamou Ryan para a quadra. Ele jogou precisamente durante um minuto, sem jamais tocar a bola, que dirá lançá-la; mas foi, oficialmente e nos livros de recordes, membro do histórico time de basquete da Duke.

Ryan nunca parou de tentar melhorar. Continuou se esforçando tanto quanto qualquer um no time. Em seu último ano na escola, ainda ficava quase sempre sentado no banco, embora jogasse alguns minutos aqui, outros ali. Raramente fazia arremessos e ainda mais raramente marcava pontos, mas foi emocionante fazer parte de um time tão magnífico num dos melhores anos — o ano em que o time venceu o campeonato nacional.

Pouco antes da formatura, Ryan pediu um conselho ao treinador de basquete da Duke, Mike Krzyzewski. Não sabia o que fazer na vida. Ele fora ao escritório de serviços de carreira e um orientador lhe sugerira conseguir um emprego numa empresa de consultoria; a maioria dessas firmas pagava bem e recrutava estudantes como Ryan, que tinha boas notas, praticava esporte e tinha boas atividades extracurriculares. Krzyzewski lhe disse que o mais importante era identificar sua maior paixão e segui-la. Ryan não sabia qual era a sua paixão. Ele gostava que aquele treinamento combinasse tarefas específicas de curto prazo com ambições maiores sobre levar uma vida melhor. Gostava que Krzyzewski fosse capaz de fazer cada jogador se sentir individualmente especial ao mesmo tempo que fazia todos eles entenderem que somente através do sucesso coletivo poderiam ser os melhores. Ryan não pretendia ser treinador, então ignorou a fala de Krzyzewski sobre paixão. Recebeu um convite para trabalhar no verão no Boston Consulting Group, uma prestigiada firma de consultoria, e o aceitou.

O trabalho na BCG era bom, mas chato. Ele estava numa equipe de jovens que organizava planilhas de dados para apresentações de um sócio importante. Claro, em algum lugar no alto da hierarquia da firma, pessoas estavam decidindo quais empresas seriam compradas e quanto pagariam por elas, mas Ryan passava os dias olhando dados numa planilha e preparando relatórios chatos. Descobriu que o problema era aquela empresa específica, então arrumou um emprego em outra. Não foi muito melhor. Notou que as pessoas em busca de se tornarem sócias, aquelas que pareciam estar fazendo um trabalho mais útil, haviam estudado numa escola de administração, então ele se candidatou à de Stanford e ingressou ali. Depois do curso de administração, Ryan conseguiu um emprego numa firma em San Francisco — e odiou cada segundo. A cultura era odiosa, com cada sócio tentando esmagar todos os outros para progredir. O trabalho nem sequer era interessante. Ele queria desesperadamente trabalhar em algum lugar com uma cultura melhor e logo se viu na Encore Consumer Capital, outra firma de participações privadas em San Francisco, esta com a cultura ideal para Ryan. Seu chefe era um mentor da escola de Krzyzewski. Havia ênfase no trabalho em equipe. Ryan tinha tudo que pensava que queria e, ainda assim, estava irrealizado e insatisfeito.

Sua namorada na época (hoje sua esposa) fez uma espécie de intervenção. Ela lhe disse que ele não estava feliz porque não fazia algo que adorava. Aceitara o primeiro emprego que lhe fora oferecido depois da faculdade e se tornara consultor. Enquanto estava ali, continuou ouvindo que a melhor coisa a fazer depois de ser consultor era entrar em participações privadas. Em seguida, ouviu que precisava de um MBA; depois, tinha que subir na hierarquia das participações privadas. Ele continuava fazendo o que os outros lhe diziam que era o certo a fazer, mas nunca pensara uma vez sequer no que realmente queria fazer. Ryan percebeu que enfrentara um teste crucial naquele dia em que o treinador Krzyzewski lhe dissera para identificar sua paixão e que fracassara nesse teste. Agora percebia que não entendera o sentido. Perseguira as armadilhas externas do sucesso; Krzyzewski o exortara a prestar atenção nas coisas que o faziam verdadeiramente feliz, que alimentavam sua paixão.

Sua namorada teve uma ideia. Foi a uma papelaria, comprou alguns cartões adesivos gigantes e, todo sábado, ambos se sentavam na sala de estar e anotavam o que ele adorava. No início, ela lhe disse para não se preocupar se era algo sério ou tolo, refletido ou absurdo. Uma das primeiras coisas que Ryan escreveu foi "asinhas de frango". Essa lista inicial também incluiu "exercícios físicos", "basquete", "trabalho em equipe" e "ajudar os outros".

Isso demorou alguns meses, mas ficou claro que Ryan era mais feliz quando estava ajudando diretamente uma equipe a alcançar algo ótimo. Ele enumerou os trabalhos que poderiam lhe permitir passar a maioria de seus dias envolvido em algo pelo qual estivesse apaixonado. Pensou em lecionar, treinar um time, entrar na política. Estava bem certo de que, se tivesse feito esse exercício dez anos antes, jamais teria entrado em participações privadas. Não é que as odiasse. É que ele passava uma parte muito grande de seus dias sozinho, fazendo um trabalho chato e que tinha muito pouco impacto sobre qualquer pessoa.

À medida que cresceu nesse campo, Ryan adquiriu mais poder. Assim como outros executivos de participações privadas, ele era incumbido de identificar empresas que podiam ser compradas, melhoradas e depois vendidas com lucro. Parte desse trabalho era estimulante. Adorava se reunir com uma equipe de analistas juniores para analisar os prós e contras de potenciais empresas visadas. Gostou especialmente quando a firma de participações privadas comprou uma empresa decente, mas estagnada, e ele pôde ajudar os executivos dali a descobrir como transformar seu negócio deficiente num negócio próspero. O problema era que esses momentos alegres e apaixonados eram muito pouco frequentes. Ryan percebeu que passava 95% de seus dias fazendo trabalhos penosos, analisando séries de dados intermináveis, procurando informações sobre empresas, examinando cálculos de margem de lucro e prováveis fluxos de caixa futuros.

Geralmente pensamos na economia de ferramenta como resultado de todas aquelas invenções que tornaram possível fabricar o mesmo produto de forma mais rápida e barata: motor a vapor, eletricidade, ferrovias, correias de transmissão e tornos automáticos. Talvez mais importantes tenham sido as inovações financeiras que permitem financiar essas ideias. Durante a maior parte da história humana, não havia muitas maneiras de alguém com uma ideia brilhante, mas pouco dinheiro, convencer uma pessoa a lhe dar dinheiro para levar essa ideia adiante. Certamente havia inúmeras pessoas na Roma antiga ou na Europa medieval que idealizavam invenções fascinantes, mas o dinheiro estava com uma elite hereditária com pouco interesse em descobrir como automatizar o trabalho de camponeses e pouca probabilidade de entregar seus recursos a algum inventor malnascido com uma ideia não comprovada.

Nos séculos XVII e XVIII, quando as aristocracias da Inglaterra, da Holanda e de outras nações europeias perderam poder, surgiu uma crescente classe média de mercadores que venciam por esforço próprio e começaram a investir em novas maneiras de compartilhar riscos e financiar boas ideias de investimentos, independentemente da posição social do autor da ideia. Por exemplo, James Watt, o inventor escocês ao qual é atribuído o primeiro motor a vapor do mundo a funcionar plenamente, devia seu sucesso a décadas de financiamento de Matthew Boulton, seu sócio no negócio, que buscou investidores para suas ideias. Um século depois, Henry Ford, inventor de automotivos, precisou ir mais longe para aperfeiçoar o financiamento de seu negócio do que precisara para aperfeiçoar seus carros. Seu primeiro investidor principal, um abastado barão de madeireira chamado William H. Murphy, era controlador demais para o seu gosto, então Ford abandonou a empresa (depois rebatizada de Cadillac) e abriu uma segunda empresa de carros com investidores novos, menos impositivos. As histórias são muitas. Quase todos os grandes inventores cujos nomes são conhecidos por todos foram financiados por investidores cujos nomes se perderam.

Quando o século da ferramenta entrou com força total, os inventores já não teriam benfeitores generosos. Podiam usar o mercado de ações e títulos para vender participações a incontáveis milhares de investidores, cujo dinheiro, coletivamente, financiaria o negócio. Logo depois da Segunda Guerra Mundial, uma nova ideia financeira transformou ainda mais o mundo.

Georges Doriot nasceu em Paris em 1899. Seu pai foi um pioneiro de automotivos, ajudando a desenvolver os carros mais velozes do mundo para a Peugeot. Foi também um intrépido motorista, disputando corridas de carro por toda a Europa. Georges lutou no Exército francês na Primeira Guerra Mundial e depois decidiu ir para os Estados Unidos a fim de estudar numa escola de administração. Ali permaneceu e se tornou reitor da escola de administração de Harvard e destacado especialista em logística e operações. Ele se naturalizou americano e, quando a Segunda Guerra Mundial começou, alistou-se no Corpo de Quartel-Mestre. Usando princípios científicos, foi capaz de transformar a capacidade do Exército dos EUA de distribuir de tudo — de parafusos a tanques, alimentos e água — em cada lugar do planeta onde soldados precisassem. Logo foi nomeado general de brigada e general do Quartel-Mestre do Exército dos EUA.

Em 1946, Doriot voltou para Harvard e pensou nos muitos soldados brilhantes com os quais trabalhara, pessoas que eram inteligentes e inventivas e agora voltariam para um mundo civilizado que não sabia como aproveitá-los devidamente. Doriot suspeitava de que muitos deles poderiam ter as próprias empresas se obtivessem financiamento. Criou a American Research and Development Corporation, que se tornaria conhecida como o primeiro fundo institucional de participações privadas do mundo, embora ninguém usasse esse termo na época. A ideia de Doriot era levar muitos investidores a contribuir com um pouco de dinheiro, que seria então dado a soldados dispensados que tivessem ideias de negócios promissoras. Imaginou que algumas ideias teriam êxito e outras fracassariam, mas reunindo suas contribuições os investidores poderiam assumir mais riscos e, portanto, ter uma probabilidade de obter uma recompensa maior do que se cada um deles escolhesse uma empresa para pôr o seu dinheiro.

A ARDC foi um sucesso. O maior êxito de Doriot foi pôr 70 mil dólares do dinheiro de seus investidores na Digital Equipment Corporation e obter um retorno de mais de 300 milhões de dólares alguns anos depois. A ideia pegou e, quando Ryan estava no negócio, já havia milhares de firmas de participações privadas, cada uma delas com a própria estratégia e abordagem.

A mídia popular tem focado quase que exclusivamente em participações privadas e capital de risco, seu parente próximo, na área de alta tecnologia. O consumidor de notícias médio pode pensar que os únicos tipos de empresa em que as firmas de participações privadas investem são startups como Facebook, Google e Twitter. Ryan nunca se interessou por participações privadas em tecnologia. No início, quando estava considerando essa atividade, ele se deparou com uma série de estudos mostrando que os investimentos de risco e as participações privadas em tecnologia estavam sendo exageradamente valorizados. Algumas firmas haviam feito fortunas com alguns acordos de negócios. Os primeiros a investir no Google, no Facebook e em algumas outras empresas ficaram imensamente ricos. Exceto por uns dez acordos, porém, o resto da indústria, na verdade, perdeu dinheiro. Ryan via isso como algo semelhante a jogar na loteria.

Ryan sempre trabalhara no campo de participações privadas em bens de consumo embalados. Focava em produtos vendidos em supermercados ou na internet; comprava uma empresa promissora, ajudava-a a melhorar suas vendas e a participação no mercado e depois a vendia com lucro. Isso não tinha glamour e raramente chamava a atenção da mídia. Como estava em San Francisco, Ryan às vezes se sentia como um cidadão de segunda classe, com os caras de tecnologia bem-sucedidos olhando com desprezo para firmas de CPG como a dele. O tempo todo, estava vendo modestos negócios de bens embalados crescendo e rendendo bem. As pessoas que trabalhavam em participações privadas de CPG com frequência ganhavam muito mais dinheiro do que aquelas que investiam em alta tecnologia. Havia algumas firmas de investimento de risco em alta tecnologia muito bem-sucedidas, mas a maioria não tinha retornos como os das empresas de investimento voltadas para CPG. "Não chegavam nem perto", disse-me Ryan.

Ryan começou a se perguntar como seria se ele pudesse manter todas as coisas que adorava em participações privadas e dispensar todas aquelas que odiava. E se pudesse passar a maioria dos seus dias fazendo as coisas pelas quais era realmente apaixonado — identificar boas empresas para comprar, ajudar a orientar donos de empresas a tomar decisões melhores — e nunca tivesse que fazer o trabalho entediante de ler incontáveis prospectos e relatórios industriais, extrair dados, pô-los em planilhas e avaliar as informações?

Ryan compartilhou seu pensamento com um de seus amigos mais próximos, Rory Eakin, de Stanford. Ryan era um perpétuo republicano vindo de uma cidadezinha; Rory era um democrata de Washington. Ryan é alto e atlético, com uma voz alta e uma personalidade forte; Rory é mais baixo, mais quieto, mais nerd. Ainda assim, de certas maneiras, eles se sentiram como se fossem clone um do outro. Ambos tinham uma maneira extraordinariamente sistemática de analisar questões reunindo dados, construindo hipóteses e as testando. Embora com frequência tivessem opiniões radicalmente diferentes, os dois gostavam de ter discussões longas e baseadas em fatos sobre estratégias de negócio ou assuntos políticos ou a respeito da maneira ideal de estruturar uma sociedade. Tinham o mesmo método de analisar informações e chegar a conclusões.

Em meados dos anos 2000, enquanto Ryan avançava em sua carreira em participações privadas, Rory estava morando na África do Sul, trabalhando num programa humanitário para ajudar estudantes negros promissores. A Mellon Foundation, fundada pelos filhos do industrial e figura política Andrew Mellon, financiava seu trabalho na US.ZA Education Initiative de ajudar estudantes que haviam frequentado escolas de ensino médio só para negros, muito mal financiadas, e não atendiam às exigências acadêmicas básicas para ter êxito numa faculdade. Rory sabia que era um professor decente e capaz de trabalhar duro em condições difíceis. E também que dirigia muito bem as operações gerais de uma recém-criada organização sem fins lucrativos. Um mentor lhe disse que ele tinha o dom de pensar estrategicamente e executar sua visão, e que deveria aprimorar isso para poder ter um impacto maior. Rory deixou a África e se matriculou na Stanford Graduate School of Business, a pós-graduação em administração de Stanford.

Depois da pós-graduação, Rory foi trabalhar para Pierre Omidyar, o bilionário fundador do eBay, e sua esposa, Pam. Trabalhava no braço de investimentos beneficentes, que investia em grupos que procuravam melhorar a vida de pessoas na África Subsaariana. Passava parte do ano em San Francisco e parte na África, avaliando os grupos que recebiam os recursos. Ele começou a notar algo que o surpreendeu. As empresas com fins lucrativos estavam tendo um impacto muito maior na vida dos pobres do que as organizações sem fins lucrativos. Rory viu que, na África, as organizações sem fins lucrativos podiam gastar anos e milhões de dólares pesquisando as necessidades de alguma comunidade, planejando alguma grande intervenção — uma nova escola, uma clínica médica. Depois havia uma grande inauguração, com direito a fita sendo cortada, discursos políticos tediosos e fotógrafos registrando o momento para folhetos que pediriam dinheiro aos ricos de algum outro lugar. E então, algumas semanas, talvez dias, depois, a comunidade parecia estar exatamente do mesmo jeito. Não havia nenhuma mudança radical. Algumas pessoas locais ganhavam um pouco mais de dinheiro, em grande parte por trabalharem com salários inflados para as organizações sem fins lucrativos. Com bastante frequência, a organização perdia o financiamento ou seu interesse era desviado para outro lugar, aqueles empregos desapareciam e tudo voltava a ser como sempre fora.

Enquanto isso, Rory via regularmente vidas melhorarem e se transformarem na África. Em cidadezinhas pobres, ele conheceu pessoas que haviam crescido analfabetas, mal tendo acesso às calorias suficientes para sobreviver, e se tornaram empreendedoras capazes de alimentar suas famílias, pagar por um piso de concreto, às vezes até por eletricidade, e enviar um ou mais de seus filhos para uma escola privada. Rory podia identificar várias pessoas que haviam alcançado algo que uma organização sem fins lucrativos não podia oferecer: tinham saído da miséria e posto suas famílias no caminho para a independência econômica sustentada. Em quase todos os casos, isso acontecia por causa do lucro. Uma mulher tinha uma barraca no mercado e vendia refeições baratas — que começava a preparar antes do amanhecer — para operários de construção que passavam por ali. Ela economizava o bastante para comprar uma geladeira barata e um pequeno gerador e então podia vender latas de refrigerante geladas. Isso lhe dava um lucro para comprar um pequeno toldo e algumas cadeiras. Logo, tinha um restaurante pequeno mas bastante popular, no qual seus filhos e primos podiam trabalhar. Por causa disso, tinha uma renda extra suficiente para emprestar dinheiro e enviar os filhos para a escola.

Rory, que continuou se dedicando a mudar vidas, tornou-se um capitalista idealista. Quando soube da visão de Ryan de uma democratização do capital de risco, imediatamente viu o potencial. Um simples motivo pelo qual os pobres com frequência continuam pobres e os ricos ficam mais ricos é que os ricos têm capital; têm dinheiro para investir em novas ideias, para correr riscos, para construir um novo negócio. Perversamente, como eles já têm capital, outras pessoas com capital lhes oferecem mais capital, em forma de investimentos e empréstimos. Rory percebeu, porém, que os investidores não faziam escolhas plenamente informados. Estavam investindo com pessoas que tinham capital porque isso parecia menos arriscado. Pessoas com capital — pessoas ricas — têm uma probabilidade maior de pagar empréstimos, de saber como levar seus bens e serviços para o mercado, de gerar um lucro que pode fazer um investimento florescer.

Isso deixava Rory louco. Ele achava que ricos que emprestavam dinheiro a outros ricos e investiam em outros ricos tinham uma visão estreita. Deviam investir em pessoas com ideias boas e promissoras, e, até onde ele podia dizer, pobres também têm tantas ideias boas quanto eles, talvez até mais, já que suas necessidades e seu desespero podem estimular raciocínios mais criativos. Se fosse possível analisar lado a lado as ideias de pobres e ricos, usando algum conjunto de medidas objetivas, pessoas com boas ideias teriam financiamento e usariam esse dinheiro para construir negócios que prosperariam, que as tirariam da pobreza juntamente com suas famílias.

A paixão de Rory por usar o capitalismo para pôr fim à pobreza encontrou a paixão de Ryan por ajudar um grupo maior de empreendedores a prosperar. O problema que Rory identificou era o mesmo que Ryan identificara. O processo de combinar pessoas com dinheiro para emprestar e investir era tão ineficiente, custava tanto tempo e esforço, que era um bem de luxo. Se fosse mais eficiente, mais barato, poderia se tornar algo disponível a todos.

Seria ridículo chamar Denis Ring e Scott Kucirek de pobres. Ambos são empreendedores bem-sucedidos que ganharam dinheiro suficiente para comprar casas confortáveis na Bay Area, enviar os filhos para boas escolas — e decidir investir algum dinheiro numa nova ideia de startup de produção de barras de doces orgânicas mas deliciosas. No contexto da indústria de bens de consumo embalados, porém, eles são formigas num mundo de elefantes. O valor de todo o patrimônio líquido deles combinado não se igualaria a alguns minutos do valor criado em qualquer linha de produção de Snickers. Ainda assim, eles decidiram enfrentar os grandes concorrentes, e não havia como aumentar a escala sem ajuda financeira.

Os analistas da CircleUp conseguiram analisar rapidamente (e quase sem custo) a OCHO por meio de seu mecanismo de inteligência artificial. Embora tivesse um público pequeno, a OCHO havia gerado um enorme entusiasmo, que os computadores tinham registrado automaticamente examinando comentários no Twitter, no Facebook e em outras plataformas de mídia social, bem como avaliações em diversos sites que analisam doces (há um número surpreendentemente grande deles). Embora ainda pequena, a OCHO vendia o suficiente para exibir uma trajetória de ascensão rápida. O software da CircleUp mostrou que a empresa podia crescer bastante. A CircleUp criara uma plataforma de investimentos movida por inteligência artificial que eles chamavam de Helio. Helio podia proativamente encontrar, rastrear e avaliar mais de um milhão de marcas nos Estados Unidos, ingerindo centenas de fontes de dados que iam desde informações nutricionais até análises de produtos e locais de venda. Esses dados alimentavam os algoritmos de aprendizado da máquina para prognosticar quais marcas tinham a maior probabilidade de crescimento futuro. Esses algoritmos eram usados para ajudar a CircleUp a tomar decisões de investimento rápidas e bem informadas e ajudar empreendedores a ter insights sobre os próprios negócios.

Como os algoritmos da CircleUp são muito rápidos, muito detalhados e de uso muito barato por qualquer empresa, seus analistas são capazes de identificar possibilidades que investidores de risco tradicionais poderiam não perceber. Tome a OCHO como exemplo. Scott e Denis têm um sonho — que não sabem ao certo se algum dia o realizarão — de ganhar 100 milhões de dólares por ano em vendas. Tipicamente, os fabricantes de alimentos possuem margens de lucro razoavelmente altas — em torno de 30% —, o que significa que a OCHO poderia obter 30 milhões de dólares de lucro por ano. Para a maioria de nós, essa é uma quantia de dinheiro inimaginável. Mas para muitos investidores de risco é uma quantia que mal vale a pena analisar. Custaria centenas de milhares de dólares em tempo de analista determinar se a OCHO é uma empresa digna de investimento. Depois, os investidores teriam que amarrar seu capital numa firma cujo maior sonho é produzir o que uma startup de alta tecnologia bem-sucedida poderia fazer em algumas horas.

O motivo pelo qual os investidores de risco querem a oportunidade de ganhar dez vezes mais é que eles estão assumindo riscos enormes. A maioria das empresas em que investem não terá êxito e eles perderão dinheiro. A CircleUp, porém, tem confiança de que seu software afasta grande parte desse risco. Como a OCHO recebeu financiamento, a CircleUp também levantou agora uma série de recursos internos para fornecer capital diretamente a empresas como a OCHO, com mais velocidade do que os fundos de capital de risco tradicionais. De acordo com cálculos da CircleUp, uma empresa com uma pontuação tão alta quanto a que OCHO conseguiu é uma boa aposta, então os investidores se sentem confortáveis com um retorno mais baixo, já que não estão correndo o mesmo risco.

Outra coisa boa na CircleUp é sua velocidade. Em vez de meses ou até mesmo anos de pesquisas e investimentos para tomar decisões, a CircleUp avaliou a OCHO em minutos e, em menos de duas semanas, identificara investidores que adoraram a missão da OCHO, acreditaram que a análise da CircleUp estava certa e se dispuseram a assinar um cheque. A CircleUp é o motivo pelo qual a OCHO pôde adquirir uma imensa máquina de doce feita sob encomenda — a primeira do tipo nos Estados Unidos. Logo depois, a OCHO pôde assumir uma dúzia de novos varejistas. As vendas da empresa tiveram um desempenho além de suas ambições. As barras OCHO rapidamente se tornaram um item altamente popular no Whole Foods, o que faz sentido. O Whole Foods está repleto de compradores dispostos a pagar a mais por um alimento mais natural, mas é o fato de a OCHO ter recebido pedidos da Walgreens, do Safeway, da Target e de outros varejistas do mercado de massa que realmente faz a empresa se destacar. O que se constata é que o desejo de uma perfeita barra de doce orgânica, com chocolate duro por fora e o centro cremoso, toda feita com ingredientes naturais, não se limita aos clientes do Whole Foods. É algo pelo qual ao menos algumas pessoas que compram nas maiores redes de lojas também anseiam.

Desde que conheci Denis e Scott, notei que faço compras de maneira diferente. Quando entro no Whole Foods ou no Walgreens ou em qualquer supermercado, noto minha mente categorizando rapidamente os produtos. Quais deles são resultado da paixão de uma pessoa? Quais deles estão tentando falar com um público específico que seja singularmente receptivo e quais estão esperando agradar a todos que passam? Acho difícil não julgar um pouco esses produtos que visam a agradar a muita gente, que não têm paixão, feitos por equipes de marketing de grandes marcas de consumo. Ninguém centrou sua vida espiritual em torno de produzir mais Sprite ou de criar a mais recente versão da barra de Snickers (agora com chocolate mais amargo).

Eu me vejo egoisticamente entusiasmado por estarmos apenas no início da Economia da Paixão. A mudança fundamental que permite à OCHO Candy florescer levará a muitos outros produtos únicos. Com avanços tecnológicos e acesso de baixo custo a mercados globais, continuará a ser mais fácil, para aqueles que têm uma visão particular, criar produtos que adoram e nos quais sentem confiança de que outros também vão adorar. Mesmo que esses outros estejam dispersos pelo mundo, esses entusiastas poderão manter um negócio sustentável.

Quando imagino a Economia da Paixão no futuro, quando estiver mais plenamente desenvolvida, vejo um supermercado. Hoje, os supermercados podem dar uma ilusão de variedade. Há incontáveis milhares de produtos nas prateleiras. Mas há uma base subjacente de mesmice. A maioria desses produtos é feita por um pequeno grupo de corporações globais cujas receitas de alimentos são criadas para atrair a todos e, portanto, não são especiais para ninguém. Em toda parte, os supermercados são extraordinariamente idênticos, com os mesmos produtos para todos. Hoje, os supermercados também estocam uma grande quantidade dos mesmos produtos que estocavam uma década ou até três décadas atrás. Imagine, em vez disso, uma loja repleta de produtos como OCHO: bens baseados em paixão, feitos para atrair fortemente um público menor, mas muito mais comprometido. Essas prateleiras se tornarão explorações em si mesmas, com surpresas reservadas. Alguns produtos se tornarão seus favoritos, enquanto outros não o atrairão nem um pouco mas captarão os olhos da próxima pessoa a passar pelo corredor. As marcas globais produzidas em massa não irão desaparecer. Sempre haverá um benefício na escala, permitindo a grandes empresas reduzir preços e vender agressivamente. A tendência é clara, entretanto: esses grandes concorrentes representarão uma parcela cada vez menor de nossos produtos. Uma parte muito maior daquilo que compramos será formada por bens baseados em paixão. Nós iremos adorar as coisas que compramos mais. Como mais de nós compramos esses bens, eles serão produzidos com uma eficiência cada vez maior e seus preços cairão. As empresas que produzem as coisas que compramos terão que competir oferecendo um conjunto de produtos em contínuo aprimoramento, cada um deles criado para agradar a um grupo específico de pessoas. Mal posso esperar.

ESTUDO DE CASO: BREAKTHROUGH ADR

O momento Damali

Seria difícil construir uma carreira de advogado melhor do que aquela da qual Damali Peterman se afastou no fim de 2016. Ela era uma advogada premiada e gerente sênior na Deloitte, uma das maiores firmas de contabilidade e consultoria do mundo. Como consultora jurídica geral assistente, apoiava entidades da Deloitte mundo afora, trabalhando ao lado de consultores da Deloitte, orientando algumas das maiores empresas em seus mais desafiadores negócios e questões jurídicas. Damali adora desafios — quanto mais difícil, melhor — e vivenciara alguns dos maiores. Foi uma das advogadas de talento do Weil, Gotshal & Manges LLC que trabalharam na dissolução do Lehman Brothers, o banco de investimentos cujo colapso estimulou a crise financeira de 2008. Embora já não estivesse funcionando efetivamente como firma, o Lehman deixara para trás trilhões de dólares em obrigações, proventos não recebidos e complexos contratos com empresas espalhadas pelo mundo. Damali se comparava à personagem Olivia Pope, da série de televisão *Scandal*. Imperturbável, estratégica e capaz de fazer o melhor por clientes em dificuldade, ela estava a caminho de se tornar uma das advogadas mais poderosas dos Estados Unidos corporativos.

Depois da eleição presidencial de 2016, Damali enfrentou uma crise pessoal. Viu que os Estados Unidos estavam vivendo uma ruptura, com raivas aparentemente não solucionáveis por todos os lados. Damali tinha sua própria visão política — embora jamais a compartilhe em público —, mas sua preocupação não era que um partido ou outro tivesse vencido. Odiava que sua nação estivesse vivendo um grau de conturbação interna que, até então, ela só vira em outros países. Damali decidiu que já não podia dedicar sua vida apenas a ajudar grandes corporações a resolver disputas comerciais, não importando o quanto o trabalho fosse fascinante e desafiador. Queria retornar às suas raízes de mediadora e solucionadora de conflitos.

Damali diz que era uma mediadora nata. Era a mais velha de sete filhos numa família de Washington. Seu padrasto, um policial, trabalhava muitas horas e Damali tinha que ajudar a mãe a controlar o caos de seus irmãos tumultuosos. Frequentou o Spelman College, historicamente uma escola de mulheres negras que incentiva as estudantes a melhorar não apenas a si mesmas, mas também a sociedade. Levou essa mensagem a sério e foi em frente, concluindo um mestrado em Estudos de Política Internacional, com foco em resolução de conflitos, no Middlebury Institute of International Studies, em Monterey. Imaginou que se tornaria funcionária das Nações Unidas ou de alguma outra agência internacional. Pensou que um diploma de direito ajudaria, então foi para a Howard University School of Law, outra instituição historicamente negra com forte foco em engenharia social.

Como acontece com tantos estudantes de direito idealistas, Damali conseguiu um estágio numa firma corporativa e logo foi identificada como uma estrela em ascensão. Ela abraçou o direito e se viu capaz de enfrentar as complexas questões técnicas de um conflito corporativo e identificar soluções aceitáveis para todos os lados. Seu primeiro emprego levou a uma promoção e então ela foi recrutada pela Deloitte, onde passou dois anos numa posição sênior.

Logo depois da eleição, Damali percebeu por que de repente não se sentia realizada. Ela seguira seus talentos, aceitando qualquer que fosse o emprego no qual parecesse capaz de ter um bom desempenho. Mas agora precisava seguir seus valores. Damali se sentou com um bloco de papel amarelo do tipo usado por advogados e anotou todas as coisas que fazia bem. Era longa a lista. Ela não é de se gabar, mas também não tem tempo para falsa modéstia. Demorou algumas horas para relacionar suas várias habilidades. Depois, circundou as coisas que adorava fazer, aquelas pelas quais era apaixonada. O resultado foi impressionante e impossível de ignorar. Ela estava passando tempo demais fazendo coisas de que não gostava. Percebeu que queria — precisava — focar seu tempo em resolver conflitos e ensinar outros a mediar.

Dias depois, ela largou o emprego e começou a estabelecer as bases daquilo que se tornaria a Breakthrough ADR LLC, uma firma que ajuda empresas, organizações sem fins lucrativos, agências do governo, instituições educacionais e indivíduos a administrar e resolver conflitos. ADR é a sigla em inglês para "resolução alternativa de disputa", o que significa encontrar maneiras de resolver conflitos sem ações judiciais e outros processos de enfrentamento. Neste momento (e país) litigioso, pequenas disputas entre negócios, colaboradores ou empregadores e empregados podem facilmente explodir e se tornar batalhas judiciais demoradas com honorários legais penosos. Além disso, a relação entre as duas partes envolvidas quase nunca sobrevive ao processo.

Mediação não é uma ideia nova. A Breakthrough ADR trabalha, porém, não só para resolver uma disputa, mas para resolvê-la de maneira a que todos os envolvidos se sintam ouvidos, respeitados e satisfeitos com o resultado. Seus métodos provaram ser tão bem-sucedidos que a empresa agora ensina habilidades de comunicação, negociação e resolução de conflito a empresas, instituições educacionais, agências do governo, organizações sem fins lucrativos e indivíduos.

Damali decidiu trocar o direito corporativo pela resolução de disputas porque queria ter um sentimento mais profundo de satisfação em seu trabalho diário. Supôs que essa mudança teria um custo financeiro. Não foi o que aconteceu. Rapidamente, Damali constatou que os americanos anseiam por abordagens mais mutuamente satisfatórias para resoluções. Dois anos depois, ela já estava ganhando mais dinheiro do que em seu emprego corporativo bem remunerado. Desde então, seu negócio vem crescendo constantemente.

Passei a usar a expressão "momento Damali" para descrever um processo que é inestimável para qualquer um que busca entrar na Economia da Paixão. Escreva o que você faz para ganhar a vida e depois faça um círculo em torno das coisas que realmente lhe dão alegria. Não precisa estar pensando em abrir o próprio negócio — esse exercício pode ajudar você a ser mais feliz e mais eficiente em seu local de trabalho. Pode ajudá-lo a ajustar o trabalho que está fazendo atualmente ou conduzi-lo em direção a uma posição diferente. Damali nos mostra que é possível ter uma carreira em que tudo o que você faz tem um círculo em volta.

CAPÍTULO 11

O empurrão

*Como o Google e a ciência ajudaram a demonstrar
o lucro em trabalhadores mais felizes*

Jessie Wisdom não pretendia transformar a natureza do trabalho nos Estados Unidos. Ela só queria entender por que tantas pessoas — incluindo ela própria — tinham dificuldade para comer melhor. Todos nós sabemos que comer mal pode nos prejudicar e até nos matar. Mas é muito difícil, em qualquer refeição, escolher as opções mais saudáveis.

Para Wisdom, essa questão era bem menos uma abstração do que é para outros. Os dois lados de sua família têm uma predisposição para colesterol alto e doença cardíaca. A lembrança mais dolorosa de sua mãe é de quando ela era pequena: estava assistindo à televisão com o pai quando de repente ele caiu em seu colo. Ela pensou que ele estava dormindo. Não estava; havia morrido de um ataque cardíaco.

Quando Jessie estava na escola primária, sua família tinha tanta preocupação com sua vulnerabilidade à doença cardíaca que a submeteu a um exame de colesterol. Ela tinha apenas seis anos, pesava menos de 18 quilos, não comia particularmente mal e ainda assim tinha o colesterol alto de uma pessoa obesa de 50 anos viciada em comer porcaria. Jessie deveria controlar os doces. "Na hora do lanche", recorda ela, "traziam biscoitos para as outras crianças e eu comia meus pêssegos."

A mãe de Jessie era uma mãe fabulosa de quase todas as maneiras. Era carinhosa, compreensiva e muito divertida. Só havia um grande problema: ela comia escondido, em especial sorvetes. Certa vez, Jessie telefonou para a mãe enquanto estava na rua resolvendo alguma coisa e um estranho atendeu, explicando que o telefone celular fora deixado numa mesa da loja da Häagen-Dazs. Outras vezes, Jessie monitorava o pote de Häagen-Dazs — sempre havia um — no congelador e notava que este fora esvaziado da noite para o dia. Sua mãe tomava todo o sorvete mas não queria que ninguém visse o pote vazio na lata de lixo, então o punha de volta no congelador.

Jessie percebeu desde muito pequena que sua mãe estava constantemente se colocando em risco de ter um ataque cardíaco. "Eu ficava muito assustada por minha mãe", diz Jessie agora. "Eu não queria que acontecesse alguma coisa com ela. E ficava me perguntando: *Por que ela come coisas que sabe que não deveria comer?*" Como sua mãe podia escolher, com tanta frequência, fazer o exato oposto daquilo que sabia que seria bom para ela? Quando se olha para trás, fica claro que Jessie era uma cientista de decisão aos sete anos.

Quando estava na faculdade, em Brown, Jessie sabia que queria dedicar sua vida a ajudar pessoas como sua mãe a fazer escolhas melhores para suas vidas. Estudava psicologia, mas logo percebeu que aquilo não era para ela. Os cursos que fazia eram de psicologia clínica, em que um psicólogo trabalha cara a cara para ajudar pacientes individualmente. "Aquela não era minha praia", diz ela. Parecia devagar demais trabalhar com uma pessoa de cada vez, resolvendo seus problemas lentamente. Tinha que haver outras soluções mais abrangentes que alcançassem muitas pessoas rapidamente.

Quando se formou na faculdade, Jessie estava um pouco perdida. Pensara que sua vida seria focada em ajudar pessoas a fazer escolhas melhores, mas se não queria se tornar psicóloga. Como faria? Ela não tinha a menor ideia. Então se mudou para Pittsburgh, onde o namorado (hoje marido) estava fazendo doutorado em informática, e aceitou o único emprego que pôde encontrar, como gerente assistente de um prédio de escritórios. Ela odiava cada minuto ali. Tinha que chegar ao trabalho antes das oito, o que significava que precisava estar no ponto de ônibus às seis e meia. Ficava ali, congelando na escuridão das manhãs de inverno, esperando um ônibus que parecia nunca chegar na hora, para depois se espremer na multidão a bordo (nunca havia uma chance de sentar) e passar uma hora sendo empurrada, só para chegar a um trabalho chato de deixar a mente dormente. Ali, ela se sentava a uma mesa, encarando a porta à frente, e tentava esperar uma hora inteira antes de olhar para o relógio. Certa vez, olhou a hora e viu que haviam se passado apenas seis minutos. Com frequência, ela prometia a si mesma que procuraria outro emprego, mas não fazia isso. Mais uma vez, foi confrontada por esse mistério: Por que as pessoas escolhem fazer coisas (ou, nesse caso, não fazer) que vão contra os próprios interesses?

Um dia, seu namorado chegou em casa e perguntou se ela já havia ouvido falar em algo chamado "ciências sociais e de decisão". Ele se deparara com essa disciplina e soubera que havia um departamento dedicado a isso na Carnegie Mellon. Jessie se lembra que pensou que era isso que estava procurando. "Fiquei motivada ao ver literalmente aquelas palavras e ler o que diferentes professores estavam estudando." Jessie se recorda de que correu para o computador, verificou o site na internet e decidiu naquele momento que voltaria a estudar.

O campo de estudo exato de Jessie se chama economia comportamental; é uma nova disciplina — ou, mais precisamente, uma nova configuração de várias disciplinas mais antigas. Durante a maior parte do século XX, os campos acadêmicos de psicologia e economia raramente tinham alguma coisa a ver um com o outro. Claro, psicólogos e economistas estudavam o comportamento humano, mas suas abordagens eram irreconciliavelmente diferentes. Os psicólogos, geralmente, pensavam que muitos economistas estavam errados ao supor que os seres humanos são criaturas racionais que, em sua maioria, tomam decisões que maximizam seu bem-estar — uma ideia difícil de corresponder ao comportamento humano, de fato. A economia, geralmente, reconhecia que os seres humanos, individualmente, podem agir de maneiras bastante autodestrutivas, mas acreditava que, tomados como grupo e em média, os seres humanos tendem à racionalidade econômica.

A mudança começou de forma discreta e obscura nos anos 1970, quando alguns economistas e psicólogos começaram a perceber que, em vez de se confrontarem, podiam ajudar uns aos outros. Para os economistas — pelo menos aqueles que aceitaram essa nova abordagem de colaboração —, os psicólogos eram capazes de revelar maneiras cruciais de as pessoas se comportarem que não haviam sido descobertas por décadas de estudos econômicos. Por exemplo, as pessoas tendem a valorizar muito mais o imediato do que o sistema lógico, matemático, sugeriria. Se eu lhe oferecesse uma fatia de pizza agora, mas lhe dissesse que lhe daria duas fatias e uma lata de Coca-Cola amanhã, é muito provável que você pegasse a fatia agora. De maneira semelhante, a maioria de nós sabe que nossa felicidade pelo resto da vida seria maior se pegássemos, digamos, cem dólares de nosso pagamento semanal e os depositássemos em nosso plano de aposentadoria. Mas muito poucos de nós fazem isso. Nós valorizamos o prazer imediato de seja lá o que for que podemos comprar agora em detrimento de uma chance maior de um futuro perigoso. As pessoas nem sempre se comportam como robôs racionais que fazem escolhas precisas, lógicas. Os economistas puderam aprender que as pessoas são, bem, um pouco mais loucas do que eles pensavam.

Isso pode parecer absurdo visto de fora, mas para algumas pessoas das duas disciplinas, a ideia de psicólogos e economistas trabalhando juntos era radical e enfurecedora. Por que não ter engenheiros aeroespaciais trabalhando com professores de poesia ou físicos se juntando a alguma escola de pintura? Em muitas universidades, isso não foi apenas um problema teórico. Havia uma questão de ordem prática real: se os economistas e os psicólogos querem trabalhar juntos, onde serão seus escritórios? Em que departamento eles ficarão? Que aulas darão? Que alunos de pós-graduação eles orientarão? Causaria um imenso alvoroço transferir uma penca de psicólogos para um programa de economia ou enviar alguns economistas para trabalhar num departamento de psicologia. Então, em algumas universidades do país, foram criados novos departamentos para as duas disciplinas se unirem. Muitos novos termos foram cunhados para descrever essas colaborações: ciência de decisão, economia comportamental, finanças comportamentais.

Jessie não sabia nada dessa história. Não tinha conhecimento de que o departamento no qual estava entrando era um subproduto de uma guerra entre duas maneiras de pensar que vinha fervilhando havia muito tempo. Ela só sabia que sempre se perguntara por que as pessoas — especificamente uma pessoa — tomam decisões que sabem que não deveriam tomar e o que poderia ser feito — se é que haveria alguma coisa — para ajudá-las a tomar decisões melhores.

Na escola de pós-graduação, no departamento de ciências de decisão da Carnegie Mellon University, Jessie ficou encantada com a ideia do "empurrãozinho", o *nudge*. Este conceito é uma das mais importantes e impactantes ideias que surgiram da colaboração entre economistas e psicólogos. Mostra que é possível mudar o comportamento das pessoas de maneiras importantes, que transformam a vida, por meio de uma pequena mudança no contexto dentro do qual elas tomam decisões. É um subproduto de uma das tendências mais persistentes do cérebro humano: o instinto de valorizar o imediato em detrimento do longo prazo.

A ciência do empurrãozinho pode ajudar a explicar por que grande parte daquilo que fazemos, todos os dias, *não* está fundamentada em nossas paixões, bem como por que a economia de ferramenta prosperou no século XX e por que permitimos a dominação dos produtos-ferramenta, das empresas-ferramenta e dos empregos-ferramenta. Um dos primeiros estudiosos do conceito foi Thomas Schelling, um economista e especialista em teoria dos jogos que trabalhou para o presidente Kennedy e ajudou a desenvolver os fundamentos teóricos da Guerra Fria — a ideia de destruição mútua garantida, em que a União Soviética e os Estados Unidos eram impedidos de atacar um ao outro porque qualquer ataque levaria à total destruição das duas nações.

Schelling fumava muito e queria parar havia anos. Sabia, é claro, que o cigarro era desastroso para sua saúde e lhe dificultava brincar com os filhos, porque logo ficava sem fôlego. O hábito de fumar era uma das forças mais negativas e destrutivas de sua vida. Mas ele não o largava. Com o passar do tempo, porém, usou em seu comportamento a mesma análise que aplicara à Guerra Fria. Viu que nunca enfrentava verdadeiramente a escolha entre largar o cigarro para sempre e não o largar para sempre. Em vez disso, enfrentava uma escolha menor: Será que fumo esse único cigarro? Ele conseguia se convencer, todas as vezes, que não havia problema em fumar aquele único cigarro, já que estava planejando largar o hábito no dia seguinte. É claro que no dia seguinte ele se convenceria a fumar mais um cigarro e depois mais um e mais um. Schelling comparou isso aos Estados Unidos e à URSS considerando usar uma única bombinha nuclear, digamos, na Guerra da Coreia. Seria só uma bomba — quanto dano ela poderia causar? Por meio da destruição mútua assegurada, porém, ambas as nações perceberam que qualquer bomba levaria rapidamente a uma guerra nuclear total, então nunca usaram aquela única bomba. Schelling decidiu criar sua destruição mútua assegurada. Reuniu os filhos e lhes prometeu que papai nunca mais fumaria e, disse ele, se o vissem fumando, deveriam deixar de respeitá-lo. Sabia que, para ele, perder o respeito dos filhos era o preço mais alto que poderia pagar. Criara as condições sob as quais fumar até mesmo um cigarro seria devastador.

Essa ideia veio a ser chamada de pacto de Ulisses, por causa da figura mítica de Ulisses da Grécia antiga, que se amarrou a um mastro para evitar as tentações das sereias. Hoje, sites na internet oferecem pactos de Ulisses, nos quais uma pessoa pode, digamos, concordar em ter seu dinheiro enviado a um grupo político que despreza se não parar de fumar ou se deixar de seguir uma dieta.

Acho essa maneira de pensar útil para entender como permitimos que nossa economia se tornasse ferramentizada. A maioria de nós, se pudesse escolher, preferiria levar uma vida alimentada pela paixão, na qual o trabalho nos realiza. Mas essa escolha não é apresentada à maioria de nós. Entramos na força de trabalho no fim da adolescência ou depois dos vinte anos, quando precisamos de um emprego para pagar o aluguel e aceitamos o que nos é oferecido. Esse emprego leva a outro e esse outro ao seguinte. Antes que a maioria de nós sinta que fez alguma escolha, constatamos que estamos com mais de trinta ou quarenta anos acomodados na mesma profissão. Seria imensamente custoso deixar o campo no qual temos experiência e uma rede de conexões e começar de novo em outro lugar. Não escolhemos um trabalho-ferramenta; apenas fizemos algumas escolhas menores que nos levaram para lá.

O campo do *nudge* está fundamentado no trabalho de Schelling e o elabora. Foi criado por dois estudiosos: Richard Thaler, da Universidade de Chicago, que viria a ganhar o Prêmio Nobel de economia, e Cass Sunstein, hoje na Harvard Law School, a faculdade de direito de Harvard. Eles desenvolveram uma abordagem mais suave para o mesmo problema que Schelling descrevera, em que as pessoas rotineiramente tomam decisões de curto prazo que vão contra seus desejos de longo prazo. Thaler e Sunstein formularam a hipótese de que seria possível fazer pequenas mudanças em nosso ambiente que nos guiariam — nos dariam um empurrãozinho — a tomar uma decisão melhor. Thaler teve a ideia nos anos 1970, enquanto oferecia uma festa a um grupo de economistas. Ele servira algumas nozes e os economistas estavam comendo tanto que ele temeu que não tivessem apetite para o jantar. Então levou a tigela de nozes para outro recinto e, imediatamente, os economistas pararam de petiscar. Esse é o tipo de observação que a maioria das pessoas acha óbvio mas que os economistas podem ver como sendo capaz de abalar o planeta. Se alguém quer nozes, deve se dispor a dar alguns passos até o outro recinto para apanhá-las — mas ninguém fez isso.

Com o passar do tempo, Thaler e Sunstein foram capazes de mostrar que podemos tomar decisões bem melhores se simplesmente mudarmos o contexto em que decidimos as coisas, elevando o custo — só um pouco — de fazer a escolha que vai contra nossos objetivos de longo prazo e reduzindo o custo de fazer a escolha certa.

Um dos primeiros bons estudos sobre esses empurrõezinhos estava relacionado à poupança para a aposentadoria. Durante décadas, departamentos de recursos humanos, empresas de fundos de aposentadoria e escritores especializados em finanças pessoais haviam instruído as pessoas sobre como é importante poupar mais para a aposentadoria. A maioria de nós já viu gráficos que mostram como poupanças relativamente pequenas hoje transformarão nossas vidas no futuro, e a maior parte de nós ignorou esses gráficos e poupou muito pouco. Será que somos estúpidos? Será que precisamos que nos expliquem isso com mais clareza e seriedade? Não.

Sob a orientação de cientistas de decisão — o que significa economistas e psicólogos —, a Deluxe Corporation, uma gigante de fabricação de envelopes, mudou as regras de seu fundo de aposentadoria. Na maioria das empresas, quando um novo funcionário é contratado, ele é informado de que tem a oportunidade de depositar uma parte de cada pagamento num plano de aposentadoria. Cerca de 40% dos novos funcionários não fazem isso, deixando-se ficar numa posição vulnerável quando se aposentarem.

Em 2008, a Deluxe mudou a opção padrão, de modo que cada novo funcionário se registrava automaticamente para depositar 5% de seu salário num plano de aposentadoria, com um aumento de um ponto percentual a cada ano. Cada funcionário era livre para optar por sair e parar de receber a poupança para a aposentadoria, mas muito poucos faziam isso.

Isso atingiu o mundo — pelo menos aquela pequena parte do mundo que considerava essas coisas — como uma descoberta bizarra. O que poderia ser mais importante do que poupar para a aposentadoria? Pessoas que têm um fundo de aposentadoria adequado podem ter vidas muito mais íntegras, com bem menos estresse, do que aquelas que não têm. Deveria ser do interesse de todos separar um pouco de dinheiro hoje para ter uma vida boa mais tarde. Apenas dizer isso às pessoas — mesmo intimidando-as — tem pouco impacto. Então vem uma mudança realmente pequena — uma mudança na opção padrão em um documento para novos contratados —, e isso tem um impacto revolucionário na vida das pessoas.

A própria vida de Jessie mostra como a mesma abordagem — um leve empurrãozinho — pode levar alguém a trocar uma existência do tipo ferramenta por uma baseada em paixão. Ela sabia que estava sofrendo em seu trabalho e entendia que se não mudasse teria uma vida consideravelmente menos feliz. Em determinado momento, poderia ter pesquisado suas opções, buscado orientação e iniciado o processo de identificar um trabalho mais gratificante. Mas isso era opressivo e assustador. Por onde ela começaria? Com quem deveria falar? O que poderia fazer? Era mais fácil manter a rotina familiar, mesmo que isso a deixasse infeliz. Então houve uma mudança pequena, minúscula: ela ouviu uma nova expressão, "ciência de decisão". Jessie pôde buscá-la no Google, encontrar uma lista de pessoas para quem telefonar e logo havia transformado sua vida. Olhando esse momento pela ótica da, bem, ciência de decisão, é, na verdade, um pouco estranho. O que poderia ser mais importante e em que valeria mais a pena investir algum tempo do que a própria qualidade de vida? Mas Jessie só tomou uma atitude depois que soube daquela expressão.

Uma causa importante do crescimento da Economia da Paixão é tão simples quanto a lição que Jessie ensina. Poder buscar no Google uma expressão torna muito mais fácil encontrar um trabalho pelo qual podemos nos apaixonar.

Conforme se veria, o Google mudou a vida de Jessie de mais maneiras do que essa. Depois que ela estava na escola de pós-graduação e viu que a ciência de decisão era, de fato, a vocação de seus sonhos, um amigo lhe mostrou um pequeno anúncio numa revista acadêmica: o Google estava procurando cientistas comportamentais para passar alguns meses como estagiários em seu departamento de recursos humanos, ajudando a empresa a melhorar a vida de seus funcionários. Jessie achou que podia ser divertido ver aquela empresa gigante por dentro, então se candidatou e foi aceita.

No início, Jessie contou a seus supervisores no Google sobre seu histórico, e eles mencionaram que havia um problema nos escritórios com o qual queriam lidar fazia muito tempo, e com o qual ela estava especialmente familiarizada: funcionários estavam fazendo escolhas alimentares ruins e isso afetava a saúde deles. O Google é conhecido por fornecer alimentação gratuita a todos os funcionários. Não apenas oferece petiscos e um plano básico de refeições, como também cupcakes, caminhões de tacos, sorvetes, pizzas, waffles, bolinhos e tortas. A comida era feita com ótimos ingredientes, por excelentes chefes de cozinha e, em geral, era muito boa. Isso, porém, levava a algo que as pessoas chamavam de "quilos do Google": novos funcionários ganhavam peso rapidamente. Comiam mais do que em geral o fariam porque a comida era deliciosa e estava sempre disponível. A maioria de nós tem a experiência de ver nossos colegas de trabalho avançando sobre caixas de rosquinhas gratuitas na manhã de sexta-feira. Imagine se essas rosquinhas fossem um imenso bufê de festa disponível a cada minuto do dia. Se você está com um pouco de fome, vai comer. Se está empacado num problema difícil, ou apenas quer um motivo para sair de sua mesa, ou está meio entediado, você vai lá e come mais um pouco. Jessie recebeu a tarefa de ver o que podia fazer para ajudar os funcionários do Google a fazer escolhas melhores.

Na escola de pós-graduação, Jessie administrara muitos testes e conduzira muitas pesquisas destinadas a descobrir o que funciona e o que não funciona quando se tenta levar pessoas a tomar decisões melhores. Passara horas em pé do lado de fora de restaurantes de fast-food, fazendo perguntas a pessoas que haviam acabado de sair para poder entender melhor quais escolhas elas haviam feito e o que as influenciara. Às vezes são necessários meses e milhares de dólares para se obter uma amostra de duzentas pessoas sobre um determinado assunto. No Google, ela podia fazer quase tudo o que quisesse e testar instantaneamente dezenas de milhares de funcionários, obtendo resultados imediatos.

A prática ensinara a Jessie que é melhor não retirar opções, oferecendo, digamos, uma seleção composta somente de alimentos saudáveis. Seria muito mais eficaz dar um empurrãozinho nas pessoas em direção a decisões mais saudáveis. Jessie notou que havia grandes potes de vidro cheios de M&M's. Isso era uma tradição do Google. Ela os substituiu por potes de metal opacos. Os novos recipientes tinham rótulos que informavam a presença de M&M's, mas faltava a indicação visual clara de todas aquelas balas deliciosas à mostra. As pessoas ainda eram livres para comer quantos M&M's quisessem, mas não podiam ver as balas e, presumivelmente, não ficariam tão tentadas. Ela mediu o consumo de M&M's em lugares onde eles estavam em recipientes de vidro e naqueles em que estavam em recipientes opacos e, é claro, as pessoas comeram bem menos quando não podiam ver os M&M's. Em um local do Google — a sede em Nova York — essa única mudança dos potes de M&M's levou a mais três milhões de calorias a menos consumidas ao longo de um período de sete semanas.

Jessie fez outro experimento em algumas cafeterias do Google. A empresa havia muito tempo oferecia dois tamanhos de prato, pequeno e grande. Jessie pôs placas informando aos funcionários que as pessoas com frequência comem mais quando usam um prato maior. Logo o uso de pratos menores aumentou pela metade. Um terço dos frequentadores estava comendo menos por causa de uma simples e pequena placa.

Quando o estágio de verão terminou, Jessie voltou para Pittsburgh e para a escola de pós-graduação e percebeu, rapidamente, que todo o propósito de sua vida mudara. Ela sempre supusera que quando tivesse seu Ph.D. encontraria um trabalho lecionando numa universidade, escrevendo artigos acadêmicos. Se escrevesse artigos suficientes para chamar a atenção de outros acadêmicos, poderia conseguir um cargo e acabar dirigindo um departamento. Isso lhe parecia um objetivo maravilhoso — até estar no

Google. Em três meses como estagiária júnior, ela fora capaz de ter um grande impacto sobre a vida de dezenas de milhares de pessoas. Como acadêmica, faria pequenos estudos — uma dúzia de pessoas ali, talvez cem acolá — ao longo de vários meses e depois passaria outros meses, talvez anos, usando esses dados para escrever um artigo para uma revista acadêmica. Se o artigo fosse realmente interessante, um acadêmico ou outro poderia levar a ideia um pouco adiante. Tudo isso parecia muito pequeno agora — muito devagar, muito sem impacto — comparado a trabalhar numa grande empresa onde ela poderia ter uma influência imediata sobre a vida de milhares de pessoas.

Jessie demorara anos para perceber que tinha uma paixão. Sabia que estava chateada com a mãe e que tinha perguntas sobre o modo como as pessoas se comportam, mas nunca teria pensado em chamar isso de paixão, que dirá uma que poderia se tornar uma missão de vida e um benefício para os outros. Nunca lhe teria ocorrido que, um dia, essas perguntas poderiam levá-la a um conjunto de soluções que permitiriam a outras pessoas identificar e perseguir as próprias paixões. Para se envolver completamente com sua paixão única, Jessie precisaria de mais uma coisa. Conforme se veria, ela precisaria encontrar outra pessoa cuja infância fora cheia de tristeza e preocupação com uma mãe carinhosa que não conseguia cuidar bem de sua vida. Um homem cuja abordagem da relação entre empresa e funcionário foi, antes de mais nada, o motivo pelo qual Jessie fora capaz de realizar seu trabalho, o motivo pelo qual o Google tratava seus funcionários daquela maneira. Ela teve que conhecer Laszlo Bock.

Bock me lembra Charlie Brown. Não deveria, realmente, já que é o oposto dele de muitas maneiras. Laszlo tem um porte ereto e um charme descontraído, fluido. Pode falar com qualquer pessoa, de maneira confiante, sobre qualquer coisa. Entra na sala ou participa de uma conversa com uma curiosidade intensa que contagia a todos. Entretanto, sempre penso em Charlie Brown quando penso em Laszlo. Parte da associação com Charlie Brown é certamente a grande cabeça calva, embora a de Laszlo seja mais bem delineada e bonita que a do pobre Charlie. A chave, penso eu, é que Laszlo tem uma permanente expressão aturdida no rosto, como se estivesse no mundo mas também, de algum modo, fora dele, observando-o e notando que nada faz um perfeito sentido. É como se Charlie Brown tivesse crescido, parado de deixar Lucy se aproveitar dele, superado sua queda pela garotinha ruiva e se tornado confiante.

Laszlo, é claro, não é nenhum Charlie Brown. É o mais respeitado líder no campo das relações humanas. Transformou o modo como as empresas entendem como motivar trabalhadores a dar o melhor de si. Ele não se gaba, não dá palestras, não se deslumbra com análises complexas. Mantém as coisas extraordinariamente simples: faz perguntas básicas, descomplicadas, absorve e reflete sobre as respostas e prossegue com mais perguntas básicas, descomplicadas. Que condições fazem uma pessoa trabalhar melhor? Do que uma empresa precisa para entender seus trabalhadores e se comunicar com esses trabalhadores para que eles, e a firma, possam se sobressair? Felizmente, como Laszlo logo aprendeu, as respostas não são boas apenas para os negócios, são moralmente boas.

Laszlo está agora no topo de sua profissão, mas começou a vida em circunstâncias bem ruins. Ele nasceu em 1972 numa cidadezinha da Transilvânia, na Romênia, e sofreu vários golpes. Seu pai era etnicamente húngaro, e sua mãe judia vivia num país soviético autoritário que só permitia a romenos étnicos obter algum tipo de trabalho decente. Quando Laszlo tinha dois anos, sua família escapou do país e desembarcou num campo de refugiados na Áustria com nada mais do que um punhado de fraldas. Com o tempo, a família foi para os Estados Unidos. Os pais de Laszlo eram instruídos: o pai tinha um grau avançado de engenharia, e a mãe tinha mestrado em literatura inglesa. Mas mudar de um país pobre, comunista, para os Estados Unidos foi uma adaptação difícil.

"Minha mãe, eu a amo, não conseguia se manter num emprego", recorda Laszlo. "Ela era gentil demais." Rotineiramente, se tornava próxima do funcionário mais problemático da empresa, com frequência uma mãe solteira ou um imigrante recente, ficava amiga dessa pessoa e incentivava o dono da empresa a ser gentil e generoso. Lutava tanto pela pessoa que acabava sendo demitida com ela. Então conseguia outro emprego, encontrava alguém em dificuldade ali e repetia o padrão. Laszlo recorda que isso aconteceu três ou quatro vezes, justo quando a família estava enfrentando seus problemas econômicos depois do divórcio de seus pais. Seu pai também se esforçava para que seu negócio de engenharia crescesse, e seu irmão mais novo estava tendo dificuldade de se adaptar. Laszlo se lembra claramente de passar a perceber, quando ingressou no ensino médio, que a sobrevivência de toda a sua família poderia depender dele. Ele se lembra de que pensava: "Vou ter que sustentar minha mãe. Vou ter que sustentar meu irmão. E vou ter que sustentar meu pai."

Na escola de ensino médio, Laszlo estava na parte mais baixa da hierarquia social, um imigrante desajeitado que era azucrinado pelos colegas. Nos últimos anos, iniciou um projeto de melhoria pessoal que — mais tarde e com muito mais sofisticação — se tornaria o trabalho de sua vida. "Eu não planejava ser o menino mais legal da escola", diz ele. "Eu queria deixar de ser estritamente um nerd e estar talvez no meio da turma." Laszlo não tinha os instintos naturais certos. Não tinha nenhuma noção de moda (ainda não tem, ele me assegura) e nunca sabia o que vestir. Não sabia ao certo como se comportar perto de adolescentes de status mais alto. Porém, tinha algo que pode ser mais valioso: Laszlo tem uma crença natural na capacidade das pessoas de melhorar suas condições por meio de pequenas escolhas, mas de impacto.

Ele leu em algum lugar que manter-se ereto ajuda a ser aceito socialmente, então prestou muita atenção a sua postura. "E funcionou?", ele se lembra. "As coisas melhoraram. Implicavam menos comigo." Quando os adolescentes caçoavam dele, Laszlo não se sentia apenas infeliz (embora com certeza se sentisse). Registrava o que eles diziam e buscava maneiras de melhorar. Por exemplo, Laszlo recorda que usava um short Grapevines apertado e curto demais, semelhante ao que o detetive Magnum usava — muito depois de sair de moda. Ele ia assim para a escola todos os dias. "Eu me lembro de um cara, um jogador de futebol americano, olhando para mim", recorda Laszlo, "o veneno em seus olhos quando reparou aquele short curto." Era horrível, é claro, mas Laszlo registrou aquilo na mente, livrou-se do Grapevines e comprou uma calça nova e mais aceitável. Em outra ocasião, uma menina bonita que estava com um grupo popular olhou para a roupa que ele estava usando, riu e disse: "Você não pode usar uma camisa de listras verticais e um short de listras horizontais." Opa, claro, lição aprendida.

Passo a passo, Laszlo passou a se sentir mais confortável consigo mesmo e a ser mais aceito. Nunca se tornou muito popular, mas já não implicavam com ele nem zombavam dele. Chegou até a namorar aquela menina popular que havia rido de seu short e sua camisa que não combinavam. Ele ingressou numa faculdade próxima e se tornou confiante o bastante para perseguir uma carreira de ator em Hollywood (o que, sem nenhuma surpresa, significou, na verdade, ganhar a vida como garçom no Olive Garden).

Depois da faculdade, Laszlo sentiu uma pressão para conseguir um emprego mais estável e lucrativo para poder sustentar a família. Um dia viu-se usando um terno velho, com a calça curta demais, enquanto era entrevistado para um emprego no escritório da gerência de uma fábrica na área industrial da cidade. O dono da empresa se recostou na cadeira, sapatos sobre a mesa, fumando tanto que havia uma neblina espessa em volta de sua cabeça. Depois de encher Laszlo de perguntas, ele se gabou: "Minha renda no ano passado foi de 2,3 milhões de dólares! Eu moro no Four Seasons! Dirijo uma Mercedes!" Em determinado momento, ele olhou para Laszlo e perguntou: "Você tem alguma pergunta para mim?" Antes que pudesse se dar conta, Laszlo falou sem pensar: "Você é feliz?" O dono da empresa chamou outro homem no escritório para que viesse até ele e então lhe disse: "Esse garoto quer saber se eu sou feliz! Ganhei 2,3 milhões de dólares no ano passado. Moro no Four Seasons. Dirijo uma Mercedes. Se é isso que faz você feliz, então eu sou feliz!"

Para sua surpresa, Laszlo foi contratado. A empresa fazia um tipo de forma de isopor que permitia despejar concreto em formatos predeterminados num canteiro de obras. A firma era dirigida por dois homens — o dono e seu diretor de operações — que eram polos opostos, arquétipos perfeitos da pior e da melhor maneira de gerenciar pessoas. O chefe, é claro, era pura arrogância. Gritava com Laszlo e todos e via a empresa como uma grande máquina cujo principal objetivo deveria ser agradar-lhe e satisfazer seu ego.

O diretor de operações era o oposto. Toby era cordial e modesto. Não via os funcionários como seus criados; queria servir a eles e ajudá-los a fazer melhor. Tornou-se um mentor para Laszlo e, com gentileza e generosidade, instruiu-o sobre negócios. Laszlo percebeu que, como crescera com pais imigrantes vindos de um país comunista, nunca aprendera muito sobre o capitalismo americano. Não sabia os nomes de grandes empresas ou como pensar no mercado de ações. (Na faculdade, recebera um convite para se candidatar a um emprego na McKinsey & Company, a firma de consultoria mais prestigiada do mundo. Achou que era golpe e jogou o convite fora.) "Toby tinha todo um conhecimento sobre negócios que eu não tinha", percebeu Laszlo. Ele decidiu que tinha que ir para uma escola de administração e foi aceito em Yale.

Como regra geral, estudantes de MBA da Ivy League não perseguem carreiras em recursos humanos. Executivos de RH raramente se tornam CEOs e raramente alcançam a riqueza de fundadores de startups no Vale do Silício. Mas Laszlo ficou fascinado por RH. Percebeu que os recursos humanos estavam ligados às coisas que mais o interessavam: O que faz as pessoas darem o melhor de si no trabalho? O que as faz felizes? Como uma empresa e seus gerentes podem motivar os trabalhadores? Mais do que tudo: Por que havia essa evidente desconexão entre o que os líderes de negócios defendiam e o que faziam todos os dias? Quase todos os gerentes falavam de como queriam dar poder aos trabalhadores e criar uma boa cultura, mas poucos faziam isso.

Depois de Yale, Laszlo — agora tendo aprendido bem mais sobre negócios — conseguiu um emprego na McKinsey, onde foi imediatamente confrontado com o abismo entre palavra e ação. "Na McKinsey, eles falam sobre 'obrigação de discordar'", explicou Laszlo. Os gerentes dizem aos jovens recrutas que eles precisam falar quando acham que alguém superior na empresa está cometendo um erro. "A realidade que vi é que na primeira vez que você fala, o sócio fica interessado", recorda ele. "Na terceira vez, eles apenas dizem 'Volte para o trabalho'."

Laszlo saiu da McKinsey para perseguir uma carreira em recursos humanos e foi parar numa divisão da General Electric. A GE tem uma das mais respeitadas culturas de gestão e recursos humanos. A empresa popularizou o Six Sigma e uma série de outros sistemas agora famosos para melhorar a maneira como os funcionários trabalham. Laszlo pensou que aprenderia as técnicas mais recentes e mais científicas de gerenciar seres humanos. Mas quando chegou ali, diz ele, grande parte da prática de recursos humanos não parecia sofisticada ou altamente técnica. "Ainda havia muito gerenciamento por intuição", observa. Por exemplo, há uma análise formal de talentos, chamada Sessão C, em que alguém do RH e um gerente devem analisar a força de trabalho de acordo com padrões objetivos, com base em medições. Em vez disso, Laszlo se viu sentado com um líder sênior que folheava uma lista de seus subordinados, procurando os nomes de seus amigos; em seguida, falava sobre como eles eram bons. "Esse processo era visto como o mais sofisticado", disse Laszlo. "Mas era apenas o clube dos ex-colegas de escola."

Laszlo estava lendo obsessivamente sobre comportamento humano e gestão. Estudava o trabalho de economistas comportamentais e outros cientistas de decisão e ficou impressionado por tão pouco da prática real de gestão estar fundamentado em estudos validados. "Havia muito pouca ciência, se é que alguma, aplicada a RH", ele se lembra de ter concluído. "Há um monte de coisas que fazemos por instinto, mas estamos errados." Ele constatou que parecia haver duas correntes de pensamento diferentes: aquela que era usada por acadêmicos que sabiam as coisas com rigor mas tinham pouco impacto sobre a prática real, e aquela aplicada por gestores praticantes e departamentos de recursos humanos que equivalia, em essência, a "pessoas inventarem coisas".

Laszlo leu um artigo sobre o braço de pesquisa e desenvolvimento da IBM em Yorktown Heights, Nova York. Mencionava que quarenta cientistas com Ph.D. estavam concentrados num desafio de engenharia específico. Laszlo se lembra de ter pensado: "Cara, se eu pudesse ter quarenta cientistas com Ph.D. tentando descobrir como medir e melhorar o envolvimento de funcionários, eu poderia chegar a algum lugar." Mas é claro que nenhuma empresa gastaria as dezenas de milhares de dólares necessárias para contratar quarenta cientistas de alto nível para ver se o palpite de um executivo de RH estava certo.

Então, em 2005, Laszlo recebeu um telefonema do Google. Ou, mais especificamente, de uma firma de recrutamento contratada pelo Google para trazer um novo líder de recursos humanos. Laszlo foi contratado e, de repente, se viu trabalhando para talvez a única empresa de toda a história humana que receberia muito bem sua ideia de jogar dezenas de cientistas no problema de gestão de recursos humanos.

Acima de tudo, o Google é uma empresa obcecada por dados. Seu propósito geral é reunir todos os dados do mundo e torná-los usáveis. Havia muito poucos sobre trabalhadores. Pense em qualquer grande empresa. As pessoas estão fazendo, ou não, todo tipo de coisa. Estão checando e-mails, falando umas com as outras, iniciando e terminando projetos ou não. Estão indo a reuniões, dando telefonemas, contratando algumas pessoas e demitindo outras, chefes estão tentando motivar trabalhadores, e trabalhadores tentando convencer seus chefes a fazer uma coisa ou outra. No fim do dia, toda essa atividade *é* o negócio: é isso que ajuda uma empresa a produzir lucro ou força uma empresa a declarar falência. Mas quais são as coisas que elas estão fazendo que são produtivas e quais delas são um desperdício de tempo ou, pior, custam o dinheiro da empresa? O que essas pessoas estão sentindo e pensando, como esses sentimentos e pensamentos afetam seu trabalho, e como seu trabalho se traduz para o resultado final?

Se você pensar em qualquer lugar onde trabalhou, é possível que tenha algum instinto sobre tudo isso, mas tinha muitos poucos dados. As reuniões são úteis ou prejudicam? Quais são as reuniões que ajudam e quais são as que prejudicam? Existe uma quantidade ideal de tempo para falar ao telefone? Existem perguntas específicas numa entrevista de emprego que realmente predizem quem irá prosperar e quem não irá? Os gerentes devem ser gentis, indulgentes, maus, insistentes? Para cientistas de dados, responder a perguntas como essas era, em grande parte, um buraco negro sem nenhuma informação substancial. Laszlo, de repente, tinha o orçamento e a autoridade para contratar aqueles Ph.Ds. com os quais sonhara; contratou vinte, depois quarenta, depois mais quarenta. Tinha tantos cientistas que poderia designar alguns para descobrir como fazer os trabalhadores beberem menos refrigerantes e outros para determinar a duração ideal de uma reunião. (Zero minuto é o ideal, as reuniões se revelam, quase sempre, um desperdício de tempo e recursos.)

Quando Jessie ingressou no Google como funcionária em tempo integral, a equipe de cientistas de dados de Laszlo era extensa e bem estabelecida.

Jessie se lembra da primeira vez que apresentou parte de sua pesquisa a um grande grupo de executivos, que incluía Laszlo. De antemão, foi advertida de que ele seria muito simpático mas faria perguntas nas quais você nunca teria pensado por si mesmo; seriam perguntas simples mas inteligentes e não adiantava tentar prevê-las. Somente Laszlo, disseram as pessoas, parecia capaz de fazer aquelas perguntas. Conforme esperado, ele fez as perguntas básicas, entre as quais como as pessoas se sentiam depois de comer menos. Elas sabiam que o Google estava realizando esse experimento? Elas se sentiam manipuladas ou bem cuidadas? Ele perguntou como esse tipo de modelo poderia se disseminar pela empresa, em outras funções. Jessie não pôde responder bem no momento, mas lhe disse com confiança que descobriria isso. Laszlo, na época, reconheceu que Jessie era exatamente o tipo de cientista com o qual ele queria colaborar: era determinada e obsessivamente rigorosa em sua pesquisa, mas também imaginativa ao pensar em problemas e propor novas maneiras de obter respostas.

As pessoas que trabalham no Google têm muita sorte. São tipicamente pós-graduados de alto nível de escolas nobres que recebem grandes quantias de dinheiro por empregos de elite. Têm toda aquela comida de graça, além de transporte grátis e bebidas grátis no fim do dia. Podem dizer a todos que encontram que trabalham no Google, o que, no Vale do Silício, é a coisa mais bacana que alguém pode dizer. Na verdade, a vida é tão boa no Google que a empresa tem o problema oposto de quase todas as outras firmas do país. A maioria das empresas tem muita rotatividade de pessoal; trabalhadores qualificados partem com muita frequência para outras oportunidades, forçando as empresas a engolir o custo de contratar e treinar outra pessoa. No Google, percebeu Laszlo, muito poucas pessoas estavam indo embora, porque a vida era muito boa. Ele teve que inventar maneiras de empurrar delicadamente porta afora pessoas com desempenho ruim sem ser duro a ponto de assustar outros funcionários.

Nos primeiros anos, Laszlo e Jessie ficaram empolgados por fazer parte da primeira equipe de recursos humanos do mundo a usar ciência real em escala para motivar trabalhadores. Passaram a chamar o que estavam fazendo de "analítica de pessoas", e logo isso se tornou um campo de estudo próprio. Agora você pode ter uma formação superior nisso, e centenas de empresas têm um departamento de analítica de pessoas — tudo por causa daquelas perguntas simples que Laszlo estava fazendo e das respostas que cientistas como Jessie deram.

A sempre crescente equipe de cientistas de Laszlo realizou estudos complexos, fez todo tipo de recomendação baseada em dados rigorosos e ajudou a transformar o Google. A ciência era uma extensão dos instintos de Laszlo. Há observação: maneiras progressivamente mais sofisticadas de estudar o que as pessoas estão fazendo no trabalho e como elas pensam e se sentem sobre seus empregos. Há análise: pegar todos os dados e propor modelos e teorias sobre o que está funcionando bem, o que pode precisar ser mudado e como, exatamente, mudar. E, depois, há ação: usar esses dados para mudar a maneira como as pessoas trabalham para que elas possam trabalhar melhor e se sentir mais motivadas.

Ficou claro que três valores centrais tornavam o trabalho mais gratificante para os funcionários e, simultaneamente, tornavam-nos mais eficientes no que faziam. Um: as pessoas querem sentir uma certa autonomia em seu trabalho, sentir que podem fazer escolhas que terão um impacto. Dois: elas querem sentir que pertencem à organização para a qual trabalham. Três: querem confiar na empresa e em seus chefes. Juntos, esses três componentes tornam as pessoas mais felizes no trabalho e melhor no que fazem de maneiras claras, mensuráveis. Esses também são atributos que notei na maioria dos negócios de Economia da Paixão. Os negócios de paixão são, por natureza, determinados pela visão de um fundador para se conectar, profundamente, com um conjunto específico de clientes. Os funcionários que prosperam nesses negócios com frequência compartilham a paixão do fundador, ou pelo menos compartilham a alegria dessa conexão mais profunda com os clientes. Em suma, esses funcionários confiam em sua liderança, sentem que pertencem ao negócio de paixão e entendem como podem contribuir para isso. Isso não quer dizer que todos os negócios de paixão alcancem com êxito essas satisfações ou que os negócios que não são de paixão — empresas de orientação de ferramenta — não possam alcançá-las. Há negócios de paixão terrivelmente administrados e firmas de ferramenta com culturas corporativas incríveis. Mas se alguém quer se sentir satisfeito no trabalho, tem uma chance muito melhor numa empresa de paixão.

Laszlo e sua equipe aprenderam que mesmo dentro da mesma empresa pode haver redutos de satisfação e redutos de sofrimento. Nos dados que reuniram, eles verificaram que havia alguns gerentes cujas equipes tinham uma pontuação acima da média para todos esses valores positivos e que essas equipes também tinham um desempenho bem melhor que o de tipos semelhantes de funcionários que faziam um trabalho semelhante.

Às vezes, havia um pouco de choque de culturas entre a visão de Laszlo e os valores centrais do Google. O Google foi iniciado por dois cientistas de informática que estudavam na Universidade de Stanford e queriam que a empresa funcionasse como uma escola de pós-graduação: cientistas individuais de informática deveriam poder se movimentar facilmente entre projetos. Se não gostassem de seu gerente ou se achassem um projeto específico chato, poderiam ir para outro lugar. Presumivelmente, bons gerentes atrairiam mais e melhores funcionários. Na prática, porém, os gerentes do Google não importavam tanto assim. O que importava eram os projetos, os cientistas de informática e um sistema que se ajustasse com rapidez e facilidade.

Embora sua visão fosse não criar uma cultura profundamente hierárquica, Laszlo acreditava que uma boa gestão, por si só, era essencial. Em parte para provar isso, ele lançou o Project Oxygen, um esforço para identificar os melhores gerentes do Google. Isso lhe permitiu mostrar, por meio de dados, que havia alguns gerentes cujas equipes sempre tinham um desempenho de alto nível e também sentiam enormes confiança, autonomia e que pertenciam ao Google. Quando esses gerentes mudaram para um novo projeto, as pontuações altas foram com eles. Além disso, Laszlo foi capaz de demonstrar que, com um pouco de treinamento e instrução, os gerentes que antes apresentavam desempenho inferior também podiam melhorar o desempenho de suas equipes e elevar o nível geral de felicidade delas.

Um dos melhores gerentes que Laszlo já viu, um homem cuja equipe regularmente tinha a maior pontuação em desempenho no Google, era Wayne Crosby, um cientista de informática que dirigia alguns projetos importantes, incluindo a ferramenta de apresentação Google Slides e o

G Suite do Google, de aplicativos de produtividade, que muitas empresas, grandes e pequenas, agora usam para correspondência, documentos e outras ferramentas com base na nuvem.

Wayne se tornou gerente de equipes do Google que pesquisavam inteligência artifícial. Logo ele percebeu que, com a revolução da IA a caminho, poderíamos acabar num mundo em que ninguém precisasse ser contratado para trabalhar. Isso criou uma crise existencial para ele, que começou a questionar as motivações mais profundas que levam os seres humanos a trabalhar. No fim, Wayne passou a acreditar que nós, como humanos, gostamos de trabalhar. Há algo fundamentalmente humano em nos juntarmos e realizarmos algo que não poderíamos ter alcançado sozinhos. Portanto, embora a natureza do trabalho vá se transformar radicalmente devido aos avanços em IA, a necessidade humana fundamental de pertencer a algo maior e contribuir para isso jamais desaparecerá. Porém, várias forças macro em ação no mercado de trabalho de ferramenta de hoje contribuem para desumanizar os trabalhadores e deixá-los insatisfeitos com o trabalho. Wayne queria exercer um papel no processo de trazer os elementos humanos de trabalho de volta ao mercado, algo que está no cerne da economia da paixão em evolução.

Uma coisa é querer mudar o mundo do trabalho; outra coisa completamente diferente é envolver os trabalhadores. Wayne diz que não era um gerente nato; na verdade, foi um gerente bem ruim durante anos. Um de seus primeiros empregos foi numa empresa dirigida por um ex-sargento instrutor do corpo de fuzileiros navais cujo estilo de gerenciamento envolvia gritos frequentes e conceder deméritos quando as pessoas chegavam alguns minutos atrasadas ou não entregavam papelada na formatação correta. Depois de ler os registros da gerência e ver que o Google conseguia realizar muito mais com uma cultura muito mais humana, Wayne percebeu que estava pensando no papel de gerente de maneira completamente errada. Ele supunha que o gerente era o principal motor de uma equipe, escolhendo o caminho, impulsionando a equipe, forçando retardatários a voltar à linha. Acabou entendendo que um bom gerente é mais como um treinador de uma equipe de atletismo. Ele não ganha medalhas, não cruza a linha de chegada, não recebe toda a glória.

Em vez disso, o treinador precisa entender cada membro da equipe e sua motivação individual e criar as condições para cada pessoa poder dar o melhor de si. Às vezes um treinador precisa ser duro — retirando um membro da equipe, repreendendo outro —, mas isso é uma exceção. Na maioria dos dias, o trabalho de um treinador é simplesmente entender cada membro da equipe e ajudá-lo a alcançar o sucesso que ele deseja.

Os melhores gerentes do Google eram premiados com uma viagem de comemoração ao Havaí. Durante uma dessas festividades, Laszlo e Wayne conversaram na praia em frente ao resort onde estavam hospedados. Eles passaram a reconhecer que desejavam alcançar a mesma coisa e que juntos poderiam fazer mais do que sozinhos. Ambos queriam entender como motivar melhor os trabalhadores e seus gerentes usando dados e seus sensos semelhantes de valores. Laszlo tinha a capacidade de fazer aquelas perguntas básicas e manter uma grande equipe de cientistas focada no que mais importava. Wayne entendeu que o objetivo de Laszlo exigia uma infraestrutura de computadores incrivelmente complexa, em especial se fosse empregada fora de uma empresa como o Google, que já tinha todo o suporte de computadores que qualquer um poderia precisar. Wayne percebeu que o objetivo de Laszlo era uma extensão natural do trabalho que ele fizera no G Suite do Google e em IA. Começou a imaginar um software de produtividade inteligente que pudesse ajudar a melhorar o comportamento e o moral do funcionário e fortalecer a cultura corporativa.

Logo depois que começaram a se falar, Wayne e Laszlo trouxeram Jessie para o Google. Os três começaram a imaginar como seria maravilhoso se muito mais pessoas no mundo — que não trabalhavam numa empresa com tantos recursos quanto o Google — pudessem ter o benefício de uma analítica criteriosa de pessoas.

Os três acabaram saindo do Google para criar a Humu, com o objetivo de democratizar a ciência de pessoas à qual somente as empresas mais ricas, como o Google, tinham acesso.

Imagine que você queira descobrir o quanto as pessoas que trabalham numa grande organização confiam em sua gerência, o quanto elas acreditam que pertencem a essa empresa e quanta autonomia sentem em seus empregos. Em suma, você quer saber o quanto elas são felizes e quais fatores de seu trabalho precisariam mudar para torná-las mais felizes. Você poderia, é claro, enviar um e-mail para todos os funcionários pedindo-lhes para responder a um questionário em que classificariam, numa escala de um a cinco, o quanto confiam em seus chefes, o quanto sentem que estão fazendo uma diferença. Mas é claro que quanto menos os trabalhadores confiam em seus chefes, mais certos estarão de que esses chefes lerão os resultados e os julgarão por isso. Se uma empresa ou uma equipe tem uma pontuação muito alta em confiança, isso seria porque há uma real confiança ou simplesmente por causa do temor de ser honesto? De forma semelhante, você provavelmente quer saber como as respostas a essas perguntas se correlacionam com o desempenho de fato. Será que as equipes com alto grau de confiança trabalham mais duro? Elas têm um desempenho melhor? Contribuem para o resultado final?

Há vários problemas sobrepostos quando se tenta obter respostas honestas. Uma empresa de pesquisas como a Humu precisa convencer os funcionários de que suas respostas serão absolutamente anônimas. Isso significa desenvolver softwares e hardwares altamente seguros. Para validar as respostas e compará-las com o desempenho de fato, você precisa extrair uma grande quantidade de dados objetivos: as horas que os funcionários trabalham, quanto tempo eles se ausentam por motivo de saúde, o rendimento da equipe. Você tem que correlacionar esses dados mantendo completo anonimato. Isso se revelou um enorme desafio de informática, exigindo o que há de melhor em engenharia de computação. Esse é o trabalho da equipe de Wayne.

Ao mesmo tempo, as perguntas da pesquisa precisam ser elaboradas com cuidado e a análise das respostas precisa ser realizada com o mais alto grau de rigor científico para assegurar que os resultados sejam significativos e possam levar a uma mudança real. Esse é o trabalho de Jessie.

De um modo geral, a operação não pode se perder nos detalhes. Não pode se tornar complexa demais a ponto de o propósito central ser obscurecido. Toda a coleta e proteção de dados precisa levar a um objetivo simples: melhorar a felicidade dos trabalhadores, aumentando seus sentimentos de confiança, de autonomia e de pertencimento à empresa, para que eles possam ter um desempenho melhor no trabalho e para que a empresa possa ganhar mais dinheiro. Esse é o trabalho de Laszlo.

Os escritórios da Humu ficam em Mountain View, Califórnia, uma cidade que se tornou sinônimo das maiores gigantes do Vale do Silício. Ficam pertinho do Google, do LinkedIn, da Microsoft e da 23andMe. Mas para encontrar a Humu disseram-me para procurar o restaurante chinês Fu Lam Mum, cuja grande placa — sem falar nas críticas e nos cardápios colados nas janelas, bloqueando parcialmente a vista para o seu interior arrojado — pode desviar a atenção da pequena porta de vidro com uma plaquinha informando ao visitante que a Humu fica no andar de cima.

Um lance de escada acima, a Humu ocupa um grande espaço de escritório, suficiente para seus cinquenta funcionários. O espaço com profundidade, aberto, é ao mesmo tempo alegre e claramente focado no negócio. Não há mesa de totó ou de pingue-pongue, mas há petiscos gratuitos. Vários núcleos de três ou quatro mesas de trabalho têm um padrão semelhante a uma flor, as mesas se projetando a partir de uma haste central. Cada pessoa pode posicionar sua mesa na altura que quiser. Algumas são mesas para se trabalhar em pé, outras são para pessoas mais altas se sentarem e algumas têm uma altura convencional. De algum modo, essa adaptação relativamente pequena do habitual escritório em plano aberto dá uma sensação de intimidade e personalização que se opõe à opressão dos pequenos compartimentos habituais. As mesas são redistribuídas de poucos em poucos meses, portanto, ao longo dos anos, cada trabalhador terá passado algum tempo trabalhando num núcleo de mesas com todos os outros, o que estimula a colaboração inesperada e uma forte identidade de grupo.

Uma vez por semana todos os funcionários se reúnem para compartilhar aquilo no qual estão trabalhando, bem como qualquer coisa importante de suas vidas. Por acaso eu estava visitando a empresa no dia em que completaria um ano do suicídio de um irmão de Laszlo, que, na discussão em grupo, mencionou que era um dia difícil para ele e que se parecesse um pouco distraído ou breve, esperava que todos entendessem por quê. Fiquei impressionado com sua admissão. Poderia ter sido um sentimentalismo exagerado, ou mesmo um pouco de autoindulgência, o chefe de uma empresa falando aos funcionários sobre uma dor pessoal. Laszlo lidou de maneira elegante com aquele momento, com uma comovente mistura de clareza trivial apropriada ao negócio e só um pouco de emoção. Foi um exemplo de Laszlo modelando o tipo de cultura que quer para seus funcionários. É um equilíbrio difícil. Laszlo estava compartilhando um fato pessoal, emocional, sobre si mesmo — deixando claro a seus funcionários que queria que eles também se sentissem confortáveis sendo honestos sobre seus estados emocionais —, mas fazendo isso de maneira condizente com o trabalho, não egocêntrica ou perturbadora.

No tempo que passei com Laszlo, Jessie, Wayne e a equipe da Humu, percebi que eles estavam remodelando o modo como eu entendia o negócio da Economia da Paixão. Algumas empresas são apaixonadas por tudo que fazem. Penso na firma de Jason Blumer ou na fábrica da OCHO Candy. Há um sentimento palpável na missão da empresa. É impossível passar uma hora sem alguém mencionar o propósito da firma e sua conexão com os clientes. Em grande parte como os empurrõezinhos, porém, a abordagem da Humu mostra que um negócio baseado em paixão pode usar um tato mais sutil, mais discreto. Sim, a Humu tem uma grande missão, e seus funcionários falam razoavelmente sobre isso. Mas eles também passam muito tempo falando sobre assuntos mais mundanos, questões raramente vistas como ligadas a uma missão apaixonada. A atenção aos lugares onde as pessoas se sentam (ou ficam de pé) para trabalhar e o modo como falam sobre si mesmas são incorporações precisamente daquilo que a Humu é destinada a fazer: usar dados, ciência e um forte senso de valores para aprimorar de forma ponderada o espaço de trabalho a fim de que este possa funcionar bem e, em essência, proporcionar a felicidade, confiança e envolvimento que estão no cerne da missão da Humu.

As mudanças da Humu podem parecer pequenas, quase tímidas, comparadas a algumas das ideias radicais que têm varrido os Estados Unidos corporativos desde que eles existem, particularmente o Vale do Silício. Numa época tão amplamente dominada por corporações, é difícil lembrar que o próprio ato de reunir um grupo de pessoas de uma empresa e lhes pedir para trabalharem juntas é um fenômeno muito novo, que teria intrigado nossos bisavós e cada ancestral que veio antes deles. Algumas instituições na história têm reunido milhares de pessoas para realizar algumas tarefas compartilhadas — exércitos, diversas ordens religiosas, a burocracia do governo chinês —, mas a maior parte da atividade humana durante a grande parte da história tem sido feita em grupos relativamente pequenos; o tamanho típico de um clã é considerado como sendo de cerca de 150 pessoas, pequeno o bastante para que todos se conheçam. Só nos séculos XIX e XX foi que as empresas tiveram dezenas de milhares e até, em alguns casos, milhões de funcionários cujas ações eram dirigidas por um pequeno grupo de líderes corporativos que, é claro, nunca se encontravam com a maioria dos funcionários.

A civilização humana está enfrentando um novo desafio: a necessidade de direcionar as atividades de enormes números de pessoas espalhadas pelo planeta. Líderes corporativos têm se esforçado para lidar com esse desafio de várias maneiras. Algumas das primeiras grandes empresas foram ferrovias que contratavam pessoal militar para exigir adesão estrita e cega às muitas regras de uma empresa. Nos anos 1880, uma nova onda de líderes corporativos tinha em mente o modelo de vila medieval. Empresas como a Pullman, que fazia locomotivas, e a Kohler, conhecida pelos vasos sanitários, construiriam cidades-empresas inteiras, onde os trabalhadores passavam a vida toda. Eles trabalhavam numa fábrica da empresa, compravam alimentos numa loja da empresa e dormiam numa cama da empresa dentro de uma casa da empresa. No sábado à noite, bebiam num bar da empresa e na manhã de domingo ouviam um pastor pago pela empresa tentando salvar suas almas.

Com o passar do tempo, e depois de algumas lutas horríveis, violentas, empresas e trabalhadores chegaram a uma espécie de trégua: a empresa ficava com os dias dos trabalhadores, mas deixavam para eles as noites e os fins de semana. Restava ainda o desafio de coordenar toda a atividade no trabalho. Havia firmas de hierarquia rígida com um pequeno grupo de líderes dando ordens por meio de um exército de gerentes de nível médio. Havia firmas com muitas divisões, em que as diferentes divisões agiam com relativa autonomia e até competiam entre si. Depois, houve um gosto por estruturas organizacionais mais planas e pelo movimento *lean*, em que os trabalhadores têm o poder de fazer escolhas para si mesmos, ainda que dentro de parâmetros rígidos. Mais recentemente, tem havido experimentos mais radicais, como a holocracia, lançada pela Zappos, na qual não há títulos, nem descrições de trabalho, nem nenhum tipo de estrutura imposta externamente.

Em sua maioria, esses experimentos corporativos eram, mais ou menos, de cima para baixo e razoavelmente mecânicos, vendo uma organização como algo semelhante a uma máquina que podia ser sintonizada para trabalhar com mais eficiência e, portanto, produzir mais bens a um custo menor e obter um lucro maior. A abordagem da Humu é quase exatamente o oposto. É focada na melhoria de uma variável crucial: o quanto os trabalhadores estão felizes. Depois de estudarem um rico conjunto de dados, Laszlo, Jessie e Wayne acreditam poder provar que, quando os trabalhadores estão mais felizes, a empresa alcança todas as suas metas. Se a empresa começa tendo a lucratividade como meta, é bem provável que faça seus trabalhadores menos felizes e, portanto, tenha menor probabilidade de gerar um lucro máximo.

É claro, dê a todos os funcionários um enorme aumento, um carro grátis e 42 semanas de férias e eles, provavelmente, dirão que estão muito felizes (e a empresa desaparecerá instantaneamente). Os caras da Humu falam muito sobre o significado da palavra "felicidade". Psicólogos fazem uma distinção entre dois tipos bem diferentes de felicidade. A felicidade hedônica é uma onda imediata de alegria que provém de obter algo prazeroso: doce, dinheiro, um beijo. A felicidade hedônica pode parecer euforizante por um momento e em seguida desaparecer, deixando poucos vestígios duradouros. Em contraste, a felicidade eudemônica (termo derivado da palavra grega que significa o estado de ter um espírito contentado) pode ser menos imediata, sem picos repentinos, mas é duradoura e proporciona uma vida inteira significativa. Ficar com alguém por uma noite é hedônico; um casamento de longo prazo que sobrevive aos desafios é eudemônico. Um sundae de sorvete é hedônico; alcançar um objetivo que se tem há muito tempo de correr uma maratona é eudemônico. A Humu quer melhorar a felicidade eudemônica no trabalho. Seu princípio central, sustentado por dados, é que ter uma vida profissional gratificante, que traz satisfação, é um pilar crucial para a satisfação na vida em geral de qualquer pessoa, juntamente com a família e a aceitação pessoal.

Uma coisa é passar um tempo tentando tornar profundamente gratificante o trabalho de engenheiros muito bem pagos de uma empresa que está mudando o mundo rapidamente; outra coisa completamente diferente é ajudar trabalhadores que estão no extremo oposto da hierarquia profissional.

CAPÍTULO 12

Basta um rápido lembrete

A solução tecnológica da Humu para promover a paixão humana

Quando entrei pela primeira vez num Sweetgreen, eu estava pessimista. Os trabalhadores pareciam envolvidos nas tarefas mais mundanas: cortar legumes, pôr esses legumes em tigelas e servi-los a uma longa e impaciente fila de clientes. Notei que os trabalhadores pareciam um pouco mais felizes do que eu poderia esperar num lugar como aquele, mas me perguntei quanto significado, quanta satisfação duradoura na vida, eles poderiam encontrar. Então conheci Venus Paul.

Venus, de 24 anos, passou a infância num vilarejo pobre na Guiana, um pequeno país aninhado ao lado da Venezuela e do Brasil, na América do Sul. Sua família vivia em dificuldade. Seu pai tentou ganhar a vida como agricultor, mas depois de três anos consecutivos de seca teve que vender seu minúsculo pedaço de terra e buscar trabalho na cidade. Sua mãe tinha uma deformidade genética em uma perna, o que significava que andar mais do que alguns minutos a deixava exausta. Incentivada por um primo, a família decidiu se mudar para o Brooklyn, para ver se conseguia ganhar a vida ali. Não foi fácil. A mãe de Venus nunca foi capaz de encontrar um trabalho que não a exaurisse. O pai conseguiu um emprego de guarda de segurança num canteiro de obras, ganhando salário mínimo. Venus largou a escola de ensino médio antes de se formar para poder ganhar algum dinheiro também. Ela trabalhou numa loja de flores no mesmo quarteirão de seu pequeno apartamento, onde recebia o pagamento em dinheiro, por baixo da mesa, ganhando menos que um salário mínimo. Depois conseguiu um emprego em que examinava bolsas no aeroporto Kennedy. Pagavam-lhe o salário mínimo, mas era um trabalho difícil. Venus é pequena, mal chega a 1,50 metro; é tímida; e, como cresceu numa selva tropical, odiava que o trabalho lhe exigisse entrar e sair no frio durante os invernos em Nova York.

Para alguém em Nova York como Venus, uma imigrante com um nível mínimo de instrução e experiência em trabalho, o desafio não é encontrar um emprego. À medida que se tornou uma cidade mais rica, Nova York desenvolveu uma procura quase insaciável por trabalhadores para serviços de remuneração baixa, como fazer café, vender hambúrgueres, arrumar prateleiras de lojas de departamentos. Venus fez isso tudo. Trabalhou no McDonald's, na Staples e na Dunkin' Donuts. Arrecadou dinheiro para o Greenpeace na esquina. Embora os empregadores fossem diferentes, os trabalhos eram bem parecidos. Ela fazia o que quer que lhe pedissem, com frequência com pouca supervisão, e depois recebia um cheque de pagamento correspondente ao salário mínimo. Venus sempre levava para casa menos de 300 dólares por semana, o que mal dava para ajudar os pais com o aluguel e as compras de mercado. Era sempre fácil conseguir um novo emprego. O problema era ascender. Não havia uma trajetória de carreira, uma maneira clara de conseguir um aumento ou uma promoção ou de ter alguma sensação de que o futuro poderia ser diferente do presente. Ela trabalhava num lugar por algum tempo e então ficava entediada ou tinha um problema com algum colega ou decidia que queria algo mais próximo de casa, demitia-se e encontrava outro emprego. Nunca ficava em nenhum lugar por mais do que alguns meses porque não parecia importar se ficasse ou não. Sentia-se destinada a permanecer presa a um trabalho de salário mínimo pelo resto da vida, assim como seu pai.

Havia gerentes em todos esses lugares, é claro. Em alguns, os gerentes ganhavam pouco mais que os trabalhadores subalternos, embora tivessem muito mais responsabilidades e estresse. Em outros, os gerentes pareciam bem remunerados, mas não eram subalternos que foram promovidos. Eles haviam sido contratados como gerentes.

Quando entrou no Sweetgreen da rua Court, no Brooklyn, Venus não tinha nenhuma esperança particular de que esse emprego tivesse alguma diferença em relação a todos os outros. Sua entrevista, porém, foi mais demorada que o habitual. Ela não se limitou a preencher um formulário, responder a algumas perguntas superficiais e se informar sobre o dia e a hora em que deveria se apresentar. O gerente se sentou com ela durante 45 minutos, perguntando-lhe sobre seus interesses e seus antecedentes. Aquilo foi simpático, mas Venus não levou muita fé. Ela mencionou que adorava cozinhar em casa, e o gerente lhe disse que ela se adequaria bem à cozinha.

No início, o trabalho não era muito diferente daquilo que Venus já fizera. Sua função era cortar legumes crus, uma tarefa simples que logo se torna repetitiva. Com o tempo, porém, Venus notou que o lugar parecia mais simpático e alegre do que todos os outros nos quais trabalhara.

A cozinha era maior, mais limpa e mais animada que a do McDonald's. O trabalho não era tão apressado. Ela tinha que dar duro todo dia, mas não na correria a que estava acostumada em outros lugares. Os funcionários do Sweetgreen realmente fazem as refeições; não se limitam a abrir grandes sacos de cebolas pré-cortadas, molhos pré-preparados e bifes de hambúrguer pré-produzidos. Eles pegam legumes crus e inteiros, grandes pedaços de carne, um monte de temperos, azeites e vinagres e os combinam para fazer saladas tailandesas picantes, tigelas de grão-de-bico com curry e uma série de outros pratos que o restaurante prepara e que estão sempre mudando.

Esse novo emprego era com certeza muito diferente. Havia muito mais clareza em relação ao que Venus poderia alcançar se provasse ser boa em seu trabalho, se continuasse a aprender a realizar outras tarefas. Poderia se transferir para a área de molhos e preparar todos os diversos temperos e molhos que o restaurante faz frescos todos os dias. Com um pouco mais de prática, poderia trabalhar na parte culinária da cozinha, onde a carne é grelhada, o frango é assado e o peixe é frito. Ela percebeu que podia aprender muito trabalhando numa cozinha ligeira. E havia a chance de se tornar gerente de cozinha — todos eles eram promovidos a partir de baixo. Até os gerentes do restaurante, que dirigiam o lugar inteiro, eram promovidos a partir de baixo. Venus não sabia ao certo se podia se tornar gerente, ou mesmo chegar ao lado quente da cozinha, mas gostava que isso pelo menos parecesse possível.

Um dia, quando Venus estava cortando legumes, a gerente do restaurante, Simone Swain, perguntou-lhe qual era a sua meta. Venus disse que pensava que gostaria de cozinhar. Simone disse que ela poderia se tornar uma cozinheira; poderia até se tornar gerente. Observou que Venus era pontual, trabalhava duro e sempre respondia bem ao que lhe pediam. Sim, era um pouco quieta, um pouco tímida e não se defendia, mas provara ser alguém confiável, capaz e disposta a fazer parte de uma equipe forte. Venus teria que aprender algumas coisas para se tornar gerente, mas Simone achava que ela podia.

Eu estava na cozinha do Sweetgreen no dia em que isso aconteceu. Aparentemente, a interação não seria especialmente digna de nota: uma gerente conversou com uma funcionária e compartilhou com ela algumas palavras de incentivo — simpáticas o bastante, mas não revolucionárias. Só que isso se revelaria um momento radical. Simone falou a sério tudo o que disse, mas a *ideia* de dizer aquilo não havia sido um impulso espontâneo. Ela fora estimulada por um programa de software criado por Wayne e sua equipe de informática, baseado na pesquisa de psicologia realizada por Jessie e sua equipe. Normalmente pensamos em automação e software empresarial como uma força que remove nossa individualidade única, que faria todos nós nos tornarmos drones trabalhadores numa maquinaria de local de trabalho que não se importa nem um pouco com nossas esperanças e habilidades individuais. Aquilo era o oposto. Era a automação da empatia, do incentivo direcionado, de um atrativo muito pessoal e direto a uma trabalhadora específica, elaborado precisamente para as necessidades dela naquele momento.

A Sweetgreen contratara a Humu para resolver um grande problema que a rede de restaurantes, assim como todas as casas de fast-food, estava enfrentando: os funcionários se demitiam rapidamente demais. Assim como Venus, a maioria dos funcionários sabe que pode conseguir outro emprego com salário mínimo quando quiser, então raramente fica muito tempo em algum lugar. Para muitos empregadores, isso não é um grande problema — sai um, entra outro. Para as empresas, porém, a rotatividade é extremamente cara, como mencionei antes. Cada vez que um funcionário vai embora, isso custa em torno de 2 mil dólares. Primeiro, geralmente há um período em que não há trabalhadores suficientes. Depois, há o custo de contratar e treinar um substituto. O treinamento geralmente exige que vários trabalhadores mais experientes passem uma parte significativa da semana treinando os novos recrutas, tempo em que tanto o treinador quanto o aprendiz estão sendo pagos. A Sweetgreen é uma empresa relativamente pequena, com cerca de 4 mil funcionários. E aproximadamente metade dos funcionários de redes de fast-food vai embora todos os anos. Isso significa que se poderia prever que duas mil pessoas deixariam a Sweetgreen todo ano, a um custo anual de 4 milhões de dólares para a empresa. A empresa tem uma receita bruta de 60 milhões de dólares por ano, com um lucro aproximado de 6 milhões de dólares. Se a Sweetgreen pudesse diminuir a rotatividade à metade, aumentaria seu lucro em um terço — um aumento enorme.

"Cada três meses de permanência no emprego são como um ponto percentual de lucro", diz Jonathan Neman, CEO e cofundador da Sweetgreen. "Se eu posso fazer com que toda a empresa, todos os funcionários permaneçam, digamos, mais seis meses, eu seria dois pontos percentuais mais lucrativo."

Dois pontos percentuais podem não parecer muito, mas o lucro médio de um restaurante *fast casual* como o Sweetgreen é de 6% da receita. Se Neman pudesse aumentar esse lucro em 8%, transformaria imediatamente a empresa numa das mais lucrativas do tipo no país. A Sweetgreen, uma firma de participações privadas relativamente pequena mas que cresce rapidamente, espera competir com o Chipotle e outros impérios de muitos bilhões de dólares. Aumentar a margem de lucro em dois pontos percentuais mudaria completamente a empresa na cabeça dos investidores, garantindo que muito mais pessoas pagassem muito mais se lhes fosse oferecido um estoque de ações. Com o dinheiro extra proveniente desse investimento, Neman poderia financiar seu crescimento muito mais rapidamente. Dois pontos percentuais de lucro seriam transformadores. O problema é que quanto mais rápido a empresa cresce, mais pessoas é preciso contratar e mais fora de contato com esses trabalhadores os líderes sêniores estariam. Para ganhar bilhões de dólares, Neman precisava descobrir como fazer Venus Paul e outros trabalhadores como ela felizes, e ele nem sequer conhecia Venus Paul nem sabia nada sobre ela.

O problema de Neman não é exclusivo dele ou da Sweetgreen. Toda empresa do planeta com mais do que alguns funcionários tem o mesmo desafio. Em teoria, toda empresa ganharia mais dinheiro e evitaria mais riscos se cada e todo funcionário fosse mais envolvido em seu trabalho, mais motivado a se esmerar, mais capaz de dar o melhor de si. Mas como se faz isso? Imagine que você é o CEO de um grande negócio, com milhares de funcionários que nunca conhecerá, com os quais nunca se se sentará para saber de suas esperanças, frustrações, aspirações. Esses funcionários estão espalhados por todo o país ou, talvez, pelo mundo. Alguns são mais velhos, alguns jovens; alguns têm grandes esperanças, enquanto outros estão apenas tentando atravessar o dia. Você sabe que eles são muito diferentes um do outro e que cada um é diferente de você e não há como inventar um slogan ou uma única abordagem que mobilize todos eles de uma vez. Então as empresas se valem de algumas opções bem abaixo do ideal. Elas inventam slogans motivacionais ordinários e os pregam nas paredes de áreas de intervalo. Recorrem a regras rígidas que cada trabalhador deve seguir ou então será demitido. Ou tentam minimizar o número de trabalhadores de que precisam, substituindo-os por automação, já que ninguém precisa se preocupar com a felicidade de robôs e programas de software. Essas "soluções", porém, só causam mais problemas.

Entre, digamos, num McDonald's e fica imediatamente claro que você não está num lugar alegre. O McDonald's é líder em automação do trabalho, tendo criado uma maquinaria que pode moldar e grelhar um hambúrguer e cortar e fritar batatas com um mínimo de habilidade do trabalhador. Isso ajuda os donos de franquias a lidar com o problema da rotatividade. Um novo trabalhador pode aprender todos os fundamentos do trabalho em minutos e, portanto, seu treinamento custará muito menos. Mas quanto mais facilmente um trabalhador pode ser substituído, mais desmotivado e frustrado ele é no trabalho, menos agradável é o restaurante para os clientes, mais barata a comida precisa ser para levar as pessoas a entrar e maior será a rotatividade de funcionários. Esse círculo vicioso mantém muitas empresas do varejo, restaurantes de fast-food e outros negócios em rede num estado cada vez pior. Posso pensar em uma dúzia de redes onde já não vou em parte porque odeio entrar num lugar que pareça estar envolto num sentimento opressivo de insatisfação. Vejo isso na cara dos trabalhadores e sinto isso no serviço indiferente.

Um fatalismo se instalou em grande parte dos negócios modernos. Clientes, gerentes e trabalhadores, todos de algum modo aceitaram que esse é o estado permanente, inevitável e inalterável: se queremos muitas coisas baratas, temos que aceitar grandes lojas e redes de restaurantes com trabalhadores infelizes que passam essa infelicidade para os clientes. A questão é que isso não é verdade — não mais. No século XX, isso era um problema quase insuperável. Simplesmente não havia uma maneira técnica de fazer de outro jeito. Mas o poder da computação avançou lado a lado com nossa compreensão da psicologia do trabalho, e isso significa que certas ferramentas de automação baseadas em computador têm o poder de nos fazer mais felizes em nosso trabalho.

A solução da Humu é, num certo sentido, bem simples. Quando uma empresa como a Sweetgreen contrata a Humu, a equipe da Humu sempre envia questionários cuidadosamente elaborados de acordo com as melhores pesquisas de psicologia para suscitar respostas confiáveis e úteis (e totalmente anônimas). Depois, o software da Humu é capaz de criar relatórios especiais que ajudam uma empresa a entender quais são as áreas de maior preocupação e quais são aquelas que podem ser mais facilmente aprimoradas. É aí que os empregadores ficam sabendo o nível de felicidade de seus funcionários naqueles três fatores cruciais que afetam sua felicidade. Cada empresa — com frequência cada divisão ou mesmo loja individual — pode ter suas próprias respostas e suas próprias áreas de preocupação. Um engenheiro da Humu me mostrou um fascinante gráfico multicolorido em 3-D que ilustrava o grau de felicidade de cada trabalhador de uma grande empresa multinacional nessas três áreas cruciais. Pude ver, numa rápida olhadela, que algumas divisões e alguns gerentes haviam criado um ambiente que mantinha os trabalhadores altamente envolvidos e felizes, enquanto outras divisões e gerentes tinham trabalhadores sem confiança, sem envolvimento, que pareciam tender a ir embora assim que pudessem encontrar uma alternativa.

Para a Sweetgreen, os maiores problemas se tornaram óbvios rapidamente. No início, houve um grande problema de confiança. Funcionários haviam participado de pesquisas anteriores e depois tinham visto essas pesquisas serem usadas para recompensar alguns deles e punir outros.

Eles não queriam mais pesquisas. Foi um longo processo para recuperar a confiança. Depois que voltaram a confiar na empresa o suficiente para responder aos questionários da Humu, relataram que não achavam que a Sweetgreen se importava com eles, então o sentimento de pertencer à empresa era pouco. Neman decidiu oferecer seguro saúde e plano de aposentadoria a mais trabalhadores. Isso teve um impacto positivo imenso e imediato.

Soluções como essa podiam ser dadas em massa, mas outras precisam ser feitas sob medida para cada trabalhador. Os maiores motivadores de felicidade num restaurante *fast casual* são as escalas de horário e um plano de carreira, e estes precisam ser personalizados. A capacidade de fazer isso foi revolucionada pelo casamento difícil entre os avanços tecnológicos e as pesquisas de psicologia. Isso também faz parte da Economia da Paixão.

Quando visitei a Sweetgreen, a empresa tinha 75 restaurantes no país e um plano de acrescentar dezenas a cada ano. As escalas de horário em cada um deles são um desafio computacional. Cada local, em qualquer momento, tem cerca de cinquenta funcionários, que coletivamente precisam cobrir vinte posições durante os horários de movimento do café da manhã e do almoço e dez posições durante os períodos mais tranquilos. Cada um desses cinquenta funcionários tem suas próprias preferências gerais (alguns querem turnos breves; outros desejam trabalhar tantas horas quanto puderem) e questões pessoais (um dever de júri, um filho doente). Combinar as necessidades em constante mutação de cinquenta pessoas com a demanda desigual do público consumidor de comida exige uma série de acertos. Você pode ter mais pessoas na equipe para cobrir cada possível problema de última hora, mas isso custa dinheiro. Pode deixar as pessoas saírem sempre que quiserem ou trabalharem quantas horas preferirem, mas isso também custaria muito dinheiro, deixando turnos descobertos e clientes infelizes. Você pode ser insensível às necessidades de cada trabalhador e informá-los de que eles serão demitidos se saírem para ficar com um filho doente, mas isso prejudicará a confiança, o sentimento de pertencer à empresa e, no fim das contas, custará dinheiro por causa da rotatividade. Essa tem sido a abordagem de muitos restaurantes de fast--food e grandes lojas. Eles usam um software de "otimização de turnos" que designa os trabalhadores com base num programa de computador que não se importa nem um pouco com as necessidades dos trabalhadores e os programas para trabalhar de acordo com uma escala rígida e inflexível.

A abordagem da Humu é combinar processos automáticos de software com interação humana. A escalação de turnos nunca pode ser totalmente automatizada se também é humana e criteriosa. O que é preciso é que cada gerente de loja entenda e leve em conta as necessidades específicas de sua loja e seus funcionários. Mas isso leva o problema para um nível acima: como você torna cada um de centenas de funcionários mais empático, mais envolvido com sua força de trabalho? Cada gerente, assim como todos os outros funcionários, tem seus pontos fortes e fracos únicos. Alguns podem ser naturalmente dotados de empatia e envolvimento, mas nem sempre ser os melhores para lidar com a matemática necessária para assegurar que cada turno seja coberto. Outros podem ser o inverso. As pesquisas da Humu destacam os pontos fortes e fracos de cada gerente e identificam seu tipo de personalidade e suas inclinações naturais. Nada disso é relatado aos chefes do gerente. Isso porque a Humu só pode ter êxito com privacidade absoluta. Seu software faz algo que a empresa chama de "geração de história". Pega os dados sobre um gerente — o que ele revelou em pesquisas e o que os funcionários disseram sobre ele — e gera lembretes que darão um empurrãozinho no gerente para que ele faça as coisas importantes que de outro modo poderia esquecer de fazer. Um gerente que é ótimo em escalação de horários e gestão financeira mas não tão bom em habilidades interpessoais pode receber uma mensagem, logo depois do movimento do almoço, pedindo-lhe que escolha aleatoriamente um funcionário e lhe pergunte como ele está. Um gerente que tem o dom de lidar muito bem com pessoas mas nem sempre se lembra de cuidar da matemática pode receber um lembrete, uma vez por semana, para checar o estoque e se certificar de que pediu alimentos crus suficientes para as necessidades da semana seguinte.

Esse "mecanismo de empurrãozinho" tem raízes no trabalho que Jessie desenvolveu na pós-graduação. Baseia-se na agora bem fundamentada pesquisa que mostra que empurrõezinhos leves e regulares na direção certa são mais eficazes do que mudanças transformadoras. Quando aprendi isso, lembrei-me de uma experiência que tive vários anos atrás, depois de ter sido rapidamente promovido de repórter a gerente de uma equipe. Eu fiquei assoberbado e, como resultado, brusco e irritado. Gritei com a equipe mais de uma vez. Eram pessoas maravilhosas, altamente motivadas, ótimas em seu trabalho, e eu, com muita frequência, as tornava infelizes e incapazes de dar o melhor de si. Discuti esse problema com meu chefe e ambos concluímos que eu precisava me transformar permanentemente em outro tipo de pessoa. Então fiz um curso breve e caro para gerentes ruins. Passei três dias numa sala de conferência com um grupo de gerentes igualmente irritados e incompetentes enquanto três psicólogos nos treinavam a identificar nossos defeitos e buscar maneiras de sermos melhores. Essa experiência me convenceu de que eu não era um gerente nato, e saí daquele emprego e jurei nunca mais gerenciar. Quis o destino que eu me tornasse gerente vários anos depois, justo quando estava pesquisando a Humu, e pude aplicar imediatamente esse conceito de *nudge*. Em vez de buscar me transformar completamente, dou um leve empurrãozinho em mim mesmo de vez em quando para checar os funcionários, perguntar como estão, observar o que fazem bem e sutilmente incentivá-los a desenvolver outras habilidades. Até agora está funcionando bem.

No caso de Venus, aqueles empurrõezinhos da Humu contribuíram para algo transformacional. Para entender como, você precisa conhecer a história de sua gerente, Simone. Simone gerenciou primeiro um hotel em sua Granada natal, depois foi para Nova York para se casar. Após alguns anos de luta, fazendo também o circuito dos empregos de salário mínimo, ela se tornou gerente de uma rede sofisticada que oferecia um serviço de refeições rápidas, mas não conseguiu ser uma gerente bem-sucedida ali. Os executivos que dirigiam à empresa eram incoerentes naquilo que queriam que o gerente de cada loja alcançasse. Num mês, era lucro; no outro, era uma rotatividade menor; depois, queriam uma participação maior no negócio local de almoços. Sem uma direção clara, Simone não sabia o que enfatizar: deveria aumentar a escala de turnos para agradar aos clientes e fazer com que voltassem com mais frequência ou reduzir a escala de turnos para diminuir custos e aumentar o lucro? Além disso, a empresa, assim como muitas outras, tinha um esquema de gerenciamento em dois níveis. Muito poucos trabalhadores subalternos — atendentes, ajudantes e funcionários da cozinha — eram promovidos a gerentes, e quando isso acontecia recebiam bem menos que os gerentes recrutados fora dali. Assim como em outros restaurantes, os gerentes eram predominantemente brancos, e os subalternos predominantemente afro-americanos e latinos. Simone soube que ganhava menos da metade do que ganhavam os gerentes brancos vindos de fora, mesmo tendo uma pontuação boa em todos os métodos de avaliação, que sempre mudavam.

Simone simpatizou imediatamente com a Sweetgreen. Ela tem uma personalidade marcante, receptiva, e fica óbvio, quando você a acompanha no restaurante, que ela inspira confiança em seus funcionários. Eles gostam dela, respeitam-na e se sentem respeitados por ela. Mas Simone é a primeira a dizer que só consegue alcançar esse tipo de relação no contexto apropriado. Na Sweetgreen, Simone sabe o que é mais importante para o gerenciamento. Sim, ela tem que gerar lucro: não pode gastar muito em comida ou ser generosa demais com os turnos. Precisa dirigir um restaurante popular, com uma forte lealdade da clientela, para obter uma receita. Ela também sabe que o indicativo mais importante para uma empresa é a felicidade de seus funcionários. Graças à Humu, recebe empurrõezinhos periódicos para se certificar de que mantém esses trabalhadores felizes.

Simone sabia que Venus respondia bem à ideia de que poderia ganhar aumentos e promoções adquirindo mais conhecimento e trabalhando com mais dedicação. Durante a conversa que elas tiveram no dia em que eu estava ali, pude ver que Venus entendeu que poderia encontrar um caminho para sair da espiral de salário mínimo na qual pensava estar presa. Tinha uma chance de se tornar gerente de um restaurante e, um dia, gerente regional. Isso lhe dava um sentimento de real propósito em seu trabalho. Se fosse promovida, ela talvez conseguisse comprar uma casa e retirar um bocado da pressão sobre seu pai. Quando tivesse a própria família, poderia pôr os filhos num caminho completamente diferente daquele em que estava como imigrante pouco instruída. Esses sonhos podem ser alimentados por empurrõezinhos ao longo do caminho. Simone incentivou Venus a participar de alguns dos programas de treinamento da Sweetgreen. O maior ponto fraco de Venus é a timidez. Não adianta dizer a uma pessoa para parar de ser tímida, mas é possível incentivá-la a aprender o básico da interação com o cliente, a praticar isso e recompensá-la quando sai de sua zona de conforto e progride.

De maneira semelhante, a Humu pode dar um empurrãozinho em Simone para o desafio específico de incentivar funcionários tímidos. Um empurrão desenvolvido pela Humu lida exatamente com a questão das pessoas tímidas e da escala de horários. Um gerente como Simone pode receber um e-mail na sexta-feira, o dia em que ela programa os turnos da equipe:

Querida Simone,
Como gerente, você tem a tarefa de cobrir os horários — e posições — no Sweetgreen da Court Street. Mas quando novos turnos e posições são abertos como você decide quem considerar?

EXPERIMENTE
Considere todas as suas opções

Quando novos turnos ou posições se abrirem, comece com uma lista completa dos membros da equipe em vez de escolher a primeira pessoa em quem você pensar.

Tire alguns minutos para analisar todas as suas opções, em vez de recompensar apenas as pessoas que falam que precisam de horas extras ou que querem mais responsabilidades.

Por quê? Às vezes, membros qualificados da equipe hesitam em pedir mais responsabilidades. Removendo dos funcionários o fardo de falar, você tomará decisões mais justas.

Estou aqui se você tiver dúvidas,
Wayne da Humu

Cada palavra desse empurrãozinho foi cuidadosamente escolhida com base numa pesquisa de psicologia. O texto começa deixando claro que a pessoa que escreveu o e-mail (juntamente com o programa de computador que o enviou) entende Simone e seu papel, depois de estudar a análise diagnóstica que o software realizou especificamente sobre Simone e sua equipe. O empurrão então sugere uma atitude específica. Diz a Simone para deixar de ser uma pessoa injusta e se transformar numa pessoa justa. Quem poderia fazer aquilo? Ele recomenda um ajuste simples e factível para uma tarefa já solicitada e, em seguida, explica por que isso alcançará um objetivo maior. Fará os funcionários sentirem que a empresa é mais justa, porque de fato será. Os funcionários podem confiar que não serão ignorados simplesmente por serem mais quietos que outros.

Um desafio na transmissão da importância do trabalho da Humu é que ele pode parecer muito simples, muito pequeno. É quase fácil desprezá-lo: que importância tem uma gerente de restaurante no Brooklyn receber um e-mail sugerindo que preste mais atenção aos funcionários quietos? Mas por trás desse simples e-mail está uma revolução. Foi preciso um poder de computação incrivelmente mais barato para chegar a isso, uma computação que permitiu um novo tipo de pesquisa de psicologia bem como uma nova maneira de questionar e incentivar funcionários e gerentes.

Para a Humu, esse mecanismo do empurrãozinho é apenas o começo. A equipe está trabalhando firme para desenvolver ferramentas ainda mais potencialmente revolucionárias. O sonho de Laszlo é ter um software que cumpra muito melhor a função de combinar pessoas com os trabalhos que mais provavelmente as ajudarão a prosperar. Imagino alguém como Venus, que adora passar algum tempo experimentando sabores em sua cozinha, sendo identificada para integrar a equipe de pesquisa e desenvolvimento de receitas da Sweetgreen. Simone, suspeito, seria uma treinadora bastante eficiente. Ela parece entender exatamente como incentivar seus gerentes assistentes a incentivar os funcionários abaixo deles. O objetivo final da Humu é reestruturar a própria natureza dos Estados Unidos corporativos. Em vez de ter uma organização fixa com trabalhos fixos e descrições fixas, algo como o mecanismo da Humu pode entender muito melhor o conjunto único de paixões, habilidades e limitações de cada trabalhador e reformar a organização em torno deles ou mesmo direcionar funcionários para outra empresa que combinaria melhor com eles. Tecnologia de informática, inteligência artificial e automação não precisam significar a destruição desalmada de nossa individualidade. Podem alcançar o exato oposto: organizações baseadas em paixão que promovem a felicidade individual.

EPÍLOGO

John Maynard Keynes foi o grande intelecto econômico da primeira metade do século XX, e não apenas porque tinha dois metros de altura. Durante toda a sua vida, Keynes teve uma extraordinária capacidade de ver o futuro com clareza. Em meio à Grande Depressão, ele criou quase sozinho toda uma nova escola de economia — a macroeconomia — que ofereceu novas ferramentas que podiam explicar e eliminar a terrível estagnação econômica que tomava conta do mundo. Depois da Segunda Guerra Mundial, Keynes conduziu a criação, basicamente, do mundo moderno, desenvolvendo o Banco Mundial, o Fundo Monetário Internacional e uma série de acordos internacionais que permitiram a reconstrução da Europa e de grande parte da Ásia após a guerra brutal e basicamente criaram a economia global.

Em 1930, com grande parte do mundo vivendo os primeiros e assustadores estágios do colapso conhecido como a Grande Depressão, Keynes escreveu um ensaio em que teve uma visão muito mais longa. Intitulado "Possibilidades Econômicas para Nossos Netos", o ensaio adverte os leitores a não ceder ao "ataque de pessimismo econômico". "É comum", escreveu Keynes, "ouvir pessoas dizerem que a época de enorme progresso econômico que caracterizou o século XIX acabou; que a rápida melhoria no padrão de vida agora vai ser mais lenta." Não, argumentou ele. "Estamos sofrendo não dos reumatismos da idade avançada, mas das dores crescentes das mudanças muito rápidas, da dor do reajuste entre um período econômico e outro."

Keynes tinha 47 anos quando escreveu essas palavras e, assim como cada pessoa viva, sabia como haviam sido rápidas as mudanças tecnológicas.

Ele nascera num mundo que, em grande parte, ainda andava em passo de passeio. O telégrafo e as ferrovias existiam, mas não faziam parte da vida diária de uma pessoa média. O telefone, a eletricidade, os carros, aviões e a produção em massa estavam todos no futuro. A maioria das pessoas nunca se comunicava com alguém com quem não estivesse cara a cara. Em sua maioria, os cidadãos continuavam sendo agricultores que faziam seu trabalho à mão ou, se tivessem sorte, com a ajuda de uma mula.

Então, aparentemente da noite para o dia, o mundo se transformou. Tornou-se urbano e industrial, com comunicação instantânea por terra e mar. Pessoas cujos ancestrais haviam sido agricultores durante milênios estavam realizando trabalhos que não existiam alguns anos antes. A mudança aconteceu tão rápido, observou Keynes, que causou profundos "desajustes", já que a economia inteira tinha que mudar toda vez que alguma grande tecnologia aparecia. O telégrafo por si só foi transformador, permitindo que decisões de negócios a longas distâncias fossem feitas em tempo real, e não no passo em que um cavalo podia andar. O telégrafo destruiu o antigo ecossistema econômico construído em torno da entrega de correspondência a cavalo: fabricantes de carroças, motoristas de carroças, cocheiras, sem falar nos fabricantes de chicotes. A correia de transmissão e outras inovações que permitiram a produção em massa destruíram o trabalho de ferreiros e outros artesãos. A perda desses trabalhos e a confusão que toda essa mudança rápida trouxe foram estrondosas e inevitáveis. Keynes observou, porém, que toda essa mudança trouxe com ela algo mais discreto, menos perceptível, porém muito mais importante: um aumento lento e constante da qualidade de vida. Ele estimou esse aumento em 2% ao ano, mal o suficiente para ser notado. Com o tempo, porém, foi esse crescimento lento e constante que causou a mudança mais expressiva. Em 1930, Keynes previu que em 2030 uma pessoa média na Grã-Bretanha seria quatro a oito vezes mais rica do que seu ancestral médio um século antes. Ele estava certo. Em 2010, a renda média no Reino Unido era pouco mais de cinco vezes maior do que a média em 1930, faltando ainda vinte anos de crescimento. Os Estados Unidos viram um crescimento ainda maior, com uma renda média em 2018 quase seis vezes superior à de 1930.

Keynes seria o primeiro a observar que isso não significa que hoje todo mundo está feliz. Há uma crescente desigualdade, já que muitos ganhos econômicos das últimas décadas vão para apenas um pequeno número de pessoas muito ricas. Ainda assim, nossa vida é inacreditavelmente melhor que a de nossos avós em 1930. Naquela época, a fome era um problema real nos Estados Unidos e no Reino Unido, a mortalidade infantil era muito mais comum e a assistência médica estava apenas começando a sair da charlatanice medieval baseada em superstições. Uma visão mais longa, como Keynes sugeriu, mostra que nós nos adaptamos. Como ele escreveu, "a humanidade está resolvendo seu problema econômico".

As soluções não vieram todas de uma vez, perfeitamente formadas. Emergiram caoticamente e, com frequência, pareciam mais um desespero do que a solução de problemas. O movimento sindical assegurou que os trabalhadores participassem do crescimento econômico por meio de melhores pagamentos e condições de trabalho. Diversas soluções de seguros do governo e do setor privado tornaram menos provável que pessoas idosas ou lesionadas ficassem sem dinheiro. Nosso sistema educacional cresceu constantemente, melhorando as habilidades e o potencial de renda de incontáveis pessoas. Na maioria dos casos, as respostas da sociedade em geral só vieram depois de crises profundas. Os sindicatos cresceram como uma resposta a corporações que foram longe demais em suas exigências aos trabalhadores. A previdência social e o Medicare foram respostas ao destino cruel de muitos idosos empobrecidos e abandonados durante a Grande Depressão.

Apesar de toda a sua presciência, Keynes parece ter subestimado quantas mudanças os seres humanos fariam. Não passamos apenas de um sistema econômico estável para outro. Vemos agora que o passo em que a tecnologia avança está se tornando mais veloz. No novo sistema, não há nenhuma estabilidade. O que quer que esteja acontecendo hoje e quaisquer que sejam os trabalhos e negócios que estejam prosperando agora, amanhã será diferente. Isso é assustador — é claro que é. É também estimulante, ou deveria ser.

Acredito que nossa sociedade, assim como as sociedades do passado, chegará a grandes e novas soluções que funcionem nos níveis nacional e internacional. Teremos novas leis, novas instituições que aumentem o número de pessoas que podem prosperar nessa economia e protejam aquelas que não podem. Teremos novas formas de educação, novas redes de segurança social, novos produtos financeiros e novas formas de seguros. Isso levará algum tempo. Haverá erros, revezes e lutas estrondosas e furiosas. Nada será perfeito; nunca é. Com o tempo, porém, todos nós entenderemos as regras dessa nova era e teremos mais ferramentas disponíveis para nos ajudar a alcançar o sucesso financeiro e pessoal.

Crucialmente, não precisamos esperar. Neste momento, cada um de nós tem a oportunidade de criar a vida que quer. Temos ferramentas, neste momento, que nenhum ser humano tinha antes. Podemos usar as próprias forças que sustentaram a economia de ferramenta para prosperar na Economia da Paixão. Podemos usar todo o conjunto de tecnologias — a internet, a inteligência artificial, a robótica — e o aumento do comércio global para criar produtos e serviços especiais e encontrar as pessoas — dispersas pelo planeta — que mais querem o que temos a oferecer. Nossa vida profissional e nossas mais profundas paixões podem se fundir, alegremente, de maneira a nos tornar melhor financeira e pessoalmente.

Cada pessoa neste livro encontrou seu caminho para viver de forma sábia, agradável e bem. Cada uma delas tem lições para nos ensinar. Agora depende de cada um de nós encontrar o próprio caminho, definir — unicamente por nós mesmos — o que quer e o que tem a oferecer. Apesar de todo o caos da nossa era, podemos fazer essas coisas que tão poucas pessoas na história tiveram a chance de fazer. Vamos lá.

AGRADECIMENTOS

Kris Dahl, da ICM, foi muito mais do que uma agente (embora seja uma agente incrivelmente boa). Ela me contratou, décadas atrás, quando eu não tinha nenhum direito de pedir a alguém para me representar. Viu algo em mim que eu não podia ver e tem sido uma constante ouvinte, defensora, amiga e voz da razão ao longo de minha carreira. Passamos incontáveis horas juntos pensando nas ideias que acabariam se tornando este livro. Depois ela levou isso ao mercado e me representou com delicada ferocidade. Nenhum escritor poderia pedir uma aliada melhor. Este livro não existiria sem ela.

Jon Kelly foi meu editor na *The New York Times Magazine*, onde muitas ideias deste livro ganharam forma. Viu que havia algo maior nos argumentos que eu apresentava em minha coluna semanal e me ajudou a moldar esses pensamentos num formato com a extensão de um livro. Depois, atuou como meu colaborador durante o processo de escrever. Sua mão está presente em cada página. (Se há alguma coisa no livro da qual você não goste, culpe-o; provavelmente a culpa é dele.)

No momento em que conheci Jonathan Segal, da Knopf, eu soube que tinha que trabalhar com ele. Não que estivesse me enchendo de elogios. Foi o oposto: identificou algumas coisas frouxas na proposta e me disse que eu teria que as retirar do livro. Mas ele viu o cerne daquilo que eu estava querendo fazer e deixou claro que podia me ajudar a eliminar tudo que estivesse atrapalhando o caminho. Eu o solicitei muito. Demorei demais para terminar o livro, e houve falsos começos (nos livramos de um livro *inteiro* que escrevi e que não era, no fim das contas, muito bom). Ele pode ser conhecido por ser um tanto brusco e impaciente, mas não se deixe enganar:

é um homem gentil que se importa profundamente com seus autores. Não há também ninguém mais divertido para almoçar ou compartilhar um drinque ou três. É incrivelmente engraçado e um ótimo contador de histórias. (Desculpe, Jonathan, por revelar sua amabilidade secreta.) Ele cumpriu a palavra; entende o que um livro precisa e o que não precisa. Manteve-me focado nos objetivos maiores deste livro, sendo também ao mesmo tempo implacavelmente útil com seu lápis em cada página.

As ideias deste livro foram resultado de oportunidades que pessoas cruciais me deram em *Marketplace*, NPR, *This American Life*, *The New York Times Magazine*, *The New Yorker* e *The Atlantic*. Também trabalhei com um monte de pessoas incríveis que me ajudaram a dar forma a minhas ideias e a melhorar meu ofício. Elas incluem Jon Lee Anderson, Alex Blumberg, David Brancaccio, Neal Carruth, Zoe Chace, Deirdre Foley-Mendelssohn, David Folkenflik, Ira Glass, Jacob Goldstein, Chana Joffe-Walt, Caitlin Kenney, David Kestenbaum, Eric Lach, Hugo Lindgren, Karen Lowe, Michael Luo, Pam McCarthy, Don Peck, Mike Pesca, David Remnick, David Rohde, Kai Ryssdal, Jake Silverstein, Robert Smith, Julie Snyder, Nicholas Thompson, Vera Titunik, Nancy Updike, Bill Wasik, Ellen Weiss, Kinsey Wilson e Daniel Zalewski.

Adam McKay tem sido um ótimo amigo e parceiro criativo. Trabalhar com ele em *A grande aposta* me ensinou muito sobre como tornar informações econômicas complexas acessíveis e estimulantes para um público amplo. Nossas conversas intermináveis sobre cada maldito tópico sob o sol foram muito cruciais para dar forma a meus pensamentos. Obrigado também a Shira Piven, Pearl e Lili por criarem um lar longe do meu em Los Angeles.

Exploro as ideias deste livro no podcast *The Passion Economy*, da Luminary Media. Laura Mayer, a produtora executiva, e Lena Richards, a produtora de lançamento, têm tornado esse programa muito melhor do que mereço. Jayme Lynes, Matt Sacks e Kenzi Wilbur têm sido parceiros maravilhosos na Luminary. John McConnell, da Workhouse Media, tornou o acordo possível.

Laura Mayer e eu cofundamos e, juntos, dirigimos a Three Uncanny Four, uma empresa de produção de podcasts que aplica as lições deste livro a uma indústria crescente e alimentada pela paixão. Laura tem uma combinação única de profunda paixão criativa e disciplina atenta; aprendo com ela todos os dias. Eu e Laura nos impressionamos continuamente com toda a nossa equipe de criadores de áudio apaixonados. Nossa empresa é um empreendimento conjunto com a Sony Music Entertainment, que talvez seja o maior e mais bem-sucedido negócio de paixão. O propósito central da Sony Music é apoiar artistas para que eles possam criar seu melhor trabalho e depois conectá-los com seus públicos mais entusiasmados. Tem sido estimulante aprender com tanta gente excelente ali. Rob Stringer e Kevin Kelleher são uma prova de que é possível pôr a mais alta expressão da alma humana no centro de uma grande empresa global. Aprendi muito com eles, bem como com Neil Carfora, Amanda Collins, Brian Garrity, Dennis Kooker, Tom Mackay, Christy Mirabal, Emily Rasekh, Charlie Yedor e muitos outros. Todos eles me deram muita esperança para o futuro, porque eles provam que paixão e escala global podem funcionar juntos para trazer bons trabalhos para o público.

Sou grato aos muitos empresários inspiradores com os quais falei, tanto os que estão neste livro quanto aqueles que tinham ótimas histórias que eu — lamentavelmente — não pude usar. Aprendi muito com todos vocês.

Meus pais, Aviva Davidson e Jack Davidson, mostraram-me que uma vida apaixonada é possível e vale a pena vivê-la. Fizeram isso de maneiras diferentes. Meu pai identificou sua paixão cedo e a perseguiu com vigor em cada momento de sua vida. Minha mãe oferece um modelo extraordinário para outros que florescem tarde. Decidiu reprimir suas paixões para criar a mim e meu irmão. Depois dos 40 anos, começou uma vida nova. Voltou a estudar, dirigiu um teatro e depois assumiu a Dancing in the Streets, uma organização maravilhosa que a levou para o sul do Bronx, onde ela se tornou uma parte central da comunidade de dança hip-hop. Ela tem uma vida muito rica e apaixonada. Quisera ter sua energia.

Meu irmão, Eben, tem seguido uma jornada paralela em nossas vidas adultas. Perseguiu sua paixão por filmes, televisão e outras formas de entretenimento. Assim como eu, encontrou realização equilibrando o mundo dos negócios e o mundo criativo, embora venha fazendo isso de maneira muito mais bem-sucedida e criativa do que eu poderia. Sou grato por sua constante generosidade, seus conselhos e, mais do que tudo, por ser um cara ótimo para conversar.

Como eu poderia agradecer de maneira apropriada à minha esposa, Jen Banbury? Ela tem sido minha arma secreta, uma incrível editora e escritora que interviu para transformar pensamentos confusos, uma escrita preguiçosa e uma tonelada de vírgulas mal colocadas num manuscrito que eu estava pronto para apresentar. Ela salvou este livro muitas vezes. É claro que me salvou de outras maneiras. Nós nos apaixonamos em Bagdá, durante uma guerra que nos mostrou rapidamente que podíamos confiar um no outro numa crise e também na sensibilidade editorial um do outro. (Também nos mostrou que gostamos um do outro.) Desde então, temos incentivado as paixões um do outro. Nenhuma paixão poderia competir com a nossa maior paixão: Asher Arrow Banbury Davidson, que tem sete anos enquanto escrevo isto. Ash é um modelo de como viver uma vida apaixonada. Ele se joga em qualquer tópico que o fascina, absorvendo tudo o que pode sobre florestas tropicais, deuses egípcios, todos os tipos de animais, recifes de corais ou o que quer que o esteja interessando no momento em que este livro é publicado. Sou muito feliz por ele crescer na Economia da Paixão.

Impressão e Acabamento:
Gráfica e Editora Cruzado